콘텐츠가 전부다 2

콘텐츠가 전부다 2

날개 단 K-콘텐츠와
크리에이터 전성시대,
완전히 새로운 콘텐츠의 세상으로!

노가영, 김정현, 이정훈 지음

미래의창

머리말

2020년은 '기생충'과 '다이너마이트' 그리고 '사이코'(지만 괜찮아)의 한 해였다.

2월, "And the Oscar goes to Parasite."라는 말이 미국 LA 돌비극장에서 우렁차게 울리며 K-무비의 르네상스가 열리나 싶더니, 그로부터 불과 10일이 채 지나기도 전에 코로나19의 무서운 확산은 극장 산업을 강타했고 지금 일년 가까이 그 자리에 있다. 실제로 연간 2억 명 수준의 관객을 꾸준히 동원해 오던 국내 극장 산업은 2020년 73% 급감으로 6천만 명 대에서 마감할 것으로 보인다. 이는 2004년도의 관객수 수준으로 내려간 것이며 CGV와 롯데는 직영 극장의 20~30%를 축소한다고 발표했다. 한국 영화와 극장 산업은 지난 20여년간 멀티플렉스 기업들의 투자와 유난히 서사와 만담을 즐기는 한국인의 DNA가 함께 이뤄낸 것이라는 점에서 안타까울 따름이다.

이 같은 극장 관객의 손실은 성숙기에 접어든 유료방송(IPTV, 케이블TV) 시장을 건너 뛰고 OTT 소비의 특수로 이어졌다. 그리고 이로 인해 한국의 영화시장은 불가피하게 플레이어와 산업 구조의 변동을 앞두고 있다. 넷플릭스는 한국 콘텐츠 투자계의 큰 손이 된 지 오래며, 카카오M과 한국 진출을 앞두고 있는 애플TV 플러스도 영화 〈야행〉, 〈미스터 로빈〉을 시작으로 제작·투자사업에 진출했다. 또한, 쿠팡은 2020년 12월 '쿠팡플레이'라는 OTT의 출시를 알렸으며 신세계 그룹은 드라마 제작사 인수 움직임을 보이는 등, 유통기업들의 최근 행보 역시 큰 이변없이 콘텐츠 투자로 이어질 것으로 예상 가능하다. 십 수년간 매해 영화 투자배급사들이 쏟아 붓던 재원을 넷플릭스 홀로 감당할 수 있을까 또는 한국영화 제작 편수가 줄어드는 것은 아닐까라는 우려는 2021년 후발 OTT들의 움직임을 지켜봐야 답이 나올 것 같다.

그러나 플레이어의 교체는 불가피하게 수익 배분과 상영 홀드백 Holdback(플랫폼 상영 순서 및 기간) 등, 시장의 룰 변화를 동반하기 마련이다. 즉, 한국의 영화 산업은 지금 패러다임 변화의 최고점에 서 있다.

"They're In A League Of Their Own."(아무도 가보지 않은 그들만의 리그를 가고 있다.) BTS의 〈다이너마이트〉가 빌보드 핫100 차트 1위에 등극한 지 정확히 석 달 뒤인 2020년 11월 말, '라이프 고즈 온 Life Goes On'이 또 다시 1위에 오르자, 미국의 전통 언론사인 《포브스》가 뽑은 헤드라인이다. 포브스가 집중한 대목은 온전한 한국어 노래인 탓에 라디오 방송 횟수가 미미했는데도 정상에 오른 점과 아티스트와 팬덤이 한몸으로 움직이는, 지금껏 본 적 없는 표본이라는 점이다. 지금의 K-팝 문화는 한류 신드롬이나 산업적 성과를 넘어선 글로벌 현상이다. 글로벌 문화의 변방으로 치부되던 한국의 대중가요는 2000년대 중반을 기점으로 K-팝 산업으로 완성되었고 아티스트의 모든 것은 디지털로 바이럴되며 강력한 문화로 성장하고 있다. 이 같은 현상의 배경을 본서에서는 전략적으로 완성된 연습생 시스템과 유튜브 파급력 그리고 디지털 팬덤으로 설명하고 이와 함께 플랫폼을 상대로 독자적으로 버텨온 K-팝 콘텐츠의 지난한 역사를 둘러봤다.

"It's Okay to not be Okay", 2020년 tvN을 대표했던 드라마 〈싸이코지만 괜찮아〉의 영어 제목이다. 〈싸이코지만 괜찮아〉는 동남·동북아시아를 시작으로 남미 대륙과 아프리카, 호주에 이르기까지 넷플릭스가 진출한 190여 개국에서 한결같이 폭발적인 반응을 얻었다. 사실 K-드라마의 저변은 그간 한류 스타, 한류 드라마라는 명명 하에 일본과 동남아시아를 중심으로 차곡차곡 쌓여 왔다. 그럼에도 K-드라마가 코로나19라는 악재 속에서 극장용 영화의 대체 효과를 등에 업은 채, 넷플릭스를 타고 전 세계에 후광을 떨쳤음은 아이러니하다. 이 같은 어부지리적 요인 외에도 K-드라마의 완성도마저 IMDB같은 글로벌 평점 사이트에서 〈사랑의 불시착〉, 〈더 킹: 영원의 군주〉, 〈청춘기록〉 등이 모두 높은 수치의 평가를 받았으며 미국의 《타임》 등, 주요 전통 매체까지 그 인기를 분석하고 추천작 리스트를 제공하는 등, K-콘텐츠의 영광을 이어가는 중이다.

반면, 2021년의 미디어 판은 OTT를 필두로 한 플랫폼 과다 공급으로 시간 점유율 전쟁은 더욱 치열해지고 크리에이터들은 또 다른 전성시대를 맞이할 것이다.

Social Dilemmas(소셜딜레마)는 편성된 지 얼마 안된 넷플릭스의 따끈따끈한 다큐멘터리이다. 콘텐츠의 핵심은 구글, 페이스북, 인스타그램, 트위터 같은 SNS들이 우리의 사고방식까지 조종하고 있으며 우리는 각자의 선택에 의해 이들을 취한다고 착각하지만 사실은 철저한 알고리즘과 코드에 의해 이용당한다는 섬뜩한 내용이다. 인터뷰이들이 실리콘밸리의 전직 소셜미디어 기업들의 경영진이나 수석 개발자들이어서 더 솔깃하게 보게 됨이 사실이다. 마지막은 "고객을 User(사용자)라고 부르는 곳은 불법 마약과 소프트웨어 산업군뿐"이라는 자극적인 인용으로 그 섬뜩함에 화룡점정을 찍는다. 시청한 사람의 대부분은 "인스타그램도 페이스북도 무섭다", "이제 SNS는 불쾌해서 못하겠다"였으나 필자의 경우, 오히려 무서운 건 〈소셜딜레마〉를 기획하고 제작한 넷플릭스였다. "나는 SNS가 아니야", "난 내러티브형(스토리) 콘텐츠를 제공하는 OTT일 뿐이다"라는 포장으로 비난의 대상에서 철저히 벗어난 다음에 시간 점유율의 세계에서 경쟁 친구들을 속된 말로 몽땅 밟아버린다. 그것도 '넷플릭스 오리지널'이라는 지극히 지적이고 우아한 방식으로 말이다.

넷플릭스의 창업자이자 현 CEO인, 리드 헤이스팅스 Reed Hastings 의 행적을 거슬러 가보면 그는 유난히 시간 점유율 확보에 집착해왔다. 페이스북이 전성기이던 2016년에는 "사람이 미디어에 소비할 수 있는 시간은 한정적인데 자꾸 고객은 페이스북에서 포스팅만 해. 지금 넷플릭스의 최대 경쟁자는 페이스북의 포스팅이다"라고 했었고 2017년에는 "우리는 고객의 잠과 경쟁한다"라는 기막힌 말까지 던졌다. 또 2020년에는 "지금 넷플릭스의 경쟁자는 디즈니가 아니라 포트나이트다"라며 당대 최고의 게임을 지목하는 등, 고객의 한정된 시간을 어떻게 최대한 점유할 것인지를 고민하는 시간 집착형 CEO이다. 이쯤 되면 〈소셜딜레마〉가 경쟁사를 뭉개버리기 위한 넷플릭스의 응큼하고 영리한 오리지널이 아니고 무엇이랴. 아무튼, 시간 점유율 싸움은 OTT로 재편되어갈 지금의 미디어 플랫폼 시장에서 가장 중요한 화두다.

"Creator Only", "Contents Only" 트렌드가 더욱 가속화되고 있다. 그 어떤 미래학자도 예측하지 못한 2020년의 팬데믹과 이로 촉발된 언택트 문화는 사실상 디지털과 ICT 기반 사업을 제외하고는 정체와 하강 국면을 가져왔다. 이러한 안타까운 환경에서 OTT는 극장과 홈엔터테인먼트의 대체재와 보완재의 어딘가에 코로나 수혜를 기회삼아 자리를 찾아가는 중이다. 당연히 수요와 공급 저울은 지속해서 영입되는 신규 플레이어들과 돈 채비를 더 갖춘 기존 플레이어들이 섞이며 과잉 공급으로 흐를 것이다. 이에 더해 미디어 기술의 진화까지도 연극, 뮤지컬, 오케스트라, 스포츠를 접하는 새로운 소비 행태와 온라인 유료화 환경을 준비하며 산업화를 위한 채비를 갖춰간다. 그렇다면 이제 크리에이터들은(콘텐츠를 기획하는 프로듀서도, 글을 쓰는 작가도, 연출자인 감독도, 연기하는 배우도) 플랫폼을 선별하기 위해 말그대로 나만의 콘텐츠와 다양한 플랫폼에 유연하게 활용될 수 있는 DNA-Fit이 필요하다. 이와 함께 내 콘텐츠에 적합한 플랫폼을 취사 선택할 수 있는 기회도 더욱 늘어났다. 디지털 플랫폼들은 끊임없이 크리에이터 군단이 필요할 것이며 이미 시장은 매스 미디어가 아닌 매스 콘텐츠의 시대를 열었기 때문이다. 바야흐로 플랫폼에게는 사생 결단이 요구되는 플랫폼 결전의 시대가, 크리에이터 군단에게는 새로운 전성시대가 오고 있음을 의미한다. 즉, 유튜브에서 촉발된 디지털 너드들이 산업을 뒤흔들던 크리에이터 1.0 전성시대를 지나, 지금은 언택트 문화에서 가속화된 크리에이터 2.0 전성시대가 담론화될 시점이다.

2020년 1월 출간된 《콘텐츠가 전부다》의 저자들이 바로 3주 뒤에 닥칠 글로벌 팬데믹을 예측한 채 집필한 것은 아니었으나 장기화된 집콕 문화와 사회적 거리두기는 '나홀로 미디어'와 디지털 플랫폼 소비 폭증으로 지난 일 년간 책 제목 그대로 '콘텐츠가 전부'인 시대를 견인해 왔다.

그리고 향후 팬데믹을 지나 이어질 위드코로나 시대를 맞아서도 우리는 더욱 진화될 'Whole New Contents World' (완전히 새로운 콘텐츠 세상)에 대한 준비가 필요하다.

2020년 끝자락, Vanguard에서

대표저자 노가영

차례

Chapter 3

K-드라마, 구색맞추기에서 OTT 스트라이커로!

Chapter 4

취향과 연결을 업은 소셜미디어, 이제 멀티의 시대로 가다

Chapter 5

게임판을 뒤엎은 뉴비와 돌겜돌아온 게이머!

Chapter 6

디지털 팬덤으로 이뤄낸 K-팝 엔터테인먼트

Chapter 7

IP? 비틀즈와 엘사 그리고 스타워즈의 모든 것

Chapter 8

일상과의 컬래버레이션 : "미디어 + X"

CHAPTER 1

'위드코로나', 콘텐츠온리 시대의 진화를 견인하다

- 위드코로나, 과거로의 회귀는 없다
- 하나둘 맞춰지는 '콘텐츠온리' 퍼즐

위드코로나,
과거로의 회귀는 없다

코로나19 바이러스 감염이 심각했던 2020년 6월, 가수 이적이 발표한 '당연한 것들'의 가사처럼 전 세계는 (코로나에 대해) '처음엔 쉽게 여겼죠. 금세 또 지나갈 거라고'라는 생각이었다. 그러나 지금 이 글을 쓰는 초겨울까지도 미국은 매일 확진자 순증이 10만 명 이상이고, 국내 역시 수백 명을 넘은 지 오래다. 이젠 어느 누구도 백신이 배포되기 전까지 지금의 팬데믹 상황이 나아질 거라는 섣부른 기대를 하지 않는다. 이 같은 코로나 사태의 장기화는 산업 전반에 걸쳐 소비 행태의 변화를 가져왔고 이는 자연스럽게 수요공급 체인의 변화로 이어졌다. 마트나 백화점을 방문하는 대신 쿠팡이나 마켓컬리 앱을 열고, 온 가족 극장 나들이가 아닌 IPTV '극장동시 개봉작'을 결제하거나 넷플릭스에서 영상을 보며, 대규모의 회사 회식은 소소한 커뮤니티별 식사로 변화하거나 '랜선 회식'이라는 새로운 현상으로 대체되고 있다.

그런데 지금 기업들이 우려하는 것은 '포스트 코로나' 시점에서의 소비 행태 변화다. 특유의 인간적인 정서는 부족하지만 효율적이고 편리한 비대면 소비에 익숙해진 소비자들이 굳이 코로나19 이전의 소비 행태로 되돌아갈 것인가 하는 데 방점이 찍혀 있다. 게다가 변종 바이러스가 발병되거나, 코로나19 백신이 상용화되어도 구석구석까지 실질적으로 유통되기까지 시간이 소요된다면 이제 언택트 중심의 소비는 과도기적 트렌드가 아닌 하나의 문화로 굳어질 것이라는 예측이 강하다. 물론 세계 보건 전문가들은 코로나19가 2021년 말에 종식될 것이라는 의학적 입장을 내보이지만, 언택트 소비 행태는 광범위한 백신 접종 이후까지 이어질 것이라는 사회문화적 견해가 설득력을 얻고 있다. 서울대학교 소비자학과 김난도 교수는 그의 신간 《트렌드 코리아 2021》에서 "한번 가속화된 변화는 뒤로 돌아가지 않는다. 코로나 사태가 종식되더라도 트렌드는 결코 그 이전으로 돌아가지 않을 것"이라는 견해를 비교적 강한 어조로 밝혔다. 이제 말 그대로 코로나와 함께 갈 수밖에 없는 '위드코로나With Corona'의 시대가 시작된 것이다.

대세가 된 OTT와 온라인 스트리밍

위드코로나 시대에서 두드러지는 소비 변화는 미디어 산업, 그중에서도 콘텐츠 소비에서 제일 먼저 나타났으며 이의 핵심은 OTT 소비와 온라인 실시간 스트리밍의 대중화에 있다. 밀폐와 밀집이 주는 심리적 불안함으로 극장과 공연, e스포츠 시장이 가장 큰 타격을 입은 가운데 관련 콘텐츠가 홈 엔터테인먼트(IPTV, 케이블TV)로 흡수된 것이 아니라 이 단계를 건너뛰고 내 손안의 OTT 소비로 이어진 것이다. 그리고 수십 년간 당연하다시피 시행되던 각종 대면 행사나 공연은 '랜선 토크', '방구석 콘서트'라는 신조어를 낳으면서 유튜브를 통한 실시간 스트리밍으로 대체되는 중이다.

그리고 이와 직결되는 집콕 문화는 인간의 기본적 욕구인 엔터테이닝 니즈와 연결되며 영화, 드라마, 게임, 음악 등의 미디어 소비 시간을 대폭 늘렸다. 특히, 글로벌 구독형 OTT 산업은 극장 산업 매출을 최초로 추월하며 전 세계 6억 명의 유료 가입자를 확보했다. 게임 산업도 국내외 모두 최대 실적을 기록하며 집콕과 비대면 소비의 수혜를 상당 부분 받았다. 국내 시장만 예로 들더라도, 엔씨소프트는 2020년, '2조 클럽' 입성이 확실시된다는 기사가 수차례 쏟아졌으며 넥슨도 역대 최대의 분기 매출로 3분기 매출이 전년 대비 114% 증가했다. 글로벌 음악 스트리밍 시장 역시, 전년 대비 35% 증가하며 4억 명에 가까운 유

〈OTT와 극장 산업 성장 추이 비교〉

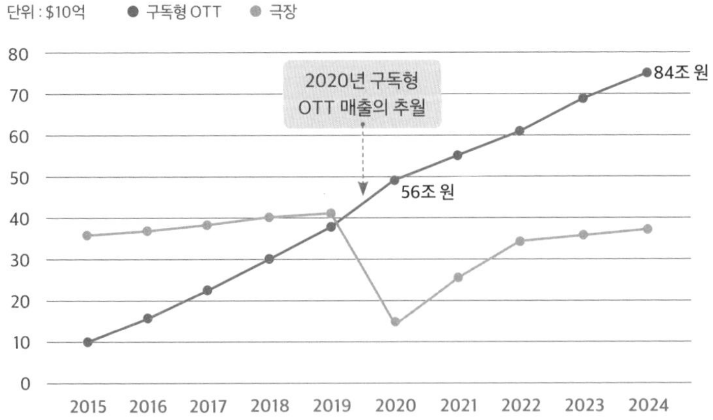

출처 : 2020 PWC / 메조미디어트렌드 분석

료 가입자 수를 기록했다.

그러나 늘 그렇듯이 한정된 시간을 갖고 있는 우리는 불가피하게 '내게 필요한 콘텐츠를 높은 가성비로 편리하게 제공하는 플랫폼'을 취사선택해야 하는 입장이다. 즉, 전 세계 모든 OTT 서비스들이 코로나 특수의 르네상스를 맞이할 수는 없다는 뜻이다. 실제로 2020년 동남아시아 기반의 OTT 중 2개가 서비스를 종료했으며(훅HOOQ은 3월 종료 후 한국의 쿠팡에 매각되었으며 아이플릭스iflix는 6월 중국 텐센트에 매각됨) 드림웍스의 창업주인 제프리 카젠버그가 17억 달러라는 빅 머니로 시작한 짧은 동영상 OTT, 퀴비Quibi 역시 서비스 6개월 만인 2020년 10월에 실적 부진으로 종료되었다. 이것은 넷플릭스의 CEO, 리드 헤이스팅스가 지겹게 강조하는 'Share of Time(시간 점유 경쟁)'이며 팬데믹이 가져온 2차 플랫폼 전쟁을 의미한다. 즉, 팬데믹의 장기화는 홈 엔터테인먼트와 OTT를 필두로 한 독자적인 시청 환경은 열었으나, 서비스의 과다 공급과 시간 점유 경쟁이 또 다시 킬러 콘텐츠의 필연성으로 귀결되는 것이다. 이러한 관점에서 결국 승자는 독점적으로 제공하는 오리지널 콘텐츠와 남녀노소가 즐기는 보편적인 콘텐츠 모두를 합리적인 가격(또는 무료)에 편리하게 제공하는 넷플릭스와 유튜브다.

물론 넷플릭스와 유튜브의 고공행진이 전적으로 팬데믹 수혜 효과에 기대어 있는 것은 아니다. 전작인 《콘텐츠가 전부다》에서도 설명했듯이, 1인 미디어를 포함한 디지털 플랫폼의 과잉 공급은 약육강식의 원칙에 따라 도태되는 플랫폼을 만들었다. 게다가 '오리지널 콘텐츠'에 대한 넷플릭스의 장기적인 주입식 교육이 소비자들에게 희소한 콘텐츠의 재미를 경험시키며 콘텐츠 민감층(콘텐츠의 보편성보다는 개인

〈팬데믹 시대의 넷플릭스와 유튜브 성장 곡선〉

기준 : 국내, 월 순방문객 수

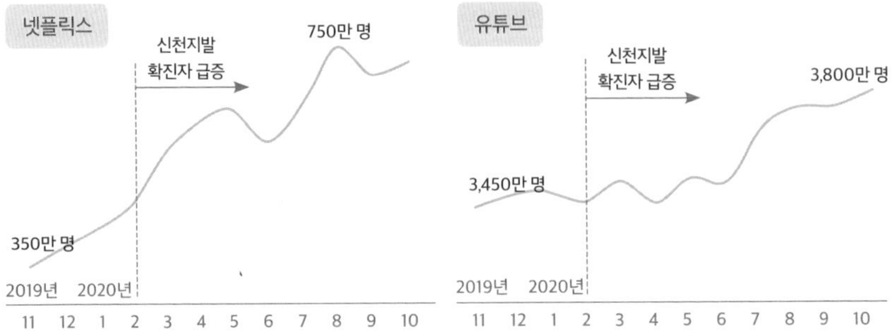

출처 : 코리안 클릭

의 취향과 완성도를 중요시하는 집단)의 확장을 가져온 것이다.

반면, 토종 OTT를 대표하는 웨이브, 티빙, 왓챠Watcha, 시즌SEEZN 등은 콘텐츠의 제한적 제공과 독자적인 오리지널 콘텐츠의 부족으로 코로나 특혜를 받았다 할 만큼의 가입자 성장으로 이어지진 못했다. 실제로 웨이브에는 CJ와 JTBC 콘텐츠가 없고, 티빙에서는 지상파 콘텐츠(실시간 채널+VOD 다시 보기) 시청이 불가능하여 이용자들은 국내 콘텐츠조차도 하나의 서비스에서 한 번의 월정액 요금으로 시청할 수 없는 실정이다.

"이제는 매스미디어가 아닌 매스콘텐츠의 시대"

이렇듯 위드 코로나 시대는 엔터테이닝 목적의 디지털 플랫폼 체류 시간은 증가시켰으나 동시에 플랫폼의 다양성이 대폭 늘어나면서 이른바 시장 경쟁은 더욱 치열해졌다. 그리고 플랫폼들은 지금 킬러 콘텐츠의 확보와 독자적 제공 방식에 대한 면밀한 결단이 요구된다. 조금 거슬러 올라가자면, 2017년만 해도 국내시장에서 영화 감독들의 넷플릭스 단독행이나 스타 감독의 영화가 멀티플렉스 극장에서 상영하지 않는 것에 대한 낯섦과 거부감이 존재했다. 당시 넷플릭스 오리지널 무비였던 〈옥자〉의 경우, 극장과 OTT 동시 개봉에 대한 멀티플렉스 극장들의 보이콧이 있었다(이후, 소극장에서 제한적으로 상영됨). 〈옥자〉가 모바일과 PC 스크린에서 상영되는 것에 대해 봉준호 감독은 "극장에서 아름답고 재미있는 건 모바일로 시청해도 아름답고 재미있다"고 말함으로써 콘텐츠의 본질을 강조한 바 있다. 재미와 감동이라는 속성은 어떤 스크린으로 보든지 동일하며 좋은 콘텐츠는 제공 방식이나 스크린의 구분이 무의미하다는 뜻이다. 2020년 9월 MBC 〈놀면 뭐하니?〉가 예능 시청률 1위를 기록하며 김태호 PD가 진행했던 인터뷰에서 "이제 매스미디어가 아닌 매스콘텐츠의 시대", "이제 MBC 방송국의 PD가 아닌 〈놀면 뭐하니〉의 PD라고 생각해야 한다"라고 말한 것도 지극히 콘텐츠 중심적인 사고를 보여준다. 사회경제학적인 사건들로 소비 문화가 급변하거나 기술의 진화에 따라 소비 행태가 고도화되더라도 '재미'와 '몰입'이라는 콘텐츠의 속성은 플랫폼을 넘나들며 휘청이지 않는 것, 이것이 곧 콘텐츠의 본질이다.

우리는 《콘텐츠가 전부다》에서 미디어 산업의 생태계가 플랫폼 주도의 판에서 '콘텐츠온리'의 시대로 흐를 것임을 예고한 바 있다. 이는 콘텐츠의 차별화가 플랫폼을 결정하며 양질의 콘텐츠를 다량으로, 즉 '집단화된 콘텐츠 IP'를 소유한 자가 시장을 이끌어가는 시대가 옴을 의미한다. 그리고 이에 더해 2020년 불가항력적인 팬데믹이 가져온

'비대면 서비스 전성시대'는 플랫폼에 종속되지 않는 콘텐츠 중심의 생태계를 더욱 견고히 하는 중이다.

이렇게 위드코로나의 시대는 콘텐츠온리 시대의 진화를 견인하고 있다.

하나둘 맞춰지는 '콘텐츠온리' 퍼즐

전작인 《콘텐츠가 전부다》가 지금 콘텐츠온리의 시대가 오기까지 영상, 음악, 게임, 소셜미디어 등의 디지털 콘텐츠 생산과 유통 전략이 그간 어떻게 진화해왔으며 지금 우리는 무엇을 준비해야 하는지에 대한 경고와 제언을 담았다면, 2편에서는 각각의 콘텐츠 산업별(챕터별)로 콘텐츠와 플랫폼을 저울질하면서 시장 내 주도권을 살펴보고 미래를 예측하고자 한다. 다시 말해, 판의 변화는 시작되었으나 모든 콘텐츠 산업들이 지금 완벽하게 '콘텐츠가 전부다'의 정점에 도달해 있지는 않다는 뜻이므로 저자들은 이를 각 산업의 특수성을 적용하여 면밀하게 들여다보았다. 물론, 콘텐츠와 플랫폼 간의 '저울질'은 숫자적으로 도출되는 명확한 근거가 아닌 정성적인 판단이 포함될 것이므로 일부는 시장 전문가들의 입장과 다를 수 있겠다.

우선, 영화와 방송 시리즈 콘텐츠가 제공되는 OTT 산업이다. 디즈니를 시작으로 NBC유니버설, 워너미디어까지 전 세계의 메이저 스튜디오들은 2019년에서 2020년까지 각자의 '콘텐츠 빨'을 믿고 넷플릭스 제공 중단을 선언하며 독자적으로 OTT 산업에 뛰어들었다. 이에 더해 지구를 정복한 것 같던 넷플릭스도 이들의 '콘텐츠 밑장 빼기'에 자극을 받은 것 마냥, 2020년에는 콘텐츠 투자 비용을 173억 달러 19.3조 원로 높였다. 지금 OTT 산업 현장에서는 콘텐츠를 넣고 뺌에 따라 새로운 플랫폼이 탄생하거나 없어지고, '나만이 실어 나르는 (오리지널) 콘텐츠'에 아낌없이 돈을 쏟아부으며 오리지널 타이틀 1개의 흥행 여부에 따라 희비가 교차하며 주가가 요동친다. 이들은 말 그대로 '콘텐츠온리의 시대'를 걷고 있으며 이 트렌드는 더욱 강해질 것으로 예상된다.

다음은 개개인의 시시콜콜한 콘텐츠를 넘어 최근 엔터테인먼트 콘텐츠까지 꿈틀거리기 시작한 소셜미디어 영역이다. 소셜미디어에서의 콘텐츠는 나 자신의 스토리다. 콘텐츠 사업자와의 B2B 거래로 콘텐츠를 사올 필요가 전혀 없이 개개인이 자발적으로 올리는 일상의 기록장이라는 뜻이다. 한편으로는 기본적으로 SNS나 유튜브 같은 오픈 플랫폼은 의심할 여지없이 콘텐츠가 전부인 영역으로 해석될 수 있다. 최근 인플루언서와 기업 간의 전략적 제휴가 빈번해지며 '시시콜콜함'을 잃은 기획형 콘텐츠의 비중 또한 높아져가는 것이 사실이지만 이 역시 인플루언서라는 콘텐츠에서 출발한 것으로 해석해야 한다.

세 번째는 한국의 대중가요에서 글로벌 엔터테인먼트 산업으로 거듭나며 전 세계의 주목을 한 몸에 받고 있는 K-팝 산업이다. K-팝과 플랫폼들과의 미묘한 신경전을 분석하기 위해서는 비교적 산업이 고착화된 영화나 드라마 시장과의 비교가 필요했다. 6장에서 자세한 설명이 이어지겠지만 지난 10여 년 간 여타의 콘텐츠 산업군들보다 비교적 더 이르게 콘텐츠 중심의 주도적 플레이를 했다는 측면에서 K-팝 챕터는 한국의 음악 산업이 플랫폼에 버텨온 역사로 해석했다. 즉, K-팝은 '콘텐츠가 전부다'의 세상으로 가장 먼저 움직임을 시작했으며 지금 그 최정점에 올라 있다.

네 번째는 플랫폼과 콘텐츠 사업자의 영역 구분이 따로 없는 게임산업이다. 물론, 스팀Steam이라는, 게임을 모아서 제공하는 플랫폼이 2003년 출시 이후 상당한 사용량을 보이고 있지만 여전히 하나의 게임 IP마다 각자의 플랫폼을 갖고 있는 것이 일반적이다. 즉, 독립된 고유의 플랫폼에서 하나의 게임을 제공하는 방식이다. 이러한 사유로 게임 산업은 '콘텐츠가 곧 플랫폼이다'는 특수한 영역으로 판단하고 저울질에서 제외했다.

마지막은 이번 2편에서 처음으로 소개되는 웹툰 산업이다. 모바일에 최적화된 웹툰과 웹툰 플랫폼이 한국 고유의 산물이며 카카오와 네이버가 전체 시장의 80% 이상을 점유한다는 점, 그리고 '무료 콘텐츠'로 인식되던 웹툰을 플랫폼들이 전략적이되 단계적으로 사용자들을 학습시키며 유료 콘텐츠 산업으로 육성했다는 측면에서 현시점의 웹툰은 플랫폼 중심의 그리고 (아직은) 플랫폼에 종속된 콘텐츠로 판단함이 옳다.

다음 그림은 서로 다른 콘텐츠 산업군들이 '콘텐츠 온리의 시대'로 가고 있는 흐름을 쉬운 이해를 위해 도식화한 것이다. 정리하자면, K-팝을 선두로 영화나 방송 콘텐츠가 OTT 플랫폼을 등에 업고 '콘텐츠온

〈콘텐츠 산업별 '콘텐츠온리' 퍼즐〉

리 시대'의 최정점을 향해 달리는 중이며 오픈 플랫폼인 소셜미디어 영역은 태생 자체가 사용자가 생산한 콘텐츠이고 게임 콘텐츠는 제공 방식에 있어서 플랫폼과 동일시된다는 측면에서 특수한 산업군으로 분류했다. 그리고 웹툰은 산업화된 역사가 짧고 플랫폼의 전략에 따라 콘텐츠의 제공 방식이나 과금 체계가 좌지우지된다는 측면에서 현시점에서는 플랫폼 주도의 플레이다.

물론, 이제부터 본격적으로 시작할 콘텐츠 담론에서는 '이 산업은 플랫폼 주도인가, 저건 콘텐츠 주도인가, 아니면 이건 또 (양측의) 팽팽한 줄다리기인가' 등의 흑백논리식 구획 정리를 하지는 않는다. 그럼에도 독자들은 흥미로운 방식으로 전개될 각양각색의 산업 분석과 풍부한 사례들을 완독해가면서 콘텐츠 소비자와 생산자, 유통 사업자 등 각자의 환경에서 합리적인 해석이 가능할 것이다.

CHAPTER 2

'웹툰중심주의' 웹툰, 콘텐츠 산업의 중심으로 뛰어들다

- 만년 유망주 '웹툰', 드디어 포텐 터지다
- 원조 만화강국을 침공한 '웹툰[K-comics]'
- 무궁무진한 확장성, '원재료' 웹툰의 진정한 가치
- BEYOND 웹툰 : 네이버와 카카오, 아시아의 마블이 될 수 있을까?

만년 유망주 '웹툰' 드디어 포텐 터지다

"요즘 어떤 웹툰 봐?"라는 말로 직장이나 학교에서 대화를 시작하는 날이 올 줄, 웹툰작가 기안84와 김풍을 TV 예능 프로그램의 터줏대감으로 만나게 될 줄 누가 알았을까? 〈복학왕〉의 작가인 기안84의 경우 최근 건물주 대열에 올라가 큰 관심을 받았다. 네이버 웹툰은 최고 수입 작가가 웹툰 콘텐츠만으로 월 7,800만 원 이상의 수익을 낸다고 발표했는데, 이에 더해 웹툰 작가들의 방송 출연, 광고 계약, 2차 판권 판매 등을 감안하면 연봉이 20~30억 원에 이르는 작가들이 시장에 등장하기 시작했다고 볼 수 있다. 배고픈 직업의 대명사였던 만화작가들이 이제는 천문학적인 금액의 연수입을 거둬들인다는 사실은 웹툰 시장이 얼마나 빠른 속도로 성장하고 있는지를 여실히 보여주고 있다.

2000년대 초반, PC 기반 서비스로 출발한 대한민국 웹툰 시장은 스마트폰이 본격적으로 보급된 2012년 이후부터 연 20~30% 수준으로 높은 성장률을 기록해왔다. 웹툰 시장의 규모는 콘텐츠 유료 결제로 만들어지는 기본적인 매출 외에도 캐릭터 상품 판매나 투자, 고용 창출과 같은 2차 매출을 포함하면 2018년 이미 8,500억 원 수준을 기록했다. 2020년은 예상 가능하듯 코로나19로 인한 집콕 미디어 붐으로 시장 규모가 1조 5,900억 원 수준에 달할 것으로 예상된다.

네이버 선점, 카카오 맹추격

대한민국 웹툰 시장은 네이버 웹툰과 카카오페이지(다음 웹툰 포함)가 80%를 점유해 시장을 양분하는 구조다. 2004년 서비스를 시작한 네이버 웹툰은 전 세계 월간 순 사용자 수MAU가 6,700만 명, 국내는 550

〈대한민국 웹툰 시장 성장 추이〉

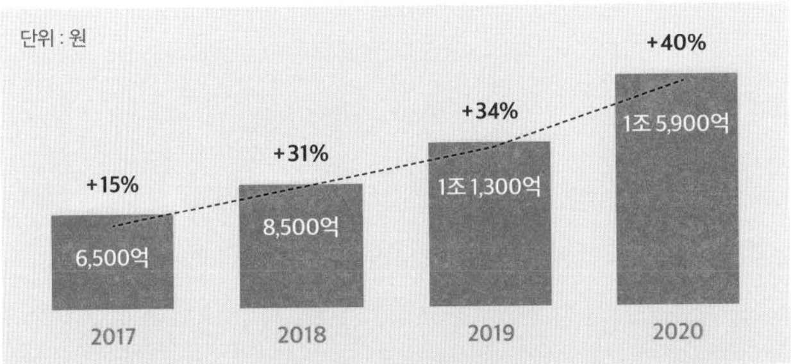

사업자별 매출 규모 (단위 : 억 원)	2017	2018	2019	2020
네이버 웹툰	340	720	1,610	3,101
카카오페이지	1,184	1,840	2,480	4,039
기타	1,002	1,104	1,208	1,092

출처 : 한국콘텐츠진흥원, KT경영경제연구소 자료 재구성, 사업자별 IR자료 및 자체 추정,
'총시장 규모'는 매출 외 저작권, 고용 창출, 투자 규모 등 부가 지표 합산

출처 : 네이버 웹툰

14년이라는 최장수 연재 기록을 달성한 국민웹툰 〈마음의 소리〉와 천만 영화로도 만들어진 〈신과 함께〉. 모두 네이버 웹툰의 대표작들이다.

만 명에 달하는 명실상부 1위 웹툰 플랫폼이다. 무료 콘텐츠 중심이었던 네이버 웹툰은 2016년경부터 부분 유료화 정책이 효과를 발휘하면서 2018년 720억 원 수준의 매출에서 2019년 1,600억 원대로 뛰어오르더니, 2020년에는 3,100억 원의 매출을 올릴 것으로 추정될 정도로 높은 성장률을 보이고 있다. 네이버 웹툰의 대표작인 조석 작가의 〈마음의 소리〉는 14년이라는 최장수 연재 작품임은(2006년 연재를 시작해 2020년에 완결) 물론 드라마로 제작되기도 하고 1세대 스타 작가를 탄생시키는 등, 웹툰 시장에 지대한 영향을 미친 작품이다. 영화로 익숙한 주호민 작가의 〈신과 함께〉 역시 네이버 웹툰하면 떠오르는 대표작이다. 2010년부터 2012년까지 신화, 저승, 이승 총 3부작으로 연재된 〈신과 함께〉는 생소했던 한국 신화를 기반으로 신과 인간의 운명에 대해 다룬 수작이다. 〈신과 함께〉는 2016년까지 웹툰 1위 자리를 유지한 것은 물론 누적 매출이 10억 원을 넘은 것으로 알려졌다. 최근 작품들의 성과는 더욱 눈부시다. 45억의 누적 조회 수를 기록한 SIU 작가의 〈신의 탑〉은 2020년 한·미·일 합작 애니메이션으로 제작되어 한국 웹툰의 우수성을 세계에 널리 알리는 계기를 마련했다는 평을 받았다. 실제로 1화 공개 당시 미국 트위터에서 실시간 화제 9위를 기록했고, 글로벌 13개국에서도 실시간 화제 순위에 올랐다. 〈신의 탑〉의 성공에 이어 애니메이션화된 〈노블레스〉 역시 글로벌 시장에서 좋은 반응을 얻고 있다. 〈나노리스트〉, 〈유미의 세포들〉과 같은 작품들도 애니메이션으로 제작될 예정인데, 이처럼 웹툰 콘텐츠를 기반으로 한 다양한 시도가 이어지고 있다.

2010년 첫선을 보인 카카오페이지는 네이버 웹툰에 비해 6년이나 늦게 출발했지만, 웹툰의 유료화 모델을 성공적으로 정착시키며 시장의 패러다임을 바꿨다. 카카오페이지는 'No.1 스토리 플랫폼'을 표방하며 웹소설과 웹툰뿐만 아니라 드라마, 영화까지 동시에 서비스하고 있다. 2013년 21억 원 매출로 시작한 카카오페이지는 4년 뒤인 2017년 매출 56배 상승이라는 경이적인 상승률을 보여주었고 이후에도 폭발적인 성장을 거듭하며 2020년에는 4천억 원 이상의 매출을 올릴 것으로 추정된다. 하지만 이렇게 유료 웹툰 시장을 성공적으로 정착시키며 빠르게 성장한 카카오페이지에게도 어려운 시기가 있었다. 당시 무료 웹툰에만 익숙해져 있던 독자들에게 유료 웹툰은 인기가 크지 않았던 것이다. 초창기 카카오페이지의 하루 매출은 100만 원에 불과했고, 심지어 10만 원으로 떨어지기도 했다. 업계에서 "카카오페이지에서 하루에 3만 원 정도의 수익만 내도 그 작품은 전체 순위 5위 안에 든다"라는 말이 돌았을 정도라고 하니, 당시 상황이 얼마나 열악했는지 알 법하다.

지지부진하던 카카오페이지에 터닝 포인트를 가져온 것은 바로 '기다리면 무료(이하 기다무)' 모델의 도입이었다. 말 그대로 '기다무'는 첫 6화까지는 무료로 제공하고(작품에 따라 상이), 무료 제공분을 다 소진하고 난 뒤에는 3일을 기다려야만 새로 업데이트되는 콘텐츠를 무료로 볼 수 있다. 대신에, 3일이라는 시간을 기다리기 힘든 성질 급한 독자들은 유료 결제를 통해 '3일이라는 시간을 살 수 있는' 시스템이다. '기다무'는 "뒷내용이 너무 궁금해서 기다릴 수가 없다. 얼마 비싸지도 않은데 지르자!"라는 이용자의 심리를 저격하는 데 성공했다. 독자들은 다음 화를 빨리 보고 싶은 간절함과 200원이라는 푼돈의 협동 공격 앞에 유료 결제 버튼을 누르고 만다. '기다무' 모델을 적용한 후, 카카오페이지의 유료 결제율은 10%대에서 25%로 약 2.5배, 콘텐츠 일 거래액은 2배 이상 성장하는 데 성공한다.

돈 내고 보는 시장의 정착

'기다무' 모델의 성공으로 웹툰 시장도 큰 변화를 맞는다. 웹툰 사업자들이 '기다무'와 유사한 형태의 유료화 모델을 속속들이 도입하면서 '밑 빠진 독'이었던 시장에 돈이 본격적으로 흘러 들어오기 시작한 것이다. 웹툰 콘텐츠로 만들어낼 수 있는 수익이 제한적이었으니, 원고료 외에는 작가에게 줄 수 있는 것이 없던 기존 환경에서 콘텐츠 판매금을 작가와 본격적으로 배분하는 시대를 맞게 된 것이다. 이는 우수한 작가들이 카카오페이지를 비롯한 다른 유료 웹툰 플랫폼으로 유입되는 결과를 낳았다. 과거 출판 만화 시절 명성을 날리던 작가들도 속속들이 웹툰 시장에 진입했다. '억대 연봉 웹툰작가'로 이름을 날리는 사

뒤늦게 출발한 카카오페이지의 구원투수 역할을 한 〈달빛조각사〉와 글로벌 누적 매출액 300억 원을 기록하며 카카오페이지를 '하드캐리' 하고 있는 〈나 혼자만 레벨업〉.

례가 나타나면서 대학교에서는 웹툰 관련 학과가, 교육 시장에서는 웹툰 학원 등이 등장하며 실력 있는 인재를 육성할 수 있는 체계가 갖춰지게 된 것이다.

카카오페이지의 초창기 대표작은 남희성 작가의 〈달빛 조각사〉다. "카카오페이지 망하는 거 아니냐"는 핀잔을 듣던 시절, 독점으로 연재된 〈달빛 조각사〉는 일 최대 매출 9천만 원을 기록하며 구원투수 역할을 톡톡히 해냈고, 현재까지도 웹소설과 웹툰을 포함해 누적 60억 원 이상의 매출을 기록하고 있다. 박서준, 박민영 주연의 드라마로 인기를 끌었던 〈김비서가 왜 그럴까〉 역시 카카오페이지의 대표작이다. 〈김비서가 왜 그럴까〉는 원작 웹소설과 웹툰, 드라마까지 연속으로 흥행하며 'No.1 스토리 플랫폼'을 꿈꾸는 카카오페이지의 성공 방정식 같은 작품이 되었다. 2018년부터 연재되고 있는 〈나 혼자만 레벨업〉은 최근 카카오페이지의 얼굴과 같은 작품이다. 웹소설과 웹툰 합산으로 국내 누적 조회수 4억 3천만 건 이상, 글로벌 누적 매출액 300억 원을 기록하면서 카카오페이지를 '하드캐리' 하고 있다.

주로 폭넓고 대중적인 작품을 연재하는 네이버 웹툰과 카카오페이지가 시장의 80%를 차지한다면, 나머지 20%는 레진(구 레진코믹스), 탑툰, 투믹스와 같은 플랫폼들이 차지하고 있다. 유료 콘텐츠 중심의 이 플랫폼들은 작가의 다양성을 중시한 독특한 주제의 작품 또는 소위 '매운맛' 콘텐츠(성인, BL물 등)를 제공한다. 특히, 2013년 서비스를 시작한 레진은 성숙한 독자를 위한 어른들의 만화를 표방하고 있다. 레진 역시 웹툰 유료화 모델을 최초로 도입한 플랫폼 중 하나다. 네온비 작가의 〈나쁜 상사〉를 대표 주자로 내세운 레진은 높은 수준의 작화와 자극적인 스토리로 "유료 콘텐츠 중심의 소규모 플랫폼인 레진은 실패할 것이다"라는 시장의 우려를 불식시키며 2016년 390억 원의 매출을 기록했다. 뒤에서 다룰 '밤토끼' 사태 등으로 큰 타격을 받았지만, 해외시장과 2차 창작물 시장에서 나쁘지 않은 성과를 내며 버텨내고 있다. 탑툰과 투믹스는 레진의 '매운맛'보다 더 수위가 높은 성인 콘텐츠를 서비스하고 있다. TV 드라마로도 만들어진 〈편의점 샛별이〉로 웹툰 시장에 두각을 드러내기 시작한 탑툰은 2018년 400억 원대의 매출을 기록했고, 투믹스 역시 170억 원을 달성했다. 네이버 웹툰과 카카오페이지의 주력 콘텐츠가 대중적인 웹툰이라면, 그들이 커버하지 못하는 나머지 20%의 시장을 레진과 같은 플랫폼들이 채워나가고 있는 구조다.

2020년, 한국의 콘텐츠 시장 규모는 130조 원 이상이 될 것으로 보인다. 웹툰 시장의 규모가 이제 막 '1조 클럽'에 발을 딛은 1조 6천억 원이니, 전체 콘텐츠 시장으로 보면 아직은 1% 미만의 미미한 규모다. 하지만, 다른 영역들의 연평균 성장률이 1~3%대에 머무르며 성장이 정체되고 있는 데 반해 웹툰은 최근 4년간 연평균 30%에 달하는 초고속 성장을 이뤄왔다는 점을 보면 콘텐츠 시장의 중심은 아주 빠른 속도로 재편되고 있다고도 볼 수 있다. 이에 더해, 웹툰 시장이 2013년 이전에는 사실상 '무료 콘텐츠' 시장이었다는 점 역시 잊지 말자. 유료 콘텐츠 시장으로 전환된 지 이제 8년 차에 접어들었음을 감안하면, 웹툰 시장은 확장할 수 있는 영역이 무궁무진한, 기회의 땅이다. 2020년, 웹툰 시장의 '포텐'은 말 그대로 '이제 막' 터지기 시작했다.

원조 만화강국을 침공한 '웹툰K-comics'

우리가 웹툰에 대해 크게 오해하고 있는 두 가지를 먼저 알아보자. 첫째, 웹툰은 '콩글리시'다. 인터넷web과 만화Cartoon의 합성어인 '웹툰'은 전 세계적으로 통용되는 단어가 아닌 한국에서 만들어진 고유명사다. 통상적으로 장편 만화책을 '코믹Comic', 삽화 형태의 짧은 만화를 '카툰Cartoon'으로 부르는데, 한국에서는 무슨 연유인지 이를 구분하지 않고 'Cartoon'으로 통칭하면서 디지털 만화 즉, 'Web-toon : 웹툰'이라는 단어가 등장했다(한국에서 소비되는 웹툰의 경우, 장편 만화인 'Comic'에 가까우므로 굳이 시비를 걸자면 '웹 코믹' 또는 '디지털 만화'가 보다 적절한 표현이다). 이후 스마트폰이 대중화되면서 과거의 'Z형 읽기' 방식이 스마트 디바이스 환경에 최적화된 '스크롤 다운형'으로 변화하면서, 웹툰이라는 단어는 단순히 디지털 만화를 지칭하던 광의의 개념에서, 보는 디바이스와 방식까지 규정하는 협의의 개념이 되었다. '웹툰'이라는 단어가

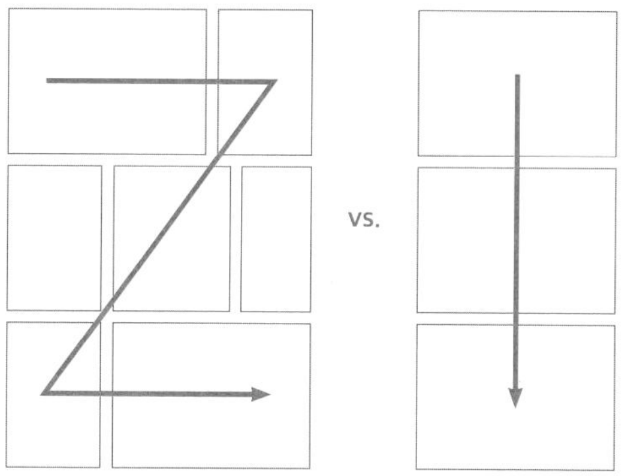

만화를 뜻하는 일본의 애니메Anime나 망가Manga, 미국의 코믹Comic처럼 고유의 콘텐츠 장르를 지칭하는 말로 발전하게 된 것이다.

두 번째는 웹툰이라는 콘텐츠와 그 플랫폼의 '원조 맛집'이 대한민국이라는 사실이다. 한국 시장에서는 '만화 = 웹툰'이라는 공식이 성립하지만, 아직 대다수의 나라는 출판 만화 중심의 구조를 가지고 있다. 특히, '스마트툰', '컷툰', '무빙툰' 등으로 대표되는 '모바일 최적화' 웹툰 플랫폼은 만화 강국인 일본과 미국에도 존재하지 않았던 한국의 특산품이다. 미국과 일본 같은 전통의 강호를 제치고, 한국이 '웹툰 원조 맛집'이 될 수 있었던 이유는 무엇일까? 이에 대한 독자들의 궁금증은 후에 'ADSL의 기적' 부분에서 자세히 설명할 예정이다.

일본 만화 시장을 접수한 한국 웹툰

다시 본론으로 돌아와보자. 2020년, 코로나19 영향으로 언택트 문화가 확산되며 글로벌 만화 시장도 큰 변화를 맞았다. 전통적인 만화 강국인 일본과 미국도 이 여파를 피해가지 못했다. 여전히 아날로그형 협업 시스템으로 창작되는 출판 만화 시장은 큰 타격을 입고(미국과 일본 시장은 여전히 출판 만화의 비중이 80% 이상이며, 대형 만화의 경우 20~30명의 협업을 통해 제작된다) 모바일 중심의 디지털 만화 시장이 더욱 각광받기 시작했다. 이 거대한 변화의 틈에서, 조용히 칼을 갈며 기다려온 한국의 웹툰 플랫폼들은 해외시장에서 비로소 큰 기회를 얻게 된다. 우선, 일본 시장을 살펴보자.

'아날로그의 일본'이라는 말이 있을 만큼, 일본은 아직 디지털 트랜스포메이션Digital Transformation이 활발하지 않은 국가 중 하나다(실제 일본에서 코로나19가 한창 기승을 부리던 2020년 7월, 방역 당국이 팩스를 이용해 확진자 집계를 하는 것으로 드러나 이슈가 된 적이 있다). 물론 과거 방식을 따르는 것이 꼭 낡았다고만 할 수는 없다. 일본의 스시, 전통주 문화 등과 같이 전통을 지켜옴으로써 그 '장인 정신'을 인정받은 좋은 예가 많기 때문이다. 오랜 역사를 가진 일본 만화에도 '장인 정신'이 스며들어 있다. 일본의 작가들은 아직도 종이와 잉크를 활용한 수작업을 고집하곤 하는데 이런 수작업은 디지털 작업에 비해 효율적이지는 않지만, 섬세한 선 터치나 필압과 같은 디테일한 부분에서 차이를 만들어낸다(이에 반해 90% 이상의 한국 작가들은 디지털 태블릿으로 작업한다). 일본 작가들의 만화 컷 분할과 구성이 예술의 경지에 달해, 스크롤 다운 형태의 웹툰을 선호하지 않는다는 이야기도 있다. 그 덕분일까, 일본은 만화가의 위상도 높은 나라다. 이와 관련해서 〈드래곤볼〉의 토리야마 아키라 작가의 일화가 상당히 재미있다. 토리야마 작가가 〈드래곤볼〉로 성공하면서, 고향인 나고야에서 세금을 가장 많이 내는 사람이 되었다. 나고야는 도로 정비가 잘 되어 있지 않은 시골 지역이라 토리야마 작가는 육로가 아닌 항공 우편물로 마감 원고를 송부하곤 했다. 나고야시市는 이 상황을 불편해하는 토리야마 작가가 다른 지역으로 이사를 가게 되면 어쩌나 하는 걱정으로 당시 계획 중이던 고속도로의 경로를 일부 변경해 토리야마 작가의 집 앞으로부터 공항까지 일직선으로 이어지도록 변경했다고 한다. 이 얘기를 들으면 아날로그의 일본에 웹툰이라는 상품으로 도전한 한국의 플랫폼들이 어려움을 겪었다는 사실에 자연스레 고개를 끄덕이게 된다.

일본 시장에 첫발을 내딛은 것은 2013년 진입한 네이버의 'LINE 망가'다. 출판 만화가 굳건하게 버티고 있던 일본 시장에 대한 LINE망가의 전략은 일본 출판 만화의 온라인 스캔 버전이었다. 스마트 디바이스 보급률이 낮고 한국 웹툰이 낯설었던 당시에는 국내 웹툰 작품들은 제공되지 않았다. 이후 2016년에 이르러서야 '조이XOY'라는 웹툰 서

일본 디지털 만화 시장을 장악한 한국 네이버 웹툰의 'LINE망가'와 카카오페이지의 '픽코마'

비스를 출시하며, 일본어로 번역된 네이버 웹툰들이 소개되었고, 2018년 두 서비스가 통합되며 지금의 'LINE망가'의 형태를 갖추게 된다.

LINE망가는 2020년 9월 누적 3천만 다운로드, 38%의 시장점유율로 일본 디지털 만화 시장의 1위를 지키고 있다(2위인 카카오재팬의 픽코마는 22% 점유율). 예상 가능하듯이, LINE망가의 폭발적인 성장에는 일본인의 67%8,400만 명가 사용하는 메신저 'LINE'의 영향이 컸다. 마케팅과 접근성 측면에서 전 국민이 사용하는 메신저 앱이라는 이점을 잘 활용했기 때문인데, 한국의 카카오톡과 카카오페이지의 밀접한 관계를 떠올리면 이해하기 쉽다. LINE에서도 우측 탭을 통해 LINE망가로 바로 진입할 수 있는 것은 물론, 관심 작품 업데이트 알림, 채팅방에서의 콘텐츠 공유와 같은 편리한 기능을 사용할 수 있고, 스티커(LINE에서 사용할 수 있는 이모티콘) 이벤트 등 다양한 프로모션도 진행된다.

이번에는 일본 웹툰 시장의 양대 산맥 중 하나인 카카오재팬의 '픽코마Piccoma'도 살펴보자. 2016년 카카오재팬이 일본 만화 시장 진출을 위해 만든 '픽코마'는 디지털 이미지 단위 픽셀Pixel과 만화의 컷을 의미하는 일본어 코마Coma의 합성어다. 구독자를 위해 선별한Pick 만화Coma라는 뜻도 담겨 있다. 서비스가 오픈한 지 약 5년 만인 2020년 7월, 픽코마는 '세계적인 만화 강국' 일본에서 비게임 앱 부문의 매출 1위를 기록했다(2020년 10월에도 여전히 비게임 앱 매출 1위를 기록 중이다). 비게임 앱 매출 부문에서 부동의 1위였던 메신저 LINE을 넘은 대단한 성과다. 물론 아직 'LINE망가'가 다운로드와 이용자 수에서 우위를 점하고 있지만, 유료 콘텐츠 중심의 픽코마는 매출과 수익성에서 앞서 나가는 모습을 보여주고 있다.

초창기의 픽코마는 LINE망가와 유사하게 일본 출판 만화 중심으로 서비스를 전개했다. 하지만 이후 '한국에서 성공한 콘텐츠는 해외에서도 100% 통한다'는 철학 아래, 카카오페이지의 웹툰과 웹소설 콘텐츠를 본격적으로 공개하기 시작했다. 성과는 굉장했다. 픽코마 전체 콘텐츠 중 국내 웹툰의 편수는 고작 2%지만 매출 TOP10 작품을 싹쓸이하고(2020년 7월 기준), 총 매출의 35%를 발생시키는 '일당백' 역할을 하고 있다. 주력 선수는 카카오페이지의 슈퍼 IP인 〈나 혼자만 레벨업〉 이다. 2018년부터 지금까지 꾸준하게 1위 자리를 지키며 신규 독자들의 마중물 역할을 톡톡히 하고 있다. 〈나 혼자만 레벨업〉의 월 거래액은 11억 원 정도로 추산되는데, 편당 결제액이 한화 700원 수준임을 감안하면 약 160만 건의 결제가 한 달에 이뤄진 것이다. 상승세를 탄 〈나 혼자만 레벨업〉은 2020년 8월 시즌2가 새로 연재되면서 연일 주가를 올리고 있다. 국내에서 흥행한 〈이태원 클라쓰〉는 〈롯폰기 클

현재 픽코마의 인기작은 〈이태원 클라쓰〉, 〈나 혼자만 레벨업〉 등으로 모두 한국 웹툰들이다.

라쓰〉로 연재되고 있는데, 동명의 JTBC 드라마가 넷플릭스에서도 제공되면서 매출이 5배 이상 증가하는 등, 역주행 효과를 누렸다. 여기에 로맨스물인 〈괴물 공작가의 계약 공녀〉, 밀리터리 장르의 〈갓 오브 블랙필드〉(두 작품 모두 카카오페이지의 웹소설을 원작으로 한 웹툰이다)와 같은 작품들이 상위권을 차지하며 그 뒤를 잇고 있다.

2020년, 한국 웹툰 플랫폼의 선전에 힘입어 일본 시장의 디지털 만화 비중은 약 10%에서 25%로 2배 이상 증가했고, 모바일로 만화를 보는 독자의 비중 역시 29%를 기록해 40%인 종이만화 단행본을 턱밑까지 추격하는 데 성공했다. 물론 위 사업자들이 코로나를 예측하고 사업 진입을 한 것은 아니었지만 하늘은 준비하는 자에게 기회를 준다고 했다. 지금껏 차근차근 준비해온 한국의 웹툰 플랫폼들이 코로나19를 등에 업고 시장을 점유해나가고 있다.

네이버의 '크로스보더' 전략, 미국을 뚫다

이번엔 미국 시장으로 눈을 돌려보자. 일본 출판 만화의 특징을 '장인정신'이라고 한다면, 미국 출판 만화를 상징하는 특징 중 하나는 '코믹북 컬렉팅Comic book collecting 문화', 즉 만화책을 사서 소장하는 문화다. 현존하는 가장 비싼 만화책은 1938년 출판된 〈액션 코믹스 No.1〉이다. 이 만화책은 2014년 320만 달러약 32억 원에 판매되었는데, 바로 '슈퍼맨'이 이 세상에 처음으로 소개된 작품으로 그 가치를 높게 평가받았기 때문이다. 만화책 한 권에 그만한 가치가 매겨진다는 것은, 만화라는 콘텐츠가 미국에서 사회적으로 어느 정도의 위상을 갖는지를 잘 보여준다. 단순히 한 권의 만화책이 아니라 수집 가치가 있는 예술품으로 대우를 받는 것이다. 지금도 미국에서는 만화 전문 서점인 코믹 샵에서 신간 잡지를 구매하는 독자들을 자연스럽게 찾아볼 수 있는데, 국내에서는 만화를 전문적으로 다루는 서점을 찾는 것이 매우 어려운 것은 물론, 만화 콘텐츠를 좋아하는 사람들도 단행본을 구매하는 경우가 많지 않다는 점을 감안하면 생소한 광경이다. 오늘날에도 뉴욕의 '포비든 플래닛Forbidden Planet', LA의 '시크릿 헤드쿼터Secret Headquaters'와 같은 상징적인 코믹 샵들은 '만화 덕후들의 성지'이자 관광 명소로 그 입지를 굳건히 하고 있다.

이렇게 만화책이 융숭한 대접을 받는 미국의 출판 만화 시장에 '웹툰' 콘텐츠로 균열을 낸 것은 다름 아닌 네이버다. 2020년 하반기 네이버 웹툰은 전 세계 100개국 만화 앱 중 1위를 차지했다. 그중에서도 북미의 월간 순 사용자 수는 1,000만 명을 돌파했는데, 이는 전 세계 사용자 수인 6,700만 명의 15%에 해당한다. 2018년 500만 명을 기록한 것과 비교하면 1년 반 만에 '더블 업'을 해낸 것이다. 네이버 웹툰 이용자는 24세 이하가 75% 수준으로, 갈수록 확대되는 스마트 디바이스 중심의 디지털 만화 시장에서 높은 성장률을 보일 것으로 예상된다.

네이버 웹툰의 성공을 이끈 것 중 하나가 바로 '크로스보더Cross Boarder' 플랫폼 전략이다. 말 그대로 국경을 넘나드는 콘텐츠 전략으로, 한 국가에서 제작된 오리지널 콘텐츠가 타 국가로 유통되는 것을 뜻한다. 한국의 웹툰 앱에서 미국과 유럽의 웹툰 작품들을 읽을 수 있고, 미국과 유럽에서는 일본과 말레이시아의 웹툰 작품을 즐길 수 있게 되는 것이다. 앞서 언급한 픽코마의 전략이 우수한 한국 오리지널 콘텐츠를 '수출'하는 것이었다면 네이버의 '크로스보더' 전략은 현지에서 우수한 콘텐츠들을 공급받아 활용할 수 있도록 하는 '현지화' 전략이라고 볼 수 있다. '크로스보더' 전략이 성공하기 위해서는 무엇보다 국가별로 우수한 현지 콘텐츠를 만들어낼 수 있는 환경 조성이 중요한데, 그래서 시작된 것이 바로 '캔버스CANVAS'다.

캔버스는 네이버 웹툰이 국내에서 운영하는 '도전만화'와 같은 플랫폼으로, 아마추어 작가들이 마음껏 작품을 올릴 수 있는 공간이다. 캔버스에 올린 작품이 좋은 반응을 얻으면 웹툰 플랫폼에 연재하는 정식 작가로 등단할 수 있게 된다. 2018년 캔버스를 통해 '슈퍼 유망주'가 데뷔하게 되는데, 〈로어 올림푸스Lore Olympus〉의 작가인 뉴질랜드 태생의 레이첼 스마이스Rachel Smythe가 바로 그 주인공이다.

설화를 의미하는 로어Lore라는 말 그대로 그리스 로마 신화를 다루고 있는 〈로어 올림푸스〉는 올림푸스 신들의 이야기를 개성 강한 작화와 섬세한 문법으로 풀어냈다. 〈로어 올림푸스〉는 대중성과 작품성을 전 세계적으로 인정받아 북미 누적 조회 수 2억 5천만, 글로벌 누적 조

네이버 웹툰의 글로벌 플랫폼인 '캔버스'의 최대 히트작, 〈로어 올림푸스〉. 뉴질랜드 작가의 작품으로 글로벌 누적 조회 수가 5억을 넘었다.

회 수 5억 6천만이라는 기록을 달성했고, 2019년에는 미국 만화계의 아카데미상으로 불리는 '아이즈너 어워드Eisner Award' 후보에 오르기도 했다. 그래픽 디자이너였던 레이첼 스마이스는 이 작품으로 열리는 작가 사인회마다 수백 명의 줄을 세우는 스타 작가가 됐다. 〈로어 올림푸스〉는 2020년 8월 '찐 미국 갬성 웹툰'이라는 마케팅과 함께 한국에서도 연재를 시작했다. 미국적 색채가 강한 작품인 만큼 국내에서는 "폭력과 성적 수위가 지나치다", "그림체와 색감이 아름답다" 등 다양한 의견이 공존하는 가운데, 상위권으로 꾸준히 상승 중이다.

글로벌 시장에서의 성공에 힘입어 2020년 네이버 웹툰은 미국 법인을 중심으로 조직을 개편했다. 네이버는 미국 법인인 웹툰엔터테인먼트가 글로벌 웹툰 사업을 총괄하고, 그 산하에 한국 법인인 네이버 웹툰과 일본 법인인 라인디지털프론티어를 배치할 정도로 미국 시장의 잠재력을 높게 보고 있다. 네이버 웹툰은 이번 사업 구조의 개편으로 "디즈니, 넷플릭스 등 세계 최강의 엔터테인먼트 기업들과 IP 비즈니스를 적극적으로 추진하고자 한다"라며 포부를 밝혔다. 앞으로 네이버의 '크로스보더' 플랫폼 전략은 더욱 탄력을 받을 것으로 예상된다. 넷플릭스로 다양한 국가의 오리지널 콘텐츠를 즐기는 게 당연한 것처럼, 세계 각지의 작가들이 만든 웹툰 콘텐츠를 자연스럽게 읽을 날이 멀지 않은 듯하다.

'ADSL의 기적': 한국 만화, 웹툰으로 다시 일어나다

앞서 웹툰에 대한 두 가지 오해에 대해 이야기했다. 첫 번째는 '웹툰'은 콩글리시이자 한국이 원조인 '한국 특산품'이라는 점이었고, 두 번째는 '만화 = 웹툰'의 공식이 성립하는 나라는 글로벌 만화 산업 TOP10 중 한국이 유일하며, 대부분은 아직 출판 만화 시장의 규모가 훨씬 크다는 점이었다. 그리고, '웹툰 원조 맛집'이 일본이나 미국이 아닌 한국이 될 수 있었던 이유를 'ADSL의 기적'이라고 언급했다. 대체 'ADSL의 기적'이 뭐길래, 한국이 웹툰 콘텐츠 시장을 선점할 수 있었다는 것일까?

'ADSL'은 기존의 전화선을 이용하여 인터넷과 일반 전화를 동시에 이용할 수 있는 통신 시스템이다. 이전의 모뎀 방식에서 발전한 초고속 인터넷의 초기 형태라고 볼 수 있다. 'ADSL'로 대표되는 초고속 인터넷은 한국 출판 만화 시장을 망하게 하는 주범 중 하나였지만, 한

〈1990~2020 웹툰 중심의 만화 연대표〉

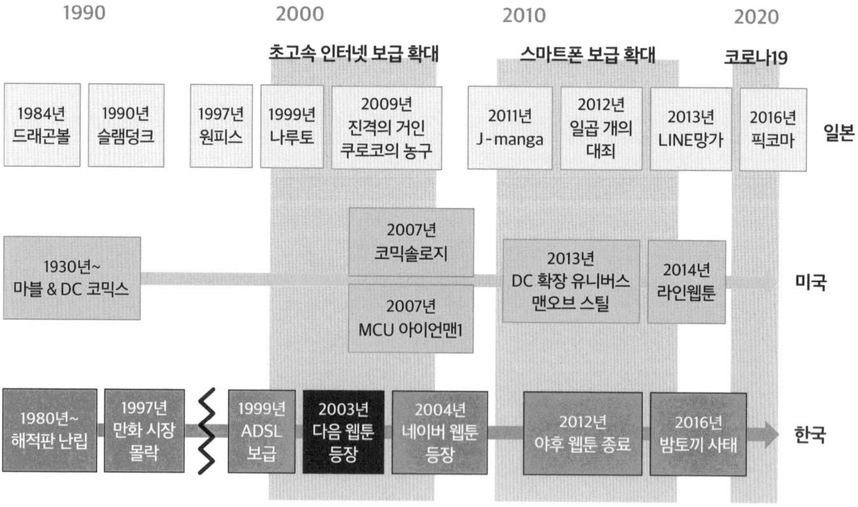

출처 : 자체 제작

국 만화 시장이 '웹툰'을 중심으로 다시 일어날 수 있게 만드는 기반 역할을 했다. 필자는 이를 '한강의 기적'에 빗대어 'ADSL의 기적'으로 표현했다. 한·미·일 3국의 만화 산업 역사와 함께 더 자세하게 살펴보도록 하자.

한국에서는 1980년대 〈달려라 하니〉, 〈아기공룡 둘리〉와 같은 유명한 작품들이 등장했지만 한국 만화 시장의 펀더멘탈Fundamental은 이미 약해지고 있었다. 일본 만화가 일명 '해적판'의 형태로 불법 복제되어 시장에 저가로 공급되면서 한국 만화가들의 창작 환경은 나날이 악화되고 있었다.

이후 한국 만화계는 1997년 청소년보호법 시행, IMF 사태로 말 그대로 '확인 사살'을 당하게 된다. 특히 청소년보호법은 만화가들의 창작 환경을 크게 위축시켰는데, '학교폭력은 일본 폭력 만화를 모방하는 청소년의 심리에서 비롯된 것'이라는 검찰의 발표로 대대적인 '만화 사냥'이 일어났기 때문이다. 이에 더해 IMF 사태를 맞으면서 투자는 위축되었고, 설상가상으로 1998년 DJ 정권의 일본 문화 개방 정책으로 더욱 활발하게 일본 콘텐츠들이 보급되면서 체력이 바닥까지 떨어진 한국 만화 시장은 그로기 상태나 다름없었다. 여기에 인터넷 망이 보급됨에 따라 불법 스캔된 만화 콘텐츠 공유가 활발하게 일어난 것도 악재로 작용했다. 산업의 근간이 흔들리는 시기였다.

'ADSL의 기적'이 일어나는 건 바로 이 시점이다. 1999년경 초고속 인터넷인 ADSL이 세계 최초 상용화에 성공, 일반 가정에 본격적으로 보급되기 시작하면서 만화 시장이 또 다른 기회를 맞게 된 것이다. 인터넷 속도가 비약적으로 상승하면서 고용량 이미지도 원활하게 볼 수 있게 되었고, 이를 기반으로 다음, 네이버, 야후 등 인터넷 포털은 더욱 다양한 콘텐츠를 갖출 수 있게 되었다. 포털에 유료 광고가 확산됨에 따라 트래픽을 집중시켜줄 콘텐츠가 주목받기 시작했다. 바로 여기서 재밌고, 가볍고, 트래픽 유입 능력이 탁월한 디지털 만화가 주목받기 시작한다. 기존 출판 만화 산업에 큰 타격을 입힌 것도 인터넷이었지만, 인터넷 망을 기반으로 디지털 만화 시장이 태동하기 시작하는 아이러니한 상황이었다.

2004년, '트래픽 낚시', '미끼 상품' 역할만을 하던 만화 시장에 반전을 일으키는 작품이 등장하는데, 바로 강풀 작가의 〈순정만화〉다. 다음 웹툰의 전신인 '만화속세상'에서 연재된 강풀 작가의 〈순정만화〉는 온라인 장편 만화로는 최초의 성공작인데, 스크롤 다운 방식의 컷 구성과 연출로 오늘날 웹툰의 기틀을 다졌다고 평가받는다. 〈순정만화〉를 필두로 한 장편 웹툰의 흥행은 출판 만화 시장의 기성 만화가들이 웹툰 시장으로 진입할 수 있는 교두보를 마련함과 동시에, 만화 잡지 연재 후 단행본 출판이라는 관행이 웹툰 연재 후 단행본 출판으로 전환되는 계기가 되었다.

이어 네이버 웹툰이 등장하고, 강도하 작가의 〈위대한 캣츠비〉, 조석 작가의 〈마음의 소리〉 등이 공전의 빅 히트를 기록했다. 이후 2012년 서비스를 종료한 '야후 카툰세상' 소속의 주호민, 기안84, 이말년, 양영순 등의 작가들이 네이버로 대거 이적하면서 대형 포털 중심의 웹툰 시장이 자리 잡게 된다. 스마트폰이 보급되며 웹툰은 폭발적인 성장기를 맞았고, 레진과 카카오페이지의 등장으로 '웹툰은 유료 콘텐츠'라는 패러다임의 전환이 일어났다. 'ADSL의 기적'을 시작으로 천신만고 끝에 웹툰 시장이 드디어 전성기에 진입하나 싶던 이때, 두 번째 고난을 맞으니 바로 '밤토끼' 사태다.

2016년에 등장한 밤토끼는 웹툰 불법 공유 사이트로, 이제 막 유료화 모델을 도입하며 도약을 준비하는 웹툰 시장에 큰 타격을 입혔다. 2017년 기준 밤토끼는 월 방문자가 6,100만 명이 넘고, 네이버 웹툰의 페이지 뷰PV를 넘어섰는데, 당시 추산된 피해액만 1천억 원 이상으로 알려져 있다. 자본력을 갖춘 포털 중심의 웹툰 플랫폼보다 레진과 같은 중소규모 플랫폼들은 이 피해를 고스란히 받아낼 수밖에 없었다. 밤토끼 사태는 운영자 일당이 검거된 2018년까지 계속되었다. 만약 밤토끼 사태가 없었다면, 네이버 · 카카오의 양강 체제가 아닌 웹툰 플랫폼들의 춘추전국시대가 열렸을 수도 있고, 지금의 전성기가 2년은 더 앞당겨졌을 수도 있다고 할 만큼, 웹툰 업계에는 비극적인 사건이었다.

대한민국의 만화 산업이 웹툰 중심으로 재편되고 있을 2000년대 초반, 일본과 미국은 전혀 다른 상황을 겪고 있었다. 만화 시장 규모 전 세계 1위를 자랑하는 일본의 출판 만화 산업은 한국이 괴멸적 타격을 입던 1990년대 후반은 물론 2010년에 이르기까지 그 명성을 유지하고 있었다. 한국에서도 선풍적인 인기를 끌었던 〈진격의 거인〉, 〈쿠로코의 농구〉가 2009년, 〈일곱 개의 대죄〉가 2012년에 발표된 작품이다. 일본의 출판 만화 시장이 자국의 경제 불황과 디지털 만화 시장점유율 증가로 인해 축소되는 와중에도, 〈진격의 거인〉은 한화 1천억 원이라는 경이적인 단행본 판매량을 기록했다. 하지만 일본에서도 스마트폰의 확대로 디지털 만화 시장이 성장하자 이에 대응하기 위해 2011년 'J-망가Manga'라는 허접한 스캔본 중심의 디지털 만화 서비스가 출시되긴 했다. 그러나 일본 출판사들이 모여 시작한 서비스인 'J-망가'는 끝내 출판 만화의 벽을 넘지 못하고 2년 후인 2013년 서비스를 종료한다. 한국에서 웹툰 서비스가 시작된 것이 2003년경임을 감안하면 거의 10년이나 차이 나는 셈이다. 이러한 상황의 일본에서 디지털 만화 시장을 열어젖힌 건 다름 아닌 한국의 'LINE망가'와 '픽코마'였다.

미국은 일본보다는 조금 더 빠른 타임라인을 보여준다. 2007년 마블, DC 코믹스와 같은 출판사로부터 콘텐츠를 제공받아 디지털 방식으로 서비스하는 코믹솔로지comixlogy가 시장에 등장했다. 코믹솔로지는 스마트폰의 사용이 활발한 젊은 층을 중심으로 디지털 만화가 확산되면서 2012년 7,000만 달러 매출을 달성했고 2014년 아마존에게 인수되면서 또 다른 전환점을 맞게 된다. 아마존은 2007년 킨들kindle을 출시함으로써 미국 e북 시장의 패권을 장악하기 시작했는데, 이후 코믹솔로지와 시너지를 내며 출판 만화의 디지털 유통 창구로써 중추적 역할을 담당했다. 잘나가던 코믹솔로지의 경쟁자로 등장한 것이 2014년 미국에서 서비스를 시작한 네이버 웹툰(당시 LINE웹툰)이다. 네이버 웹툰은 한국에서 성공을 거둔 웹툰 번역본을 제공함은 물론, 현지 작가를 양성하는 플랫폼인 캔버스를 론칭함으로써 통해 '미국산 웹툰'을 생산해내며 미국 시장 1위에 오르게 된다. 미국의 경우에도 2007년 코믹솔로지의 등장으로 디지털 만화 시장이 본격화되었다는 것을 감안한다면, 한국 웹툰 시장보다 4년 정도 늦게 시장이 형성되었다고 볼 수 있다.

한국이 웹툰 시장의 주도권을 쥐게 된 'ADSL의 기적'은 역설적으로 한국의 만화 산업이 여러 가지 악재를 만나 빠르게 몰락했기에 가능했다. '완전히 끝났다' 싶었을 때 또 다른 기회가 찾아온 것이다. 이후 인터넷 망 보급을 바탕으로 만화가 웹툰으로 발전하고, 스마트폰 시대가 도래하면서 한국 웹툰 콘텐츠는 기존 출판 만화 중심의 만화 강국들을 역으로 침공하게 되었다. 무너진 만화 산업에서 절치부심하며 '존버'하던 한국 웹툰이 콘텐츠 산업의 선봉에 서게 된 것이다.

무궁무진한 확장성, '원재료' 웹툰의 진정한 가치

2019년부터 2020년까지 방영된 웹툰 원작의 드라마는 16개(지상파, 종편, CJ계열 한정) 수준으로, 총 제작된 드라마의 35% 이상의 비중을 차지하고 있다. 최근 히트를 기록한 〈이태원 클라쓰〉, 〈쌍갑포차〉, 〈편의점 샛별이〉 모두 동명의 웹툰을 원작으로 하고 있다. 웹툰 유통 플랫폼과 작품 수가 대폭 증가한 만큼 웹툰을 원작으로 한 영화나 드라마 같은 2차 창작물을 만나는 일이 더 이상 어색하지 않다.

요즘은 이런 경우도 있다. 네이버 웹툰에서 연재되고 있는 김규삼·CRG 작가의 〈비질란테〉는 국내 최초로 기획과 동시에 영화와 드라마 제작이 확정되었다. 〈비질란테〉는 범죄자들에게 어머니를 잃은 아픈 과거를 가진 주인공 경찰대생 김지용이 악행을 저지르고도 솜방망이 처벌만을 받고 범죄를 계속해서 저지르는 범죄자들을 심판한다는 내용의 웹툰이다. 사회적으로 이슈가 된 사법불신의 사례를(중범죄를

〈2020년 제작된 웹툰 원작의 주요 드라마〉

제목	방송사	연재처	원작 웹툰
편의점 샛별이	SBS	탑툰	활화산 작가, 〈편의점 샛별이〉
저녁 같이 드실래요?	MBC	다음	박시인 작가, 〈저녁 같이 드실래요?〉
계약우정	KBS2	다음	권라드 작가, 〈계약우정〉
어서와	KBS2	네이버	고아라 작가, 〈어서와〉
쌍갑포차	JTBC	다음	배혜수 작가, 〈쌍갑포차〉
이태원 클라쓰	JTBC	카카오페이지	광진 작가, 〈이태원 클라쓰〉
경이로운 소문	OCN	다음	장이 작가, 〈경이로운 소문〉
루갈	OCN	투믹스	릴매 작가, 〈루갈〉
메모리스트	tvN	다음	재후 작가, 〈메모리스트〉

출처 : 각 방송사 홈페이지 및 위키

저질렀음에도 심신미약과 같은 이유로 형을 경감받는 등) 적절하게 녹여내 재미와 의미를 모두 잡았다는 호평을 받고 있다.

웹툰이 드라마화 또는 영화화되며 이슈가 되는 가상캐스팅 놀이 문화도 하나의 재미있는 콘텐츠다. 웹툰 속 등장인물을 어떤 배우가 연기할지, 원작의 명장면은 어떻게 재구성될지 상상하는 과정에서 만들어지는 가상캐스팅 콘텐츠는 캐스팅 라인이 공개되기 전까지 분위기를 돋우는 역할을 한다. 물론 싱크로율 논란 등으로 독이 되는 경우도 있지만, 긍정적인 반응이든지 부정적인 반응이든지 인기 웹툰 콘텐츠가 원재료가 되어 탄생하는 2차 콘텐츠에 기대감을 불어넣어준다는 것은 의심의 여지가 없다.

음원차트에 진입한 웹툰 OST

웹툰 콘텐츠의 영향력은 음원 시장으로도 확장되고 있다. 웹툰이 드라마와 영화의 전유물로 여겨졌던 OST 영역에 도전장을 던진 것이다. 2020년 10월, 방탄소년단의 '다이너마이트', 블랙핑크의 '러브 식 걸즈' 같은 인기 곡들 사이에서 웹툰 〈취향저격 그녀〉의 OST가 당당히 멜론 차트 순위권에 진입하는 데 성공했다. 〈취향저격 그녀〉는 2018년부터 카카오페이지에 연재된 웹툰으로, 2020년에 시즌3을 시작하면서 OST를 출시했다. 웹툰 OST라고 과소평가하기엔 참여한 뮤지션들이 쟁쟁하다. 2020년 7월부터 발매되기 시작한 〈취향저격 그녀〉의 OST에는 B1A4의 보컬 산들, 슈퍼주니어의 규현, GRAY, 카더가든 등 정규 음악 앨범과 견주어도 손색없는 라인업의 쟁쟁한 뮤지션들이 참가했다.

웹툰에 음악을 접목하려는 시도는 2010년 초반부터 계속되어왔다. 공포 웹툰에 기괴한 음향효과를 넣거나, 에피소드에 잘 맞는 배경음악을 넣는 형식이었다. 하지만 당시까지는 OST라는 이름을 달 만큼의 완성된 음악 형태는 아니었으며, 가사나 내용이 없는 경우가 많은, BGM Background Music 형태에 가까웠다. 웹툰을 더 재미있게 즐길 수 있도록 하는 보조적인 역할이나, 매체 특성에 기반한 새로운 시도, 혹은 독자들을 위한 팬서비스 그 이상도 그 이하도 아니었다. 당연히 유명 작

출처 : 다음 웹툰

음원 차트 상위에 진입한 〈취향저격 그녀〉의 OST. 쟁쟁한 뮤지션들의 참여로 화제를 모았다.

곡가나 가수가 참여하는 경우는 보기 드물었다. 2016년에는 가수 장범준의 2집 앨범 〈금세 사랑에 빠지는〉이 박수봉 작가의 동명 웹툰으로 제작되어 네이버에서 연재되었다. 장범준은 박수봉 작가의 데뷔작 〈수업시간 그녀〉의 팬이었고, 여기서 영감을 얻어 2집 앨범의 곡 작업을 했다고 한다. 〈금세 사랑의 빠지는〉 웹툰은 장범준의 2집 노래 가사에 맞게 스토리가 구성되어 있다(웹툰 내에 음악 재생 버튼이 있어 웹툰을 읽으면서 해당 에피소드와 관련된 장범준의 2집 앨범 수록곡을 들을 수 있다). 2020년 등장한 〈취향저격 그녀〉의 OST는 이보다 한 단계 더 발전했다. 〈금세 사랑에 빠지는〉이 음반의 부록 개념이었다면, 이제는 웹툰 콘텐츠가 중심이다. 웹툰 콘텐츠를 기반으로 한 OST 앨범이 음원 차트를 뒤흔들고 있는 것이다. 드라마 OST가 음원 차트를 강타했듯, 웹툰 기반의 OST가 그 뒤를 잇는 새로운 대세가 될지도 모를 일이다.

무한 상상력이 원동력이 되는 최강의 콘텐츠

웹툰이 2차 창작물로 이렇게까지 각광받는 이유는 대체 무엇일까? 그 이유를 크게 두 가지로 설명하고자 한다. 첫째, 콘텐츠 제작의 제약 사항이 적기 때문이다. 여기서 제약 사항은 콘텐츠 자체를 만들어내는 데 필요한 아이디어, 제작비, 인건비, 유통비용 등의 현실적 사항을 말한다. 간단하게 마블 코믹스의 〈아이언맨〉의 예시를 들어 살펴보도록 하자.

이런 가정을 해보자. 세상엔 아직 〈아이언맨〉이라는 콘텐츠가 존재하지 않는다. 〈아이언맨〉은 당신의 머릿속에만 있는 하나의 아이디어다. 멋진 아이디어가 현실화될 것이라는 기대를 갖고 투자자를 찾아간 당신, 아크 원자로부터 아이언맨 수트까지 멋진 아이디어를 쏟아낸다. 마음에 드는 눈치를 보이는 투자자는 아마 이렇게 말할 것이다. "콘텐츠화 합시다! 그런데, 영화는 안 되고, 만화로 해봅시다."

영상 콘텐츠를 만드는 데에는 아주 큰돈이 들뿐더러, 어떤 경우에는 기술적 제약 등으로 아예 제작이 불가능할 수도 있다. 특히 〈아이언맨〉처럼 현실에서 구현해낼 수 없는 것들이 많으면 많을수록 더 그렇다. 〈아이언맨〉 콘텐츠의 첫 시작이 영화였다면, 우주 공간을 활공하며 타노스와 싸우는 장면은 CG 역량의 한계로 지상 격투로, 손에서 나가는 에너지 빔은 예산상의 한계로 권총으로 바뀌었을 수도 있다. 이 중에서도 가장 중요한 것은 만화가 손익분기점의 압박에서 상대적으로 자유롭다는 것이다. 〈아이언맨〉을 영화로 먼저 만들었다면 토니 스타크의 개인적 고뇌는 흥행에 아무 도움이 되지 않으니 삭제하고, 대신 화끈한 전투 장면을 더 많이 넣으라는 요청이 들어올 수도 있다. 아무리 창의적인 아이디어라도 물리적, 기술적, 경제적인 제약 사항을 만나게 되면 상황에 맞게 아이디어를 재단하는 타협의 과정이 발생하게 된다. 현실적인 제약 사항과 타협하는 과정에서 아이디어는 깎이고 또 깎여 처음의 모습을 잃게 된다. 말 그대로 '인생은 실전이야' 상황을 맞닥뜨리게 되는 것이다. 온라인 커뮤니티에 떠도는 심오한 격언, "상상력은 최고의 그래픽카드"라는 말이 떠오른다. 아이디어가 최고의 콘텐츠가 되기 위해서는 무궁무진한 상상력을 그대로 구현할 수 있는 매체가 필요하다. 최고의 콘텐츠는 재미있는 이야기에서 나오고, 재미있는 이야기는 제한 없는 상상력 속에서 만들어진다. 여기에 웹툰의 강점이 있다. 아이디어와 그림을 그릴 수 있는 손만 있다면 어떤 콘텐츠든 만들어낼 수 있다는 것은 얼마나 대단한 힘인가.

피라미드식 경쟁이 만드는 최상의 퀄리티

웹툰이 최고의 원재료인 그 두 번째 이유는, 우리가 접하는 웹툰 콘텐츠 자체가 최상의 상품이기 때문이다. 현실적인 제약 사항이 적다고 해도, 콘텐츠 자체의 본원적 경쟁력을 갖지 못하면 가치가 없다. 다시 말해 '콘텐츠 자체가 재미있지 못하면' 아무 소용이 없는 것이다. 하지만 대한민국 소비자들이 만나는 웹툰은 말 그대로 바닥에서부터 정상까지 치열한 경쟁을 뚫고 올라온 양질의 콘텐츠다. 2000년대 초반부터 지금까지 웹툰 산업은 하나의 체계적인 생태계를 구축하는 데 성공했다. 좋은 예시가 네이버 웹툰의 '리그'다. 이 구조는 재미있게도 유럽 축구 리그의 구조와 같다고 볼 수 있다.

방대한 규모의 영국 프로축구 리그는 보통 1~3부까지 프로 리그, 4부 미만의 리그는 아마추어 리그로 구분한다. 1~3부 리그의 프로 선수들은 축구 선수를 본업으로 한다. 4부 리그 미만의 선수들은 보통 축구가 아닌 다른 일을 생업으로 한다. 이들은 요리사부터 학교 선생님까지 다양한 본업을 가지고 있으면서 동시에 축구 선수로 활동한다. 하지만, 4~5부 리그에서 다른 직업을 갖고 축구 선수 생활을 한다고 해서, 영원히 1부 리그의 프로가 될 수 없는 것은 아니다. 대부분의 프로축구 리그는 강등제에 의해 매 시즌이 끝나면 각 리그의 하부 팀은 하위 리그로 강등되고, 하부 리그의 최우수팀은 상위 리그로 승급한다. 승강 과정에서 팀뿐만 아니라 선수도 이동하게 된다. 1~3부에서 전성기가 지난 선수들이 선수 생활의 황혼기를 하부 리그 팀에서 보내기도 하고, 4부 리그부터 시작해 1부 리그까지 올라가는 영화와 같은 스토리를 써내는 선수도 있다(잉글랜드 국가대표 공격수 제이미 바디Jamie Vardy는 7부 리그부터 1부 리그의 최정상까지 모두 경험했다). 이 시스템 안에서 전체적인 선수 레벨이 상향 평준화되고, 아마추어와 프로페셔널의 차이는 점점 줄어들게 된다.

이제 네이버 웹툰 리그로 눈을 돌려보자. 리그의 깊이는 영국 프로

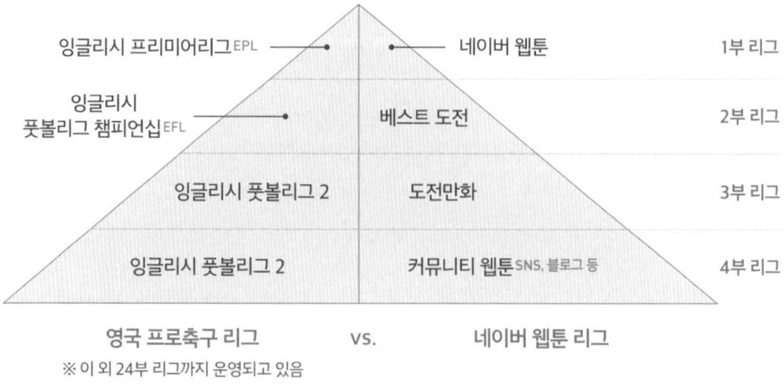

축구보다 훨씬 얕지만, 구조 자체는 동일하다. 1부 리그 격으로 볼 수 있는 네이버 웹툰에 연재하는 작가가 되기 위해서는 일반적으로 하나씩 단계를 밟아서 올라와야 한다. 왼쪽 표에 따르면 일반 소비자들이 만나는 최상위 리그의 웹툰 작품은 3개 레벨의 혹독한 검증을 거쳐 올라오게 된다. 4부 리그로 구분해놓은 SNS, 커뮤니티 웹툰의 경우, 일반인들도 얼마든지 작품을 올리고 이용자들의 반응을 볼 수 있다. 전통의 DC인사이드 카연갤(카툰 연재 갤러리)부터, 인스타그램(인스타툰), 블로그(블로그툰) 등 다양한 곳에서 웹툰을 찾아볼 수 있다. 인스타그램에 만화를 올리다가 독자들의 "도전만화 올려보세요!"라는 제의를 받고, 웹툰 정식 연재의 길로 들어서는 경우도 생긴다. 아마추어와 프로페셔널을 아우르는 유기적인 시스템이 작동하게 되는 것이다. 2019년 네이버 웹툰의 발표에 따르면, '도전만화'에서 활동하는 작가의 수는 14만 명에 달한다. 이 규모를 다음 웹툰·카카오페이지까지 확대하고, 커뮤니티나 개인적으로 콘텐츠를 준비하는 예비 작가까지 포함하면 그 수는 무려 20만 명 이상이 될 것으로 보인다. 견고한 리그 구조 속에서 두터운 웹툰 작가 풀Pool이 형성되고 있는 것이다.

최근에는 웹툰 업체들도 많아지면서 메이저 플랫폼의 2부 리그 등에서 잠재력을 보이는 웹툰 작가들을 미리 스카우트하는 인력 전쟁도 심심찮게 벌어지고 있다. 레진이 런칭 초반 작가들과 계약을 진행할 때 콘텐츠 확보 차원에서 잠재력 있는 작가들에게 기존 플랫폼보다 좋은 조건과 자율성을 보장한다는 조건 등을 내세웠던 것이 대표적이다. 웹툰 콘텐츠 경쟁이 격화되면서, 아마추어라고 할 수 있는 도전만화 시절부터 '포텐'이 있다고 판단되는 작가들을 미리 영입하는 경우가 생기고 있는 것이다. 아마추어 작가들도 좋은 콘텐츠만 가지고 있다면 언제든지 정식 연재를 시작하고, 프로 웹툰 작가로 등단할 수 있는 시대가 열렸다. 실제 한 연구에 따르면 리그 시스템 안에서 발굴된 웹툰 작가들이 2000년 이전에는 5.4% 정도에 불과했지만, 2016년 이후에는 36%로 상당 비중을 차지하고 있다. 또한, 미술이나 웹툰 관련된 교육 경험 없이 데뷔한 웹툰 작가들이 전체의 31%를 차지했는데, 이는 누구나 실력만 있다면 웹툰 작가로 데뷔할 수 있다는 것을 보여준다.

앞서 웹툰은 현실적 제약이 상대적으로 적은 콘텐츠라고 이야기했다. 제약이 적은데, 여러 차례의 검증을 거친 높은 퀄리티의 콘텐츠라니, 누군들 군침을 흘리지 않을까. 최상급 원재료를 찾기 위해 눈에 불을 켜고 있는 영화, 드라마 프로듀서들의 'Top Pick'이 웹툰일 수밖에 없는 이유가 바로 여기에 있다.

BEYOND 웹툰 : 네이버와 카카오, 아시아의 마블이 될 수 있을까?

전 세계 최고의 콘텐츠 창고이자 웹툰 플랫폼들의 '워너비'인 마블이 25년 전 파산 신청을 했었다는 사실을 아는 사람은 많지 않다. 1980년, 60년대를 풍미한 〈스파이더맨〉, 〈엑스맨〉 등의 프랜차이즈 캐릭터가 노후화되면서 마블은 경영에 어려움을 겪기 시작했다. 반면 시대에 맞춰 캐릭터와 세계관을 리뉴얼해온 DC코믹스는 1978년 영화 〈슈퍼맨〉, 1989년 팀 버튼 감독의 유명작 〈배트맨〉이 흥행하며 고객층을 넓히는 데 성공했다. 기존에 〈슈퍼맨〉, 〈배트맨〉을 좋아하던 독자들이 성인이 되어서도 콘텐츠를 소비할 수 있도록 슈퍼맨에게는 영웅의 고뇌가, 배트맨에는 사회의 어두운 면이 부각되는 식이었다. 반면 여전히 트렌드를 따라가지 못하던 마블은 결국 1996년 파산 신청을 하게 되고, 현금 확보를 위해 주요 캐릭터의 판권을 다른 제작사에 넘기면서 콘텐츠 시장의 주류에서 벗어나게 된다. 이후 마블이 세계 콘텐츠 시장에 다시금 등장하게 된 것은 2008년 마블 스튜디오가 영화판 〈아이언맨〉을 공개하면서다. 영화 〈아이언맨〉에서 배우 로버트 다우니 주니어는 정의로우면서도 냉정한 사업가인 토니 스타크의 입체적인 캐릭터를 훌륭하게 해석해냈다. 그 이후에는 우리가 아는 '레전드'가 시작된다. MCU(마블 시네마틱 유니버스)라는 무대 위에서 20편 이상의 대형 영화 작품들이 연달아 인기를 누렸고, '슈퍼 IP' 캐릭터들이 한 영화에 등장하는 〈어벤저스〉 시리즈까지 등장하며 마블 스튜디오는 명실상부 세계 최고의 스튜디오로 자리매김하게 된다.

웹툰에서 콘텐츠 스튜디오로(feat.마블)

파산부터 MCU를 통한 화려한 부활까지, 마블의 25년간의 발자취를 통해 한국 웹툰이 가야 할 미래를 엿볼 수 있다. 필자는 이를 '슈퍼IP의 존재', 그리고 '미디어 가치사슬' 이라는 두 가지 포인트로 요약해보고자 한다.

첫째, 슈퍼 IP의 존재다. 마블이 MCU를 기반으로 다시금 비상할 수 있었던 데에는 오랜 기간 대중에게 사랑받아온 '슈퍼 IP'들의 힘이 절대적이었다. 〈캡틴 아메리카〉는 1940년대, 〈아이언맨〉과 〈스파이더맨〉은 1960년대에 첫 등장했다. 사람 나이로 치면 70대에 육박하는 캐릭터들이지만 액션 피규어로, 게임으로, 영화로 제작되어 당시의 10대(지금의 50대)에서 지금의 10대까지 모두에게 사랑받고 있다. 그렇다면 일본은 어떤가. 각각 1980년대, 1990년대 작품인 〈드래곤볼〉과 〈슬램덩크〉는 아직도 애니메이션 신규 시즌이 제작되거나(드래곤볼 슈퍼는 후지 TV에서 2015~2018년 방영), 모바일 게임(슬램덩크는 2020년 공개)으로

〈한·미·일 3국 콘텐츠 시장 규모〉

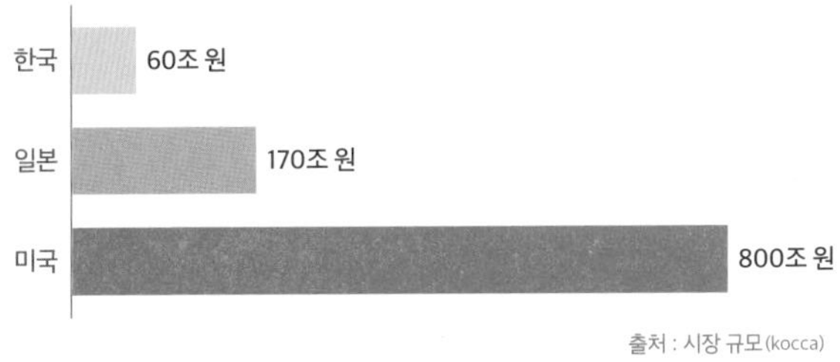

〈한·미·일 3국 오리지널 - 2차 창작 비중〉

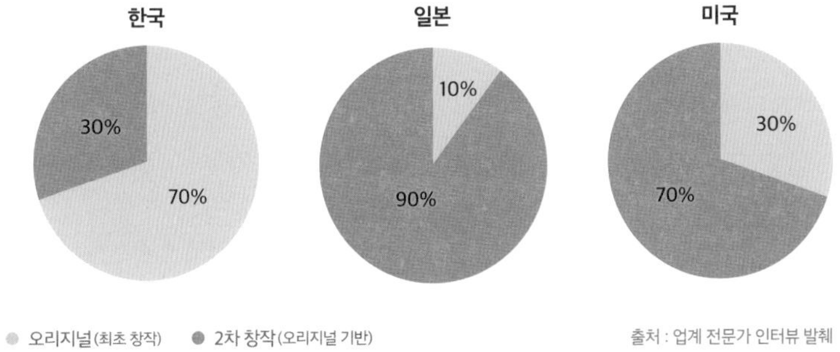

제작되고 있다. 이런 말은 어떨까. "슈퍼 IP는 늙지 않는다. 단지 오래 갈 뿐이다."

위의 표는 국가별 콘텐츠 시장 규모와, 관련 업계 관계자들 사이에서 통용되는 오리지널 콘텐츠와 이를 기반으로 한 2차 창작물의 비중을 나타낸 표다. 보통 업계에서는 미국은 오리지널과 2차 창작물의 비중이 3:7, 일본은 1:9, 한국은 7:3의 비중을 따른다고 한다. 한국 창작물에 오리지널 콘텐츠의 비중이 높은 것에 대해 "한국은 웹툰 콘텐츠가 발전해서, 다양하고 새로운 소재의 콘텐츠들이 계속해서 만들어지고 있구나!"라고 해석하는 것도 틀린 것은 아니지만, 국가별 시장 규모를 감안해보면 "한국이 미국과 일본 정도의 '슈퍼 IP' 콘텐츠를 보유하지 못했기 때문에, 계속해서 새로운 콘텐츠로 도전하고 있구나!"라는 해석이 더 타당해 보인다. 투자자 입장에서도, 이미 일정 수준의 성공이 보장되어 있고 검증이 끝난 우수한 '슈퍼 IP'를 기반으로 2차 창작물을 만드는 것이 훨씬 효율적일 수 있다. 마블의 MCU가 세상에 없던 캐릭터를 새롭게 만들기보다는 과거 영광을 누렸던 캐릭터들을 재조명하는 데에는 이유가 있다. 그렇다고 해서 2차 창작물 비중이 과도하게 높아지는 것이 꼭 좋은 것만은 아니다. 2차 창작물 비중이 높다는 것은 새로운 콘텐츠가 등장하지 않는다는 것을 뜻하기도 하기 때문이다. '고인물' 콘텐츠들이 자리를 지키며 매출을 발생시킨다고는 하지만, 새로운 콘텐츠가 설 자리가 점점 좁아지며 시장이 활기를 잃게 될 수 있다(출판 만화 시장에서 '슈퍼 IP'를 기반으로 전성기를 구가한 일본의 콘텐츠 영향력이 지속적으로 감소하는 것을 보면 알 수 있다).결론적으로, 웹툰 플랫폼들이 콘텐츠 스튜디오로 거듭나기 위해서는 '슈퍼 IP'를 활용한 2차 창작물 활성화와 더불어 지금처럼 오리지널 콘텐츠를 계속해서 생산해낼 수 있는 역량 모두가 중요하다고 할 수 있다.

둘째, 미디어 가치사슬이다. '슈퍼 IP'를 확보했다면, 콘텐츠 시장의 불꽃은 이제 2차 창작물로 옮겨간다. 오리지널 웹툰 콘텐츠가 아무리 뛰어나다고 해도, 매체의 확장을 통해 시장 규모를 늘리지 않으면 한계에 부딪치게 되기 때문이다. 2018년부터 무섭게 엔터테인먼트 회사를 인수해온 카카오는 2020년 카카오TV 론칭과 함께 드디어 미디어 가치사슬의 뼈대를 완성했다. 카카오페이지에서 '슈퍼 IP' 웹툰을

〈카카오 콘텐츠 가치사슬〉

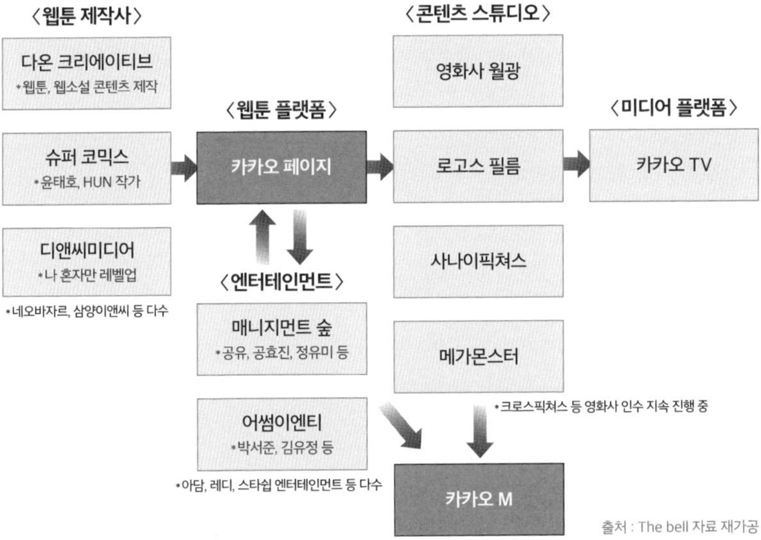

출처 : The bell 자료 재가공

만들어내고, 이 IP는 엔터테인먼트 회사 카카오M으로 공급된다. 카카오M은 연예기획사부터, 콘텐츠 제작사, 영상 콘텐츠 유통 플랫폼을 모두 보유하고 있다. 이 역량을 바탕으로 진행되는 것이 바로 '슈퍼웹툰 프로젝트'다. 카카오페이지와 다음 웹툰에서 작품성, 대중성, 확장성 등을 기반으로 '슈퍼 IP' 웹툰을 선정하고, 이 콘텐츠를 영화 등으로 확장하여 2차 창작물을 만들어내는 것이다.

2020년 박새로이 신드롬을 일으켰던 〈이태원 클라쓰〉와 〈스틸레인〉, 〈승리호〉와 같은 작품은 각각 드라마와 영화로 2차 제작되었다. 특히 〈이태원 클라쓰〉의 경우 원작 웹툰은 카카오페이지와 다음 웹툰에서 연재되었고, 박새로이 역을 맡은 배우 박서준은 카카오M이 인수한 기획사 '어썸이엔티'에 소속되어 있어, 카카오의 가치사슬에서 만들어진 콘텐츠라고 봐도 과언이 아니다. 배우 송중기의 복귀작으로 주목받은 〈승리호〉는 기존의 2차 창작물 공식에서 한 걸음 더 나간 형태다. 한국 영화 최초로 우주를 배경으로 한 'SF 블록버스터'를 표방하는 〈승리호〉는 영화 투자배급사 메리크리스마스의 콘텐츠인데, 카카오페이지가 협약을 맺고 웹툰으로 제작해 매체를 역순 확장한 케이스다. 이에 대해 카카오페이지의 이진수 대표는 "〈승리호〉를 시작으로 웹툰 사업자가 아닌 IP 비즈니스 사업자로서 본격적인 행보를 밟아가고자 한다"라는 코멘트를 남겼다. 카카오페이지 원작을 2차 창작물로 만들어 내는 것뿐만 아니라, 외부의 우수한 IP를 카카오페이지가 흡수하여 콘텐츠로 만들겠다는 야심찬 의지를 표명한 것이다.

네이버 웹툰 역시 네이버 콘텐츠 가치사슬에서 가장 중요한 역할을 담당하고 있다. 오리지널 콘텐츠인 웹툰뿐만 아니라, 이를 바탕으로 한 2차 창작물로 매체를 확대함으로써 수익을 내는 것이다. 네이버 웹

IP제국, 한국판 '마블 유니버스'를 꿈꾸는 카카오페이지의 첫 대작 〈승리호〉. 영화로 먼저 제작된 콘텐츠를 웹툰으로 옮긴 사례다.

툰을 중심으로 웹툰, 웹소설을 서비스하는 네이버 시리즈가 오리지널 콘텐츠를 제공하고, 스튜디오N은 드라마나 영화를 제작한다. 네이버 시리즈온이나 네이버TV는 온라인상에서 콘텐츠를 유통한다. 스튜디오N은 웹툰 원작의 〈타인은 지옥이다〉, 〈쌉니다 천리마마트〉를 드라마로 제작해 소기의 성과를 거뒀고, 2020년 12월 김칸비 작가의 〈스위트홈〉 역시 넷플릭스 오리지널로 공개되며 뜨거운 반응을 얻고 있다.

경쟁사와의 협업도 활발하게 진행 중이다. 앞서 언급한 〈승리호〉로 카카오페이지와 파트너십을 맺은 영화 제작, 배급사 메리크리스마스는 네이버 웹툰 대표작 〈연애혁명〉을 드라마로 제작해 카카오TV에 편성했다. 네이버는 다시 드라마 판권을 사들여 자사 영상 플랫폼 시리즈온을 통해 〈연애혁명〉의 드라마 버전을 공개하고 있다. 오리지널

〈네이버 콘텐츠 가치사슬〉

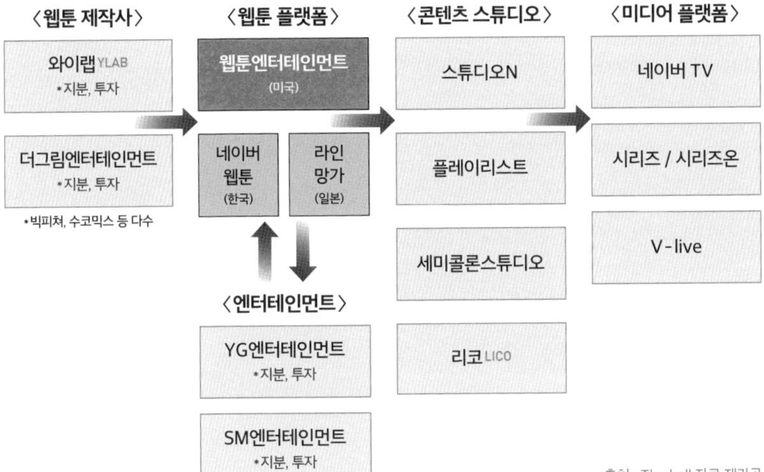

출처 : The bell 자료 재가공

콘텐츠를 독점하는 것에 집착하지 않고 타사와 협업해 IP 부가 가치를 확대하는 전략인데, '웹툰' 회사가 아니라 'IP' 회사가 되겠다는 카카오페이지의 큰 방향과 일맥상통하다고 할 수 있을 것이다.

2021년 웹툰 시장 전망

카카오페이지의 이진수 대표는 2020년 7월 "기업적으로 마블의 위상을 넘어서는 스토리 엔터테인먼트가 되고자 한다"며 점점 더 다채로운 스토리를 원하는 시장에 다양한 세계관을 가진 콘텐츠를 공급하겠다는 야심을 밝혔다. '슈퍼 IP'와 그 세계관을 기반으로 웹툰을 넘어 IP 비즈니스로 발돋움하겠다는 것이다. 그렇기에 2020년 말 개봉을 앞둔 〈승리호〉의 성적표는 더욱 중요하다(승리호는 2020년 9월 개봉 예정이었으나 코로나 사태로 극장 개봉이 연기되면서 결국 넷플릭스에서 최초 개봉하기로 했다). 〈승리호〉가 웹툰과 영화 시장 모두에서 성공을 거둔다면, 카카오페이지의 슈퍼 웹툰 프로젝트는 본격적인 상승세에 진입할 수 있을 것이다.

네이버 웹툰 '원재료'를 활용한 영상 콘텐츠 제작은 2020년 10월 CJ 그룹과 지분 교환을 추진하면서 더욱 활기를 띨 것으로 예상된다. 네이버는 CJ ENM · 스튜디오 드래곤 · CJ대한통운의 CJ 계열 3사와 주식을 맞교환하고 기술 교류와 공동투자에 나설 것으로 알려졌다. 이렇게 되면 네이버는 국내 최대 규모의 드라마 제작사인 스튜디오 드래곤의 2대 주주가 된다. 카카오가 M&A를 통해 가치사슬을 구축해왔다면, 네이버는 지분 교환 방식을 통해 콘텐츠 동맹군을 결성해왔는데, 이번 CJ와의 공동전선 구축은 한국을 넘어 글로벌 시장에서도 큰 파장이 될 것으로 보인다. 스튜디오 드래곤은 2022년까지 21편 이상의 작품을 넷플릭스에 제공하기로 계약을 맺었는데, 네이버 웹툰을 원재료로 한 콘텐츠가 많이 제작될 것으로 예상된다. 드라마, 영화 제작 시장이 웹툰 중심으로 빠르게 재편되면서 앞서 언급한 7대 3이라는 오리지널 콘텐츠와 2차 창작물 비중에도 변화가 생길 것으로 보인다. 한국에서도 MCU 급의 '슈퍼 IP' 콘텐츠가 등장할 날이 머지않은 것인지도 모른다.

〈로어 올림푸스〉를 앞세운 네이버 웹툰의 '크로스보더' 전략이 얼마나 더 확대될 수 있을지도 흥미로운 관전 포인트다. 모든 웹툰 플랫폼들이 간절히 바라는 '슈퍼 IP'를 탄생시키기 위해서는, 한 국가에서의 성공을 넘어 글로벌 시장에서 대박을 치는 것이 가장 중요하다. '크로스보더' 전략을 통한 현지 콘텐츠 교류는 이제 막 시작됐다. 과연 어떤 웹툰이 모든 국가를 휘어잡고, '원톱'의 자리에 오를 수 있을지 궁금해진다.

'떡상' 중인 웹툰 시장이라도 핑크빛 전망 일색인 것은 아니다. 웹툰 산업의 고질적인 문제점인 작가 처우에 대한 문제는 1조 원 이상의 규모로 성장한 오늘날에도 여전하다. 상위 1%의 스타 작가들이 10억 원 이상의 연수입을 거둬들이는 것에 비해, 업계 전체의 평균 연수입은 3천만 원 정도로 알려져 있다. 웹툰작가들을 대상으로 한 한 조사에서는 웹툰작가로 활동하면서 가장 어려운 점에 대해 '경제적 어려움', '휴식 시간 부족', '과도한 작업으로 건강 악화' 등의 사유를 꼽았다. 실제 웹툰작가들의 하루 평균 작업 시간은 11시간에 육박하며, 1주일에 6일 정도를 작업하는 것으로 알려졌다. 몇몇 작가들은 일상생활과 작업 시간을 구분하기 쉽지 않으며, 아이디어, 스토리 구상 등 일주일 내내 창작의 고통에 시달린다고 응답하기도 했다. 웹툰은 2년 이상 연재하게 되는 경우가 대부분일 정도로 호흡이 긴 콘텐츠이기 때문에, 작가들이 작품에 집중할 수 있는 경제적, 사회적 환경은 그만큼 더 중요하다.

저작권에 대한 문제도 이슈로 떠오르고 있다. 특히 웹툰을 원재료로 한 2차 창작물들이 성공하면서 '2차 저작권' 관련 부분이 이슈가 되고 있다. 2019년 한국콘텐츠진흥원의 조사 결과에 따르면 작가의 53%가 계약시 불공정 경험이 있다고 답했고, 이 중 2차 저작권, 해외 판권에 대한 내용이 26.2%로 가장 높았다. 웹툰 작가 입장에서는 우선은 플랫폼에 연재하는 것이 최우선이기에 2차 저작권 계약은 후순위에 위치하게 되는 경우가 많다. 이런 일은 특히 계약 업무 등에 익숙하지 않은 신인 작가들에게 많이 발생하게 된다. 이미 시장에서 주도적인 위치를 점하고 있는 스타 작가들의 경우 2차 저작권을 지켜내는 경우가 많지만, 카카오와 네이버 등의 거대 웹툰 플랫폼들이 웹툰 스튜디오의 지분을 인수하고 가치사슬을 통합하며 2차, 3차 저작권을 확보하고 있어 소속된 작가들이 이에 대한 권한을 주장하기가 쉽지 않은 상황이다.

전작인《콘텐츠가 전부다》에서 밝혔듯, 시장이 발달할수록 콘텐츠의 영향력이 플랫폼을 앞서는 경우가 대부분인데, 웹툰의 경우 대형 플랫폼들이 주요 스튜디오에 꾸준히 영향력을 확대하고 있어 조금은 다른 양상을 보이고 있는 상황이다. 많은 웹툰 작가들이 10억, 20억을 뛰어넘는, '100억 작가'의 등장이 필요하다고 이야기한다. 100억 작가들은 그 존재만으로 웹툰 콘텐츠의 수준을 한 단계 더 끌어올리고, 시장이 더욱 활발해지도록 하며, 콘텐츠 제작자와 플랫폼의 균형을 잡아줄 수 있는 역할을 한다. 웹툰 플랫폼들이 강한 영향력을 행사하는 현 시장에서 쉽지는 않은 일이겠지만, 정말 '100억 작가'가 등장한다면 이 시장이 또 한 단계 성숙해질 수 있는 계기가 될 것으로 보인다.

이처럼 긍정적, 부정적 전망이 공존하는 가운데에도 2021년 웹툰 시장에 대해 확언할 수 있는 것이 있다. 대형 웹툰 플랫폼들의 공격적인 투자로 가치사슬이 완성된 지금, 웹툰 IP가 중심이 된 콘텐츠 제작 트렌드는 이제 시작이라는 것이다. 이제 막 '떡상'을 시작한 웹툰은 무서운 속도로 콘텐츠 시장의 중심축으로 이동하고 있다. '웹툰중심주의'를 외칠 그 날이 얼마 남지 않았다.

CHAPTER 3

K-드라마, 구색 맞추기에서 OTT 스트라이커로!

- More & More, 유튜브 & 넷플릭스
- 유튜브 웹예능, 언더독의 반란!
- 집콕이 가져온 뉴 DIY Develop In YouTube
- 넷플릭스에 홀린 5060세대
- 최전방 스트라이커, K-드라마
- OTT 2차 대전, 콘텐츠 대세론에 쐐기를 박다

More & More, 유튜브 & 넷플릭스

2020년 극장가에는 코로나19의 여파가 고스란히 나타났다. 물론 미국처럼 극장가가 완전히 폐쇄되지는 않았지만 2020년 1월부터 10월까지의 극장 관객 수는 5천만 명이 채 되지 않는다. 약 2억 3천만 명이라는 역대 최고 관객 수를 기록했던 2019년과는 극명히 비교되는 수치다. 극장가는 지금 전례 없던 보릿고개를 지내는 중이다. 2020년 4월 영화 〈사냥의 시간〉을 최초로, 11월에는 스릴러 영화 〈콜〉이 극장을 건너뛰고 '넷플릭스 최초 공개'라는 시장 질서를 뒤흔드는 결정을 했다. 코로나19의 장기화가 예상되자, '극장이냐 넷플릭스냐'라는 갈림길에선 영화들이 넷플릭스행을 선택한 것이다. 이에 더해 제작비 240억 원의 SF 대작이자, 그간 기대를 한 몸에 받던 한국형 블록버스터 〈승리호〉마저 극장 개봉을 포기하고 넷플릭스 최초 공개로 선회했다는 발표가 이어졌다. 연초보다 극장 상황이 더 나빠지자 대박 흥행에 대한 기대는커녕 제작비라도 건지는 쪽을 선택한 것이다. 일련의 이 사태들은 의심의 여지없이 향후 넷플릭스가 극장을 대체할 수도 있음을 알리는 시그널임은 물론이다.

영화관을 거쳐 VOD로 넘어가는 2차 시장에서도 넷플릭스의 영향력은 커지고 있다. 아래 그래프는 영화가 극장 개봉 후, IPTV와 넷플릭스에 공개될 때까지 걸리는 기간인 '홀드백hold back' 추이를 분석한 것

〈넷플릭스가 수급한 대표적인 한국 영화들의 홀드백 추이〉

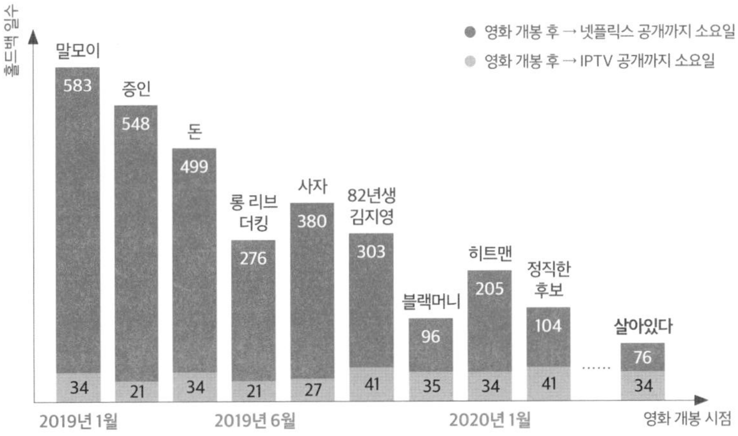

583일 76일

이다. 2019년 이후 극장 개봉작 중 넷플릭스에 공개된 대표적인 한국 영화들의 홀드백을 보면, IPTV에 공개되기까지 소요되는 기간은 평균 32일 정도로 큰 변화폭 없이 유지되고 있다. 그런데 넷플릭스에서 공개되는 데 걸리는 기간은 과거 500일 이상에서 최근 76일로 급격하게 짧아지는 트렌드를 보이고 있다. 콘텐츠 수익 극대화의 방편이자 플랫폼의 보호 장치로도 볼 수 있는 홀드백을 넷플릭스가 단축시키면서 전통적인 2차 유통 플랫폼인 IPTV의 지위마저 위협받고 있는 모습이다. 넷플릭스에 올라오기까지 홀드백이 76일밖에 걸리지 않은 영화 〈살아있다〉의 경우, 공개 후 이틀 만에 넷플릭스 글로벌 영화 차트 1위에 등극함으로써 점점 더 커져가는 넷플릭스의 위용을 실감케 했다.

한편, 방송가 역시 코로나19의 타격을 피해 갈 수 없었다. 관객의 호응과 함께하던 공개방송들은 무관객으로 진행되거나 온라인 화상 참여 방식으로 변경되었고, 한때 채널만 돌리면 나오던 여행 콘텐츠 기반의 예능들은 모두 자취를 감추었다. 이 자리를 메꿔준 것은 다름 아닌 유튜브다. 유튜브에서 시작한 '깡' 신드롬은 '1일 1깡'이라는 신조어까지 탄생시키며 침체되어 있던 방송가에 활력을 불어넣었다. '깡'의 뒤늦은 흥행으로 그간 큰 활동을 하지 않았던 비는 얼떨결에 방송으로까지 재소환되었는데, 자칫 기분이 상할 수도 있는 네티즌들의 놀림에도 굴(?)하지 않고 오히려 '1일 3깡'은 해야 된다며 너스레를 떠는 여유를 보였다. 이를 계기로 비는 대중들의 호감을 얻게 되고 유재석, 이효리와 함께 MBC 〈놀면 뭐하니?〉의 '싹쓰리' 멤버로 합류해 코로나19로 지친 방송가와 시청자들의 흥을 북돋았다.

위의 사례는 글로벌 미디어 공룡인 넷플릭스와 유튜브의 영향력이 점점 더 커지고 있음을 보여준다. 이를 좀 더 체계적으로 증명하기 위해 시장집중도 지표로 사용되는 '허핀달-허쉬만 지수Herfindhal-Hirschman Index(이하 HHI지수)'를 활용해 설명해보고자 한다. HHI지수는 시장 내 사업자의 각 시장점유율을 제곱하여 합한 값으로 지수가 높을수록 특정 사업자 쏠림 현상이 심하다는 뜻이며, 지수가 낮을수록 쏠림 현상이 덜하고 경쟁이 치열하다는 뜻이다. 보통 지수가 1,500 이하면 집중도가 덜하고 지수가 2,500이 넘으면 쏠림 현상이 심하다는 것을 나타낸다. 월간 순 이용자 수 기준, 국내 시장 톱5 OTT(넷플릭스, 웨이브, 티빙, 네이버TV, 시즌)의 HHI지수를 계산한 결과, 2020년 8월의 HHI지수는 2,635으로 전년 동월의 HHI지수인 2,134 대비 특정 사업자 쏠림 현상이 심해졌다. 이는 지난 1년간 넷플릭스의 급격한 성장에 기인한

〈국내 TOP5 OTT의 HHI 지수 변화〉

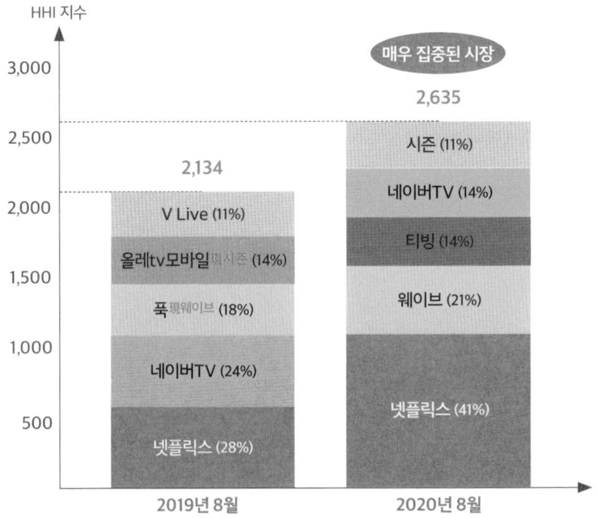

결과다. 편향으로 인한 오류를 없애기 위해 월간 순 이용자 수가 3,700만 명이 넘는 유튜브는 여기서 제외했지만 만약 유튜브까지 더한다면 국내 OTT 시장은 유튜브와 넷플릭스에 지배되고 있다고 해도 과언이 아니다.

국내 OTT시장은 크게 두 영역으로 나눠진다. 하나는 영화, 드라마, 예능 콘텐츠가 담겨 있는 '롱폼Long form 콘텐츠 - 유료 구독모델'이며 대표적으로 넷플릭스, 웨이브, 티빙과 같은 서비스들이 여기 해당된다. 또 다른 하나는 클립, 웹드라마, 웹예능 등으로 구성된 '숏폼Short form 콘

〈국내 OTT 시장 포니셔닝 맵〉

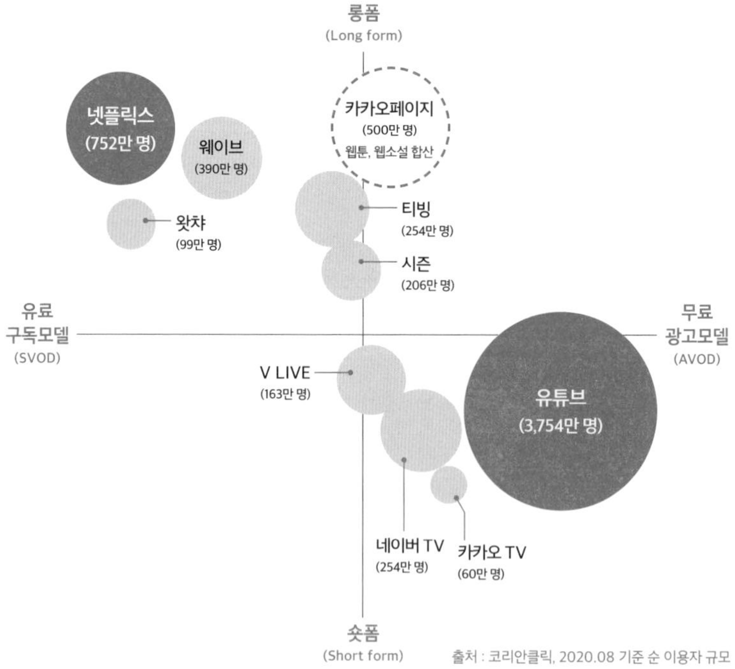

출처 : 코리안클릭, 2020.08 기준 순 이용자 규모

텐츠-무료 광고모델'이며 대표적인 서비스로는 유튜브, 네이버TV, 카카오TV 등이 있다. 넷플릭스와 유튜브가 위협적인 이유는 왼쪽 그림에서와 같이, 이 두 영역에서 각각 압도적인 장악력을 발휘하고 있다는 점이다. 토종 OTT들은 이 미디어 공룡에 대응하기 위해서 사업자간 합종연횡, 리뉴얼 론칭 등 지난 1년간 무수한 노력을 했지만, 유튜브와 넷플릭스의 독주를 막기에는 역부족이었다. 이번 챕터에서는 국내 OTT시장에서의 승자는 왜 여전히 넷플릭스와 유튜브일 수밖에 없는지, 도대체 이들이 가지고 있는 콘텐츠 파워가 무엇인지 낱낱이 파헤쳐보고자 한다.

유튜브 웹예능, 언더독의 반란!

2020년, 구독자 100만 명(12월 기준), 콘텐츠당 평균 조회 수 100만 건이 훌쩍 넘는 유튜브 웹예능 〈문명특급〉이 추석특집으로 〈나 혼자 산다〉와 동시간대에 TV 방송으로 편성됐다. 2018년 2월, SBS의 뉴미디어 브랜드인 '스브스뉴스'의 유튜브 채널로 시작한 〈문명특급〉은 2019년 7월부터 독립된 채널로 운영되며 그 존재감을 더해갔다. 2019년에 개봉한 영화 〈반도〉의 강동원도 다른 주연배우들과 함께 이 채널을 통해 영화 홍보 인터뷰를 진행했을 정도이니 〈문명특급〉을 과거에 우리가 알던 인터넷 방송 수준으로만 생각한다면 큰 오산이다. 이름에서 알 수 있듯이 '신문물을 전파하라'라는 취지로 시작한 이 방송의 대표 콘텐츠는 '숨어 듣는 명곡(일명: 숨듣명)'이다. 이는 나르샤의 '삐리빠빠', 틴탑의 '향수 뿌리지 마'처럼 외계어 같은 단어나 낯부끄러운 가사 때문에 대놓고 듣기에는 민망한 노래의 가수를 소환하여 인터뷰하는 내용이다. 이 가수들이 SBS 추석특집 TV 방송에 〈문명특급〉이 편성되면서 한자리에 모여 '숨듣명 콘서트'를 진행하기도 했다. 그것도 금요일 밤 11시 황금 시간대에 말이다. 이제 유튜브에서 시작한 웹예능이 TV로 역진출하는 시대가 된 것이다.

과거의 웹예능은 방송사의 TV 프로그램을 1~5분가량 짧게 편집하여 제공하는 수동적인 형태에 그쳤다. 예를 들어, 유튜브나 네이버 TV로 SBS 예능 〈런닝맨〉의 클립이나 미공개 영상을 본 경험이 있다면 이해가 쉬울 것이다(이는 여전히 본방송보다는 클립으로 콘텐츠를 소비하는 Z세대들에게 유효한 콘텐츠 제공 방법이기도 하다). 하지만 최근의 웹예능은 능동적인 형태로 진화 중이다. 이러한 웹예능은 TV 방송 프로그램과 같은 세계관을 공유하고 동일한 출연진이 나오는 '스핀오프형'과 리얼리티를 강조하며 TV 방송과는 무관하게 진행되는 '독립형'으로 구분할 수 있다.

스핀오프형 웹예능의 창시자는 tvN의 나영석 PD다. 〈1박 2일〉 시즌1 멤버들과 시작한 〈신서유기〉가 무려 시즌8까지 이어지면서 동일한

〈웹예능의 진화〉

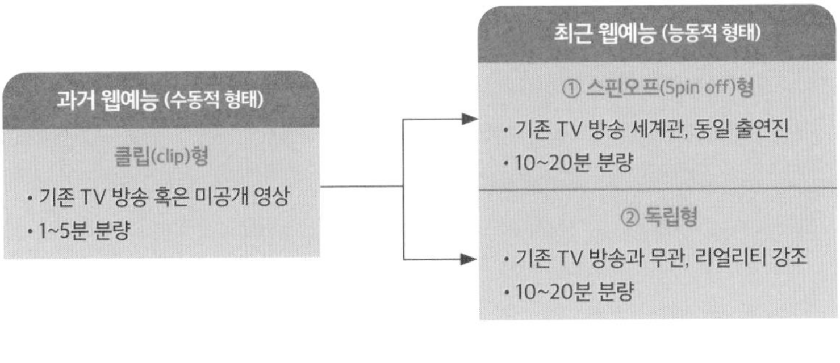

출처 : tvN

시즌8까지 이어지면서 〈어벤저스〉 시리즈에 버금가는 '신서유기 유니버스'를 탄생시킨 〈신서유기〉

세계관으로 수없이 많은 스핀오프형 웹예능이 탄생했다. 〈어벤저스〉 시리즈에 버금가는 '신서유기 유니버스'가 만들어진 것이다. 2019년 9월, 나영석 PD는 이수근과 은지원이 출연한 〈신서유기 외전-삼시세끼 아이슬란드 간 세끼〉를 방송 최초로 TV에서는 5분짜리 맛보기만 공개하고, 유튜브에서는 10분짜리 본방을 선보였다. 총 10부작의 여행 에피소드로 제작된 이 콘텐츠는 치솟는 인기에 〈달나라 갈 뻔한 세끼〉라는 제목의 추가 방송을 라이브로 진행하기도 했다. 나영석 PD가 구독자 100만 돌파 공약으로 사실상 불가능한 '달나라 여행'을 걸었는데, 급증하는 구독자 수 때문에 구독 취소를 호소하는 방송을 해야만 하는 진풍경이 벌어진 것이다. 〈아이슬란드 간 세끼〉 이후에도, 강호동이 출연한 〈라끼남(라면을 끼리는 남자)〉, 송민호와 피오의 〈마포 멋쟁이〉, 이수근의 〈나홀로 이식당〉 등 '신서유기 유니버스'의 다양한 웹예능이 나왔다. 〈아이슬란드 간 세끼〉가 방영되고 1년이 지난 2020년 9월, 나영석 PD 사단의 웹예능이 제공되는 유튜브 채널 '채널 십오야'의 구독자 수는 무려 222만에 달한다.

2020년에는 이러한 스핀오프형 웹예능 열풍이 tvN뿐만 아니라, 다른 방송사에도 불기 시작했다. 대표적으로 MBC 〈나 혼자 산다〉의 스핀오프형 웹예능 〈여은파〉, 코미디TV 〈맛있는 녀석들〉의 〈운동뚱〉이 있다. 〈여은파〉는 '여자들의 은밀한 파티'라는 컨셉으로 〈나 혼자 산다〉에 출연 중인, 박나래(조지나), 한혜진(사만다), 화사(마리아)가 각자의 부캐로 등장해 수위를 넘나드는 토크와 에피소드를 다룬다. 〈나 혼자 산다〉 방송 직후 TV에서는 심의를 준수한 '순한 맛' 버전이, 유튜브를 통해서는 '매운 맛' 버전이 제공되는데, 에피소드당 조회 수가 평균 200만이 넘는다. 〈맛있는 녀석들〉의 스핀오프형 웹예능 〈운동뚱〉은 개그우먼 김민경이 웨이트 트레이닝, 이종격투기, 축구 등 매회 새로운 운동에 도전하는 내용의 콘텐츠다. 살을 빼기 위해 운동하는 것이 아니라, 더 잘 먹기 위해 운동한다는 김민경은 놀랍게도 도전하는 모든 운동에 소질을 보인다. 반전의 운동 실력이 시청자들의 입을 벌어지게 만들고 다음번엔 어떤 운동을 할지 궁금증을 자아낸다. 원조 방송인 〈맛있는 녀석들〉보다 스핀오프형 웹예능 〈운동뚱〉으로 사람들에게 더 큰 사랑을 받고 있는 김민경은 '근수저'라는 타이틀까지 얻으며 전성기를 누리고 있다.

한편, 독립형 웹예능 콘텐츠도 TV 예능보다 더 인기를 얻으며 승승장구하고 있다. 스핀오프형 웹예능과 다른 점은 TV 예능과 세계관이 이어지거나 같은 출연진이 나오는 콘텐츠가 아니라 말 그대로 독립적인 내용의 콘텐츠라는 점이다. 대표적으로 앞서 말한 〈문명특급〉이나, 아나운서 출신 프리랜서 장성규가 일일 알바를 하면서 세상의 모든 잡

JOB을 리뷰하는 컨셉의 〈워크맨〉이 여기에 해당한다. 최근 콘텐츠로는 2020년 7월부터 시작한 광희의 〈네고왕〉이 있다. 〈네고왕〉은 광희가 프랜차이즈 기업 대표들을 직접 만나 가격 네고Negotiation를 하는 내용으로, 첫 회부터 BBQ 본사로 찾아가 18,000원짜리 치킨을 11,000원 가격(한시 프로모션)으로 네고에 성공해 화제가 됐다. 광희는 BBQ 회장으로부터 "해당 콘텐츠 조회 수가 500만이 넘으면 BBQ 광고 모델을 시켜주겠다"는 대본에 없던 역 네고를 당하기도 했는데, 방송 이후 실제로 조회 수가 500만을 넘어 모델 계약을 체결하기도 했다. 이처럼 독립형 웹예능은 출연하는 일반인들의 예기치 못한 멘트와 이로 인해 발생하는 리얼한 상황이 뜻밖의 재미를 더해준다. TV 방송에서 파생된 스핀오프형 웹예능과 달리, 독립형 웹예능은 태생이 유튜브인 만큼 리얼리티가 살아 있는 것이다.

2020년 가장 큰 인기를 얻은 독립형 웹예능은 〈가짜 사나이〉다. 출연진이 불미스러운 논란에 휘말려 방송을 잠시 중단하기도 했지만, 콘

〈독립형 웹예능 예시〉

- 콘텐츠: 네고왕
- 채널: 달라스튜디오
- 구독자 수: 112만 '20년 12월
- 출연진: 광희
- 제작사: 달라스튜디오

- 콘텐츠: 문명특급
- 채널: 문명특급
- 구독자 수: 100만 '20년 12월
- 출연진: MC 재재
- 제작사 : 스브스뉴스

- 콘텐츠: 가짜 사나이
- 채널: 피지컬갤러리
- 구독자 수: 317만 '20년 12월
- 출연진: 교관, 지원자
- 제작사: 피지컬갤러리

텐츠 자체만 놓고 보면 2020년 최고의 콘텐츠 중 하나였다는 것에는 의심의 여지가 없다. 7편으로 제작된 이 콘텐츠는 공개 후 두 달 만에 누적 조회 수 5천만 건을 기록하며 그야말로 초대박을 터뜨렸다. 〈가짜 사나이〉는 MBC 예능 〈진짜 사나이〉에서 모티브를 얻었지만 스핀오프형 웹예능은 아니다. 군사훈련이라는 컨셉과 제목만 유사할 뿐, 출연진은 전혀 관련이 없기 때문이다. 〈가짜 사나이〉는 '진짜 사나이보다 더 진짜'라는 리얼리티를 강조하며, 민간 군사 기업 무사트(무사트는 〈진짜 사나이〉에서도 섭외에 실패한 단체로, 유튜브에 나온다는 자체만으로 큰 이슈가 되기도 했다)의 UDT 출신 교관들에게 유튜버, 트위치 스트리머 등 6명의 크리에이터들이 특수훈련을 받는 내용이다. 체력과는 거리가 멀어 보이는 훈련생들은 구토와 기절을 할 정도로 강도 높은 훈련을 받는다. 예능이지만 다큐 못지않은 리얼함이 돋보였다.

2020년 10월, 〈가짜 사나이〉 1기의 인기에 힘입어 〈가짜 사나이〉 2기가 시작되었다. 방송 전부터 배우 줄리엔 강, 쇼트트랙 국가대표 곽윤기, 축구 선수 김병지 등 수많은 유명 연예인·운동선수가 지원한 오디션 영상만으로도 조회 수가 수백만에 달해 일찌감치 인기를 증명했다. CGV는 4DX 상영관과 스크린X에서 상영할 〈가짜 사나이〉 극장판을 제작 중이라고 밝혔고, 국내 OTT 사업자인 왓챠와 카카오TV도 2기 콘텐츠부터는 직접 수급해 유튜브와 동시 공개할 계획이라고 발표하며 〈가짜 사나이〉 2기에 대한 기대감은 더욱 고조되었다. 역시나 그 기대가 맞았다. 연출, 촬영, 훈련 강도 등 모든 면에서 1기보다 강력해진 2기 콘텐츠는 에피소드 1화 공개 후 5분 만에 조회 수 11만을 넘기더니 3일 만에 조회 수 1천 만을 돌파하는 기염을 토했다. 아쉽게도 지금은 유튜브에서 〈가짜사나이〉 1,2기 영상 시청은 할 수가 없으며, 〈가짜사나이〉 2기 콘텐츠부터는 '카카오TV'나 '왓챠'를 통해 시청 가능하다.

그런데 다른 독립형 웹예능도 리얼리티가 있는 것은 마찬가지인데 유독 〈가짜 사나이〉가 신드롬을 일으킨 이유는 뭘까? 바로 〈가짜 사나이〉가 낳은 재생산 콘텐츠 덕분이다. 〈가짜 사나이〉는 본 콘텐츠 이외에도, 지원자들의 오디션 준비 영상과 참여 영상, 교관과 참여자들의 후기 영상 등 수많은 관련 콘텐츠를 만들어냈고, 이 역시 수백만의 조회 수를 기록했다. 여기서 각각의 재생산 콘텐츠는 마치 〈가짜 사나이〉의 스핀오프형 콘텐츠와 같은 역할을 하며 〈가짜 사나이〉만의 유니버스를 만들어내는 효과를 낳았다. 리얼리티를 강조하는 독립형 웹예능이지만 스핀오프형 웹예능 같은 세계관의 확장도 이뤄내며 시너지가 발생한 것이다. 이러한 점에서 〈가짜 사나이〉는 우리 모두가 아는 MBC 예능 〈무한도전〉과 닮은 면이 많다. 〈무한도전〉은 보통의 사람들(스스로를 "평균 이하"라고 말함)이 모여서 무모한 도전을 한다는 하나의 세계관 아래, '무한상사', '가요제', '추격전' 등 지금으로 치면 스핀오프형 콘텐츠를 수도 없이 재생산했다. 여기에 가요제, 레슬링 등 실제 도전하는 프로젝트와, 추격전을 하면서 일반인과 만나 벌어지는 뜻밖의 에피소드 등, 콘텐츠의 근간은 리얼리티이기도 했다. 〈무한도전〉에 열광했던 우리가 〈가짜사나이〉에 빠지게 된 것은 어찌 보면 당연한 결과가 아닐까?

집콕이 가져온 뉴 DIY Develop in YouTube

요즘 유튜브에서는 어떤 영상이 인기를 끌까? 먹방과 재미 위주의 콘텐츠만 떠올린다면 오산이다. 이제 함께 공부하고, 취미를 배우고, 자기계발을 하는 등 나를 발전시킬 수 있는 콘텐츠가 유튜브의 또 다른 축으로 자리매김했다. 2019년에는 유튜브에 올라오는 소소한 지식 관련 콘텐츠를 일컫는 신조어 '지식튜브'가 탄생하기도 했고, 《트렌드 코리아 2020》에서는 어제보다 더 나은 나를 추구하는 자기계발형 인간을 '업글인간'이라고 칭하기도 했다. 코로나19로 인해 학교와 학원, 오프라인 강의 등이 제한되자 나 자신을 업그레이드하고자 하는 욕구를 가진 업글인간들이 홈족Home族이 되면서 대거 유튜브로 몰렸다. 이 챕터에서는 이들이 보는 유튜브 콘텐츠를 'DIY'라고 정의한다. 여기서 DIY는 'Do It Yourself'라는 기존의 뜻이 아닌, '유튜브에서 나를 발전시킨다'라는 뜻의 'Develop In YouTube'다.

DIY콘텐츠는 남들보다 부지런하게 살아온 이들이 자신의 일상을 유지하기 위해 보는 콘텐츠와, 일상 속에서 늘 새로운 것을 탐구하는 이들이 탐구욕을 채우기 위해 보는 콘텐츠로 나뉜다. 일상을 유지해주는 대표적인 DIY콘텐츠로는 '홈트레이닝(이하 홈트)'이 있다. 홈트 콘텐츠는 유튜브에서 지난 몇 년간 꾸준하게 성장해왔지만, 2020년 코로나19로 헬스장마저 가기 어려워지면서 새로운 전성기를 맞이했다. 운동하는 사람들이 두려워하는 것은 '나태해지는 자기 자신'인데, 유튜브가 나를 다잡아줄 트레이너 선생님이 되어주는 것이다. 이처럼 코로나19로 꾸준히 운동을 하던 일상을 잃어버린 사람들도 있지만, 누구보다 타격을 받은 이들은 공부가 일상인 10대 청소년들이다. 그래서 요즘 10대들은 공부할 때 '열품타열정을 품은 타이머'라는 앱을 쓴다. 앱의 기능은 간단한데, 공부 시간을 측정해주고, 또 앱 내에서 스터디 그룹에 가입하면 그룹원들과의 공부 시간을 비교해서 보여주는 것이 핵심이다. 닐슨코리안클릭 데이터를 보면, 2020년 3월과 6월 이 앱의 순 이용자 수가 급증했는데 코로나19 확산세가 가장 심했던 기간과 일치한다. 등교가 제한되면서 집에서만 공부를 해야 하는 학생들에게 나태해질 수 있는 마음가짐을 다잡아줄 무언가 필요했던 것이다.

유튜브에서도 이와 유사한 역할을 해주는 '스터디 위드 미Study with me' 콘텐츠가 인기다. 유튜브에서 '나랑 같이 공부 할래?'라는 뜻의 이 키워드를 검색하면 얼굴도 모르는 이들과 함께 공부하고 격려도 하며 서로에게 힘이 되어주는 콘텐츠가 수도 없이 등장한다. 고3 수험생 김모 군은 최근 '스터디 위드 미' 콘텐츠를 올리는 채널 중 하나인 〈공부하는 지호Ziho〉에 매일 접속한다. 8대 전문자격증에 속하는 한 시험을 준비 중이라고 밝힌 이 유튜버는 아침 8시부터 밤 12시 50분까지 75분 공부, 15분 휴식 루틴을 지키며 책상에서 본인이 공부하는 모습을 매일 같이 실시간 스트리밍 한다. 보통의 유튜브 콘텐츠와 달리 책상을 비추는 고정된 화면에 보이는 것은 시계와 노트북, 수험서가 저장되어 있는 태블릿을 보면서 공부하는 손이 전부다. 수능을 공부하는 김모 군이 자격증 시험 준비 중인 〈공부하는 지호Ziho〉의 콘텐츠를 보는 이유는 무엇일까? 어느 시간에 접속해도 '이렇게 많은 사람들이 이 시간까지 공부를 하고 있구나'라는 생각이 들어 공부하는 데 자극이 되기 때문이라고 한다.

스터디 플래너로 유명한 문구 브랜드 '모트모트'는 '실시간으로 마주 앉아 함께 공부하자'는 컨셉의 〈모트 독서실〉 유튜브 라이브를 진행한다. 2020년 3월부터 시작한 이 라이브 방송은 '판사를 꿈꾸는 고3 수험생', '심리상담사를 꿈꾸는 중1 학생', '연대 의과대학 학생' 등이 얼굴없이 공부하는 모습으로만 출연하여 2020년 9월까지 약 90회 진행되었다. 실시간 방송임에도 불구하고 채팅창은 공부 시작 전과 쉬는 시

출처 : 유튜브 〈공부하는 지호 Ziho〉

나랑 같이 공부할래? 서로에게 힘이 되어주는 공부 콘텐츠가 인기다.

간에만 오픈된다. 마치 학교 수업과 같은 시스템으로 50분 동안은 다 같이 집중해서 공부하고, 쉬는 시간 10분 동안은 같은 반 친구들과 이야기하듯 잡담과 하소연이, 응원과 격려가 오고 간다. 코로나19 때문에 잠시 멈춰진 일상을 유지하기 위해, 나를 발전시키기 위해 10대들은 지금 유튜브와 마주 앉아 있는 것이다.

한편, 늘 새로운 것을 탐구하는 이들 역시 코로나19로 인해 오프라인 강의가 막히면서 유튜브로 탐구욕을 해소하고 있다. 특히 2030세대는 이왕이면 돈 되는 DIY콘텐츠를 탐색하며 그 어느 때보다 열정을 불태우고 있다. 2020년 국내 주식시장은 '동학개미운동'의 한 해였다. 그리고 이 열풍의 중심에는 2030세대가 있었다. 금융투자협회는 2020년 1분기 주식 활동 계좌 약 3,125만 개 중 50%가 2030세대가 보유한 것이라고 발표했다. 주식뿐만 아니라 네이버 스마트스토어 창업 열풍 역시 대단하다. 네이버 발표에 따르면, 2019년 한 해 동안 신규 개설된 스마트스토어는 2만 개였으나, 2020년에는 이미 1~2월에 신규 개설된 스토어가 2만 5,000개를 돌파했고, 코로나19가 가장 심각했던 3~4월 기간에는 무려 35,000건이 넘었다. 이러한 스마트스토어 열풍 역시 2030세대가 주도하고 있다는 사실은 2020년 3~5월 동안 개설된 스마트스토어의 신규 창업자 중 67%가 2030세대인 것을 보면 알 수 있다. 이 같은 사회현상과 맞물려 주식, 경제, 창업과 같은 유튜브 콘텐츠의 인기가 치솟게 된 것은 어찌 보면 당연해 보인다.

90년대 후반 선풍적인 인기를 끌었던 '다마고치'라는 게임기를 기억하는가? 애완동물이 알에서 깨어나면 밥도 주고, 놀아주면서 무럭무럭 자랄 수 있도록 육성하는 게임 다마고치처럼 창업 육성 과정을 보여주는 유튜브 콘텐츠가 화제다. 〈창업다마고치〉는 돈 버는 법을 알려주기로 유명한 구독자 100만 유튜버 신사임당이 본인이 스마트스토어로 수천만 원대 매출을 올리기까지의 노하우를 회사를 다니다 그만둔 백수 친구에게 하나부터 열까지 전수하는 내용이다. 다마고치처럼 육성받는 역할의 친구는 보통 사람들이 스마트스토어 창업 과정에서 겪게 되는 육체적, 정신적 고통을 영상에서 그대로 보여준다. 하지만 친구는 신사임당이라는 최고의 코치를 둔 덕에 당근과 채찍질을 받으며 쇼핑몰 창업 100일 만에 월 매출 천만 원을 달성하며 인생의 변곡점을 맞이하게 된다. 현재는 본인이 전수받은 노하우를 갈고닦아 다시 사람들에게 알려주는 자신만의 유튜브 채널을 만들어 구독자들의 인기를 얻고 있다.

경제 유튜브의 인기도 그 어느 때보다 뜨거운데, 대표적인 채널로는 〈슈카월드〉와 〈삼프로TV〉가 있다. 〈슈카월드〉는 금융맨 출신 전석재가 '슈카'라는 활동명을 가지고 운영하는 채널로, 주로 거시 경제와 산업 및 기업에 대한 내용을 다룬다. 어려운 용어나 주식 차트를 가지고 설명하기보다는 관련된 증권사 리포트나 기사 등을 가지고 와 직접 윈도우 그림판에 그려가며 설명하는데, 지루할 수도 있는 내용을 이렇게 쉽고 재미있게 설명할 수 있을까 싶을 정도로 스토리텔링과 언변이 뛰어나다. 이 채널의 주 시청자는 2030 남성이며, '슈카'는 이들을 방송에서 형님들이라고 부른다. 방송 중간중간 자신이 게임에 빠져 20대 시절을 날린 스토리, 부동산 투자에 실패해 지금까지 집이 없는 스토리 등에 공감하는 시청자들의 전폭적인 지지를 받으며 성장 중이다. 〈삼프로TV〉는 상대적으로 재미보다는 진중함과 전문성을 추구하는 방송인데, 9개월 만에 구독자 수가 10만 명에서 76만 명으로 급성장한 채널이다. 출연진으로는 김동환 대안금융경제연구소장, 기자 출신의 이진우 경제평론가, 팟캐스트 진행자 정영진이 MC를 맡으며, 각 분야의 경제 전문가들을 초대해 이야기하는 형식으로 진행된다. 콘텐츠당 길이가 40분에서 1시간을 넘는 것도 많지만 시각 자료를 자주 사용하지 않기 때문에, 시청자들은 팟캐스트처럼 듣기만 하면서도 경제 지식을 쌓을 수 있다.

이처럼 이제는 유익함을 주는 콘텐츠가 유튜브에서 인기를 얻고 있다. 언택트 시대에 걸맞게 유튜브가 유익함을 얻을 수 있는 새로운 장의 역할을 하게 된 것이다. 사실 유튜브는 10년 전부터 화장법, 요리하는 법, 제품을 조립하는 법 등의 수많은 하우투 How to 영상을 토대로 성장했다. 이것이 시대의 흐름에 맞춰 소소한 지식을 알려주는 지식튜브, 캐주얼하게 같이 출근길 화장이나 아침밥 등을 준비하며 일상의 소소한 팁을 주고받는 GRWM Get Ready with me 콘텐츠로 파편화되어왔다. 2020년을 기점으로 하우투 영상의 파생 콘텐츠인 나를 발전시킬 수 있는 콘텐츠가 트렌드로 자리 잡을 것이다. DIY Develop In YouTube 콘텐츠 시대는 지금부터가 시작이다.

넷플릭스에 홀린 5060 세대

"또 넷플릭스 봐?" 놀랍게도 이 말은 부모님이 자녀들에게 하는 잔소리가 아니라 자녀들이 부모님에게 하는 말이다. 잔소리를 주고받는 대상이 바뀐 것 같아 우습지만 젊은 세대들이 부모님께 넷플릭스를 괜히 알려줬다면서 걱정할 만큼 요즘 5060세대는 넷플릭스의 매력에 푹 빠졌다. 2020년 8월 기준, 국내 넷플릭스 순 이용자는 752만 명으로 넷플릭스는 유료 OTT 중 압도적인 1위를 차지하고 있다. 연령대별 순 이용자 구성을 보면, 흔히들 예상하는 것처럼 20대가 41%로 가장 많고 30대가 그 뒤를 잇는다. 그런데 지난 1년간 연령대별 성장률을 살펴보면 의외의 결과가 나온다. 가장 많이 성장한 세대는 다름 아닌 무려 228%(55,701명→181,160명)나 증가한 60대다. 그리고 140%(224,861명→500,666명) 가까이 성장한 50대가 그 뒤를 잇는다.

국내 카드사가 발표한 자료도 이러한 결과에 신빙성을 더해준다.

최근 카드사들은 모바일이나 PC로 소비하는 음악·영상·도서 등의 콘텐츠를 뜻하는 '디지털 콘텐츠'의 결제 데이터를 분석한 자료를 줄이어 발표했다. 현대카드가 최근 3년치2017~2019 데이터를 분석한 자료를 보면, 20대와 30대의 디지털 콘텐츠 결제 금액이 각각 2.1배, 2.7배 증가한 반면, 50대와 60대의 경우 각각 2.9배, 3.2배 늘어나 더 가파른 증세를 보였다. KB국민카드가 발표한 2020년 3~5월까지의 결제 데이터 자료 역시 60대의 디지털 콘텐츠 결제액이 112% 늘어 다른 연령대 중 가장 큰 폭으로 증가했음을 보여준다. 디지털 콘텐츠 결제액의 가장 큰 비중을 차지하는 것은 영상 서비스며, 대표적인 영상 서비스가 바로 넷플릭스다. 2030세대의 전유물인 줄 알았던 넷플릭스에 신흥세력인 5060세대가 유입되고 있는 것이다.

〈연령대별 넷플릭스 순 이용자 구성〉

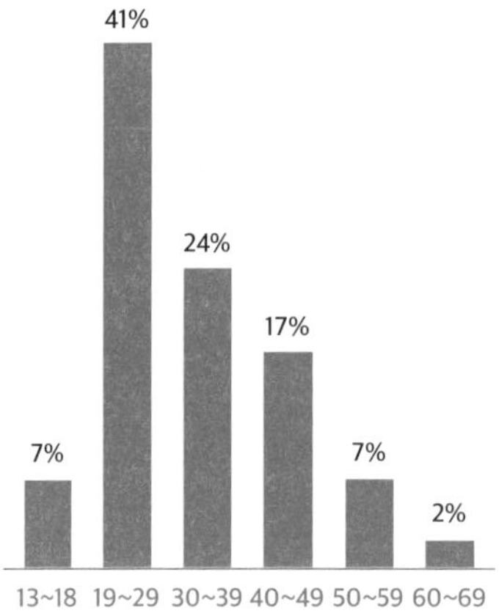

〈지난 1년간 연령대별 넷플릭스 순 이용자 성장률〉

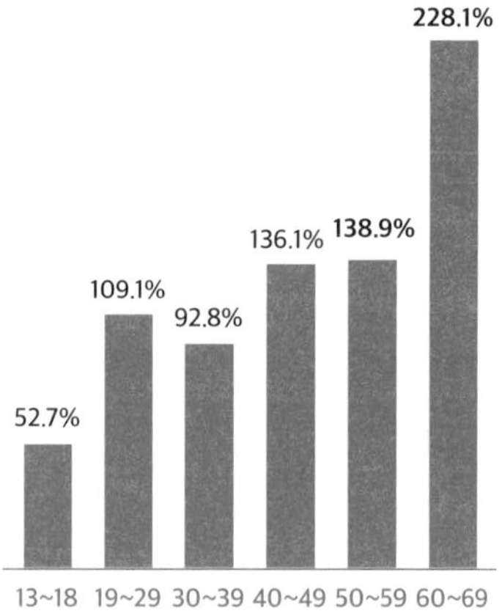

출처 : 코리안클릭, 2020.08기준 데이터 재가공

유료 콘텐츠에 익숙한 5060세대와 이들을 겨냥한 '마중물' 콘텐츠

그런데 어쩌다가 5060세대까지 넷플릭스에 빠지게 되었을까? 우선은 이 세대의 본연적 특성이 만들어낸 결과로 볼 수 있다. X세대와 베이비붐 세대에 속하는 이들은 우리나라의 디지털 발전의 역사를 몸소 경험한 세대다. 80년대 카폰, 90년대 삐삐, 2000년대 피처폰, 2010년대 스마트폰까지의 변천사를 직접 경험하면서 변화에 민첩하게 대응해왔다. Z세대처럼 디지털 네이티브가 아니기 때문에 시작이 더딜 순 있지만, 새로운 변화에 적응할 준비가 되어 있는 나름 원조 디지털 세대인 셈이다. 이 책의 전작인 《콘텐츠가 전부다》에서는 유튜브에 빠진 5060세대를 상세히 다룬 바 있다. 그동안 유튜브를 보며 디지털 영상 콘텐츠에 대한 적응력을 키워왔던 5060세대는 유튜브 콘텐츠로 새로운 재미에 눈을 뜨게 되었다. 비록 공짜인 유튜브와는 달리 넷플릭스는 매월 부담해야 되는 비용이 있지만, 돈을 내고 디지털 콘텐츠를 소비하는 것 역시 자기를 위해 투자하는 '오팔세대'인 5060세대에게 그다지 큰 장벽은 아니었다.

또 다른 이유는 5060세대의 주변 환경이다. 변화에 대한 학습력만큼은 여느 세대에 뒤처지지 않는 이들에게는 믿을 수 있는 선생님이 있다. 바로 디지털 콘텐츠에 익숙한 MZ세대인 자녀들이다. 넷플릭스 계정 공유에서부터 TV에 연결하는 법, 콘텐츠 추천 등 하나부터 열까지 알려주는 족집게 선생님을 바로 옆에 두고 있는 것이다. 이뿐만 아니라, 5060세대가 휴식을 취하는 공간도 넷플릭스를 접하기 좋은 환경으로 개선되고 있다. 2018년, LG유플러스와 넷플릭스의 제휴에 이어 2020년, 유료 방송 1위 사업자 KT마저 넷플릭스와 제휴를 맺으며 상당수 가정에서 IPTV로 넷플릭스를 시청할 수 있게 되었다. 실제로 넷플릭스가 조사한 바에 의하면, 미국 넷플릭스 가입자의 70%가 가입은 모바일이나 PC를 통해 하지만, 가입 후 6개월이 지나자 이들 중 70%는 TV로 넷플릭스를 시청하는 것으로 밝혀졌다. 이로 비추어 볼 때, 국내시장에서도 점차 넷플릭스를 TV로 볼 수 있는 환경이 마련된다는 점은 TV 디바이스에 익숙한 5060세대의 넷플릭스 이용을 촉진시키는 긍정적인 요소로 작용할 것이다.

하지만 5060세대가 단지 본연의 특성과 주변 환경 덕에 넷플릭스를 찾는 것만은 아니다. 넷플릭스의 콘텐츠 전략 역시 5060세대를 끌어들이는 데 유효했다. 2020년 넷플릭스가 전체 콘텐츠 제작에 투자한 금액은 약 20조 원으로, 이 중 최소 3천억 원은 한국 콘텐츠 투자에 쓰였다. 넷플릭스가 직접 제작에 참여하거나 제작이 완료된 콘텐츠를 수급하기도 하면서 넷플릭스에서 볼 수 있는 한국 콘텐츠는 불과 5년 만에 급격하게 증가했다. 이 중에는 5060세대의 관심을 살 만한 마중물 콘텐츠가 있었는데 2020년 대한민국을 강타한 〈미스터트롯〉발 콘텐츠가 바로 그것이다.

한국갤럽은 매월 전국민 1,000명을 무작위로 추출하여 TV 프로그램 선호도를 조사한다. 조사 결과, 2020년 2월부터 4월까지 1위를 차지한 프로그램은 종편 최고시청률(35%)의 역사를 새로 쓴 〈미스터트롯〉이었다. 이후 5월부터 9월까지는 〈미스터트롯〉의 경연자 중 톱7이 출연해 시청자들의 신청곡을 불러주는 〈사랑의 콜센타〉가 1위 자리의 바통을 넘겨받았다. 그리고 톱7 멤버 중, 임영웅, 영탁, 이찬원, 장민호가 출연하는 예능 〈뽕숭아학당〉 역시 5월 첫방 후, 꾸준한 인기를 얻어

〈20년, 한국인이 좋아하는 TV 프로그램 톱 5〉

순위	1월	2월	3월	4월	5월	6월	7월	8월	9월
1	사랑의 불시착	미스터 트롯	미스터 트롯	미스터 트롯	미스터 트롯	사랑의 콜센타	사랑의 콜센타	사랑의 콜센타	사랑의 콜센타
2	나혼자 산다	사랑의 불시착	이태원 클라쓰	부부의 세계	부부의 세계	놀면 뭐하니	놀면 뭐하니	놀면 뭐하니	뽕숭아 학당
3	미스터 트롯	이태원 클라쓰	꽃길만 걸어요	나혼자 산다	슬기로운 의사생활	뽕숭아 학당	뽕숭아 학당	한번다녀 왔습니다	기막힌 유산
4	신서유기 7	낭만닥터 김사부2	나혼자 산다	나는 자 연인이다	나혼자 산다	한번다녀 왔습니다	한번다녀 왔습니다	뽕숭아 학당	놀면 뭐하니
5	낭만닥터 김사부2	꽃길만 걸어요	우아한 모녀	슬기로운 의사생활	아는형님	꽃길만 걸어요	우아한 모녀	슬기로운 의사생활	한번다녀 왔습니다

출처 : 한국갤럽, 한국인이 좋아하는 TV 프로그램 월별 데이터 재가공

9월 조사에는 〈사랑의 콜센타〉에 이어 2위를 차지했다. 결론적으로 2020년 시청자들에게 가장 큰 사랑을 받은 프로그램은 〈미스터트롯〉과 〈미스터트롯〉의 연장선에 있는 프로그램이었던 것이다. 이 프로그램들이 한 해 동안 뜨거운 사랑을 받을 수 있었던 데에는 5060세대의 압도적인 지지가 있었다. 2020년 9월 기준, 〈사랑의 콜센타〉와 〈뽕숭아학당〉을 선호하는 프로그램으로 꼽은 사람들의 연령대 분포를 보면 5060세대 비율이 무려 93~95%에 달한다. 즉,

출처 : TV조선

5060세대의 압도적인 지지를 받은 〈미스터트롯〉과 관련 프로그램. 넷플릭스에서도 인기가 그대로 이어졌다.

〈사랑의 콜센타〉를 가장 선호하는 프로그램으로 뽑은 10명 중 9명이 50대이거나 60대였던 것이다.

눈치챘겠지만, 지금까지 얘기한 〈미스터트롯〉, 〈사랑의 콜센타〉, 〈뽕숭아학당〉은 모두 넷플릭스에서 볼 수 있는 콘텐츠다. 그렇다고 해서 넷플릭스에서만 볼 수 있는 독점 콘텐츠는 물론 아니다(웨이브, 왓챠, 티빙 등 대부분의 국내 OTT에서 모두 시청 가능하다). 하지만, 앞서 언급한 넷플릭스가 5060세대 주변에 스며들 수밖에 없는 환경과의 시너지로 이 마중물 콘텐츠의 효과는 다른 OTT보다 넷플릭스에서 유독 돋보였다는 것을 부정하기는 어렵다. 게다가 넷플릭스에는 제작비 수천억 원의 오리지널 영화를 비롯한 4천여 편이 넘는 국내외 콘텐츠가 수두룩해 5060세대가 향유할 수 있는 볼거리가 무궁무진하다. 곧 〈멜로가 체질〉을 TV 대신 넷플릭스로 보는 엄마에게 밀려나 방에서 휴대폰으로 〈나르코스〉 시리즈를 보려는 아빠들이 자녀들을 호출하는 소리를 들을지도 모른다. "휴대폰으로는 어떻게 보는 거니?"

최전방 스트라이커, K-드라마

2020년 9월 기준, 넷플릭스 유료 가입자 수는 1억 9,514만 명에 육박한다. 2019년 2분기만 해도 설립 후 최초로 북미에서 13만 명의 가입자가 이탈하여 '이제 넷플릭스가 성장 정체 구간에 돌입했다'라는 여론이 떠돌았다. 그러나 넷플릭스는 1년 만에 눈에 띄는 호실적으로 이를 단숨에 불식시켰다. 넷플릭스 가입자는 2020년 9월까지 전 세계적으로 2,807만 명이 증가했는데, 지역별로 살펴보면 북미 지역이 543만 명, 유럽·중동·아프리카 지역은 무려 1,047만 명이나 증가했다. 그런데 가장 눈길을 끄는 지역은 다름 아닌 아시아 지역이다. 순증 가입자 727만 명으로 그 규모는 유럽·중동·아프리카 지역에 비해 적지만, 가입자 증가율로 보면 2019년 12월 대비 44.8%나 상승하여 다른 지역보다 압도적인 성장세를 보였다. 넷플릭스를 허용하지 않고 있는 중국과, 현지 OTT의 장악력이 지배적인 인도가 아시아 인구의 과반수 이

〈2020년 2분기 넷플릭스 지역별 가입자 현황〉

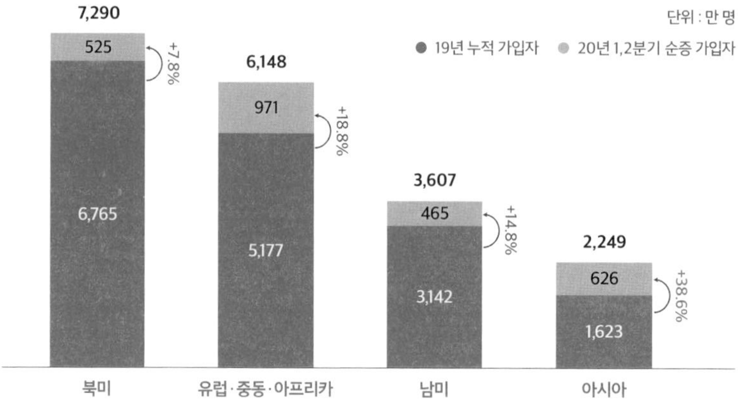

출처 : 넷플릭스, '20.2Q 주주에게 보낸 편지(Letter to Shareholders) 자료 재가공

상을 차지한다는 점을 감안할 때, 아시아 지역에서의 넷플릭스 성장률은 놀라울 따름이다.

넷플릭스 성장의 1등 공신, K-드라마

넷플릭스가 아시아 지역에서 괄목할 만한 성장을 할 수 있었던 데에는 K-드라마의 공이 크다. 아시아에서의 K-드라마 인기는 숫자로도 확인이 가능한데, 2020년 9월 기준, 넷플릭스가 진출한 대부분의 아시아 국가에서 '넷플릭스 TV쇼 부문 톱10'에 랭크된 상당수가 한국 드라마다. 일본에서는 2년 가까이 악화된 한일 관계에도 불구하고 〈사랑의 불시착〉이 〈겨울연가〉급 신드롬을 일으키고 있으며, 일본 넷플릭스 TV쇼 부문 톱10 중 5개가 한국 드라마다. 필리핀, 말레이시아, 베트남과 같은 동남아 주요국에서는 박보검이 출연하는 〈청춘기록〉, 소설 원작

〈2020년 9월 30일 기준 아시아 주요국 넷플릭스 TV쇼 Top10〉

	일본	필리핀	말레이시아	베트남
1	사랑의 불시착	청춘기록	청춘기록	청춘기록
2	청춘기록	보건교사 안은영	보건교사 안은영	비밀의 숲
3	Fire Force	Ratched	Ratched	보건교사 안은영
4	이태원 클라쓰	사이코지만 괜찮아	사이코지만 괜찮아	Ratched
5	내 ID는 강남미인	부부의 세계	부부의 세계	부부의 세계
6	Hozuki's Coolheadedness	Cocomelon	비밀의 숲	닥터 이방인
7	Sword Art Online	뷰티 인사이드	Jurassic World: Camp Cretaceous	사이코지만 괜찮아
8	사이코지만 괜찮아	A Love to Last	Cocomelon	응답하라 1998
9	Diary of Our Days at the Breakwater	응답하라 1998	우리 사랑했을까	사랑의 불시착
10	The Misfit of Demon King Academy	닥터 이방인	사랑의 불시착	The Umbrella Academy

출처 : https://flixpatrol.com/top10/netflix/

의 넷플릭스 오리지널 〈보건교사 안은영〉을 포함해 무려 7~8편의 한국 드라마가 각국의 톱10 자리를 차지하고 있다.

이 현상을 두고 중화권 톱스타 주걸륜은 자신의 SNS계정에 대만 넷플릭스 화면을 캡처해 올리면서 "넷플릭스가 한국 콘텐츠만 편애하고 있다"며 공개적으로 넷플릭스를 비난하기도 했다. 그런데 오히려 현지 네티즌들이 "한국 드라마가 재미있는 걸 어쩌란 말이냐", "한국 콘텐츠를 이길 능력 먼저 키워라" 등의 댓글을 달며 K-드라마를 옹호하고 나섰다. 최근 한국의 한 언론사와 온라인 인터뷰를 진행한 넷플릭스의 CEO 리드 헤이스팅스는 "개인적으로 〈킹덤〉과 〈사랑의 불시착〉을 무척 재미있게 봤다"며 '신한류New Korean Wave'라는 단어를 직접 언급하면서 한국 콘텐츠에 대한 사랑을 내비치기도 했다. 이만하면 K-드라마가 아시아 지역에서만큼은 넷플릭스의 최전방 스트라이커라고 해도 과언이 아니다.

넷플릭스가 K-드라마로 아시아를 점령한 것은 그간의 꾸준한 투자가 있었기에 가능했다. 2017년, 넷플릭스는 봉준호 감독의 〈옥자〉를 시작으로 매년 직접 제작한 오리지널 콘텐츠와 구입한 드라마 판권 수를 늘려가며 2019년에는 21편, 2020년에는 29편의 새로운 한국 드라마를 전 세계에 공개했다. 넷플릭스의 콘텐츠 투자는 ① 제작비 전액 투자, 넷플릭스 독점 방영〈킹덤〉, ② 일부 제작비 선 투자, 국내 방송사와 동시 방영 및 해외 판권 독점〈사랑의 불시착〉, ③ 제작 후 투자, 방송사 방영 후 넷플릭스 공개〈부부의 세계〉의 세 가지 방식으로 나뉜다. 2020년 넷플릭스가 한국 콘텐츠에 투자한 금액은 약 3천억 원 정도로 추산되는데, 이는 어느 정도의 규모일까? 각 지상파의 연간 방송 제작비(드라마·예능·교양 합산)가 최근 5년 평균 약 3,600억 원, 국내 최대 드라마 제작사 스튜디오 드래곤이 지출한 제작비가 2020년 기준 약 3천억 원임을 감안할 때, 넷플릭스의 투자 효과는 우리나라에 메이저 방송사나 제작사 하나를 추가로 만든 것과 맞먹는다.

넷플릭스가 막대한 돈을 투자하기 시작하면서 K-드라마는 양적으로나 질적으로나 상향 평준화되고 있다. 평균적으로 기존 한국 드라마는 회당 제작비가 5억 원 정도 형성되어 있으며, 2016년 방영한 〈태양의 후예〉가 회당 8억 원으로 당시 기준으로는 상당히 높은 수준이었다. 그런데 한국 드라마 시장에 넷플릭스의 자금이 본격적으로 풀리기 시작하면서 CJ ENM과 공동투자한 〈미스터 션샤인〉에 회당 15억 원, 넷플릭스 단독 투자로 제작한 〈킹덤〉에 회당 20억 원이 투입되었는데, 이는 기존 국내 드라마 평균 제작비의 3~4배에 달하는 금액이다. 물론 제작비가 꼭 콘텐츠의 흥행과 정비례하는 것은 아니지만, 고퀄리티로 제작된 한국의 시대극, 사실감 넘치는 K-좀비물은 국내 시청자뿐 아니라 전 세계인의 눈높이를 만족시켰다. 〈킹덤〉을 본 외국인들이 한국 전통 모자 '갓'에 열광하기 시작하면서 아마존에는 'Kingdom Hat'이 등장했으며, 주인공 주지훈은 현재 할리우드에서 가장 주목하고 있는 한국 배우라는 후문이 들릴 정도다. 이병헌, 배두나, 강동원 같은 배우들이 과거 할리우드에 진출하기 위해서 영어 레슨도 받고 LA에 집을 임대하고 발로 뛰며 오디션을 보러 다녀야만 했던 것을 생각하면 격세

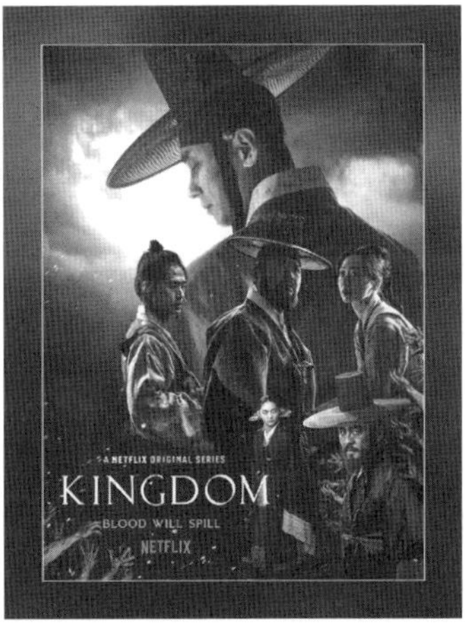

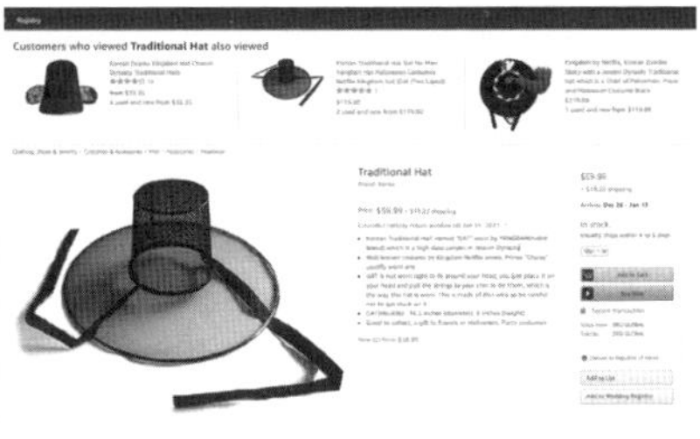

출처 : netflix.com, Amazon.com

넷플릭스 K-드라마의 새로운 지평을 연 〈킹덤〉. 드라마의 인기로 한국의 전통모자인 '갓'이 아마존에서 판매되는 현상까지 나타났다.

지감이 느껴질 정도다. 〈기생충〉의 봉준호 감독도 77회 골든글로브 시상식에서 "1인치 정도 되는 자막이라는 장벽을 뛰어넘으면 훨씬 더 많은 영화를 만날 수 있다"고 하지 않았는가. 이제 K-드라마만으로도 할리우드의 러브콜을 받을 수 있는 시대가 되었다.

넷플릭스가 모든 데이터를 공개하지는 않기 때문에, 정확히 국내 콘텐츠의 투자 수익률을 산출하기는 어렵다. 하지만 가정에 가정을 더해 K-드라마가 기여한 매출을 추론해보면, 2020년 아시아 지역 신규 가입자를 약 900만 명으로 예상했을 때(2020년 3분기까지 727만 명 순증) 여기에 가입자당 연간 매출 65,000원(월 10,000원을 내는 가입자가 12개월간 동일 수준으로 증가 가정)을 곱하면 넷플릭스는 약 5,850억 원의 신규 매출을 달성할 것으로 보인다. 앞서 말했듯이 아시아 주요국의 인기 콘텐츠 톱10의 과반수 이상을 K-드라마가 차지하고 있는 점을 감안하여, K-드라마가 넷플릭스 아시아 매출의 50% 정도를 차지한다고 가정하면 약 2,900억 원의 신규 매출을 K-드라마가 만들어내고 있는 셈이다. 여기에 가입자 락인Lock-in효과 등을 고려하면 단순하게 계산해도 넷플릭스 입장에서 한국에 투자하는 3천억 원은 결코 손해 보는 장사가 아닌 것이다.

넷플릭스의 향후 성장 동력인 아시아 지역 가입자는 앞으로 더 증가할 것이라는 점, 아직 미드에 비해 한국 콘텐츠 제작비는 새 발의 피라는 점(미드 〈왕좌의 게임〉 회당 제작비는 약 600억 원이다) 등을 고려하면 이만한 가성비의 스트라이커가 없다. 언젠가는 K-드라마가 아시아를 넘어 전 세계의 골 망을 흔들어, 축구 선수 메시Messi급의 대우를 받게 될 날이 올지도 모른다.

OTT 2차 대전,
콘텐츠 대세론에 쐐기를 박다

2021년의 국내 OTT 시장을 예측해보자. 무료 광고모델 시장에서는 유튜브가, 유료 구독모델 시장에서는 넷플릭스가 여전히 왕좌를 지키게 될까? 유튜브가 군림하고 있는 무료 광고모델 시장에 의외의 다크호스가 나타났다. 2020년 9월 리뉴얼 론칭한 '카카오TV'가 그 주인공이다. 카카오TV는 모바일에 최적화된 OTT를 지향하며 20분 이내의 숏폼 콘텐츠를 내세워 유튜브에 도전장을 던졌다. 사용자가 별도의 앱을 다운하지 않아도 카카오톡 내에서 '#' 메뉴에 들어가거나, 카카오 채널 추가를 통해서도 콘텐츠를 볼 수 있도록 하여 접근성이 높다는 것이 카카오TV의 특징이다. 특히 일부 콘텐츠는 세로 모드로도 제공하거나, 콘텐츠를 보면서 채팅, 쇼핑, 뉴스 검색 등 멀티태스킹도 가능하게 하는 등 MZ세대를 겨냥한 전략을 취하고 있다. 대표적인 콘텐츠로 웹드라마 〈연애혁명〉과 웹예능 〈이효리의 FACE ID〉가 있다. 동명의 네이버 웹툰을 원작으로 하는 드라마 〈연애혁명〉은 10대의 사랑, 우정을 그린 작품으로 에피소드당 평균 조회 수 150만을 기록했으며, 이효리가 자신의 스마트폰을 통해 일상을 공유하는 〈이효리의 FACE ID〉는 두 번째 에피소드만에 조회 수 500만을 넘으며 이슈 몰이에 성공했다.

이제 막 새 출발을 시작한 카카오TV가 하루 10억 시간의 콘텐츠 소비가 일어나는 유튜브와 경쟁하겠다는 것은 계란으로 바위 치기와 같다. 하지만 카카오TV의 1차 콘텐츠 전략은 '웰메이드' 숏폼이다. 이는 유튜브의 모든 콘텐츠와 경쟁하겠다는 것이 아니라, 앞서 언급했듯이 최근 유튜브에서 인기 있는 '웹예능' 영역과 붙는 국지전의 성격이 강하다. 2019년 말부터 〈진짜 사나이〉의 김민종, 〈마이 리틀 텔레비전〉의 박진경·권해봄 등 스타 예능 PD들을 대거 영입하며 콘텐츠 제작 역량을 키워온 카카오라면 충분히 승산이 있는 게임이다. 뿐만 아니라, 카카오라는 우산 아래에는 카카오페이지가 보유한 콘텐츠 IP, 카카오M이 보유한 수많은 아티스트와 콘텐츠 제작사들이 있다. 향후에는 이 자산을 활용해 유튜브와 넷플릭스 사이 그 어딘가 독자적인 영역을 구축할 가능성도 충분해 보인다.

'넥스트 넷플릭스'를 꿈꾸는 애플과 디즈니

한편, 유료 구독모델 시장에서는 또 다른 미디어 공룡인 디즈니플러스와 애플TV플러스가 나란히 국내 상륙작전을 준비 중이다. 디즈니플러스는 지난 1년간 '넥스트 넷플릭스'를 꿈꾸며 론칭한 수많은 글로벌 OTT 중(디즈니플러스와 애플TV플러스 외에 HBO맥스, 피콕, 퀴비가 있다) 유일하게 넷플릭스를 긴장시키고 있는 서비스다. 2019년 11월 론칭 후,

딱 1년 만인 2020년 11월 기준, 전 세계 유료 가입자가 8,680만 명을 넘어섰다. 2024년까지 6천만~9천만 명의 가입자를 모으는 것이 목표였는데, 이를 1년 만에 달성한 것이다. 디즈니플러스는 론칭과 동시에 미국 1위 통신사업자 버라이즌과 제휴를 통해 한 달 만에 가입자 1천만 명을 모집했고, 이후 순차적인 글로벌 진출로 단계별 성장을 거듭했다. 무엇보다도 디즈니 왕국 아래에 있는 마블, 픽사, 루카스필름, 21세기폭스 등이 보유한 전 연령을 아우르는 디즈니의 방대한 콘텐츠 라이브러리는 넷플릭스의 오리지널 콘텐츠와 견주어도 손색이 없다.

반면, 애플TV플러스의 경우는 출시 전 기대감과 달리 아직까지 유의미한 성과는 내지 못하고 있다. 현재까지는 애플 디바이스에서만 제공된다는 제한은 있으나 월 4.99달러[6천 원]라는 저렴한 가격과 애플 디바이스 구매 고객에게는 1년을 무료로 제공하는 파격적인 정책을 내세웠다. 이와 더불어 회당 제작비 1,500만 달러[175억 원]의 드라마 시리즈 〈더 모닝쇼〉를 비롯하여 8편의 오리지널 드라마와 1편의 영화를 공개하며 론칭 당시만 해도 디즈니플러스와 함께 넷플릭스 대항마가 될 것 같은 분위기였다. 하지만 출시 후 매 분기 성과를 뽐내기 바쁜 디즈니와 달리, 애플은 "아직은 미미한 수준이지만 순항하고 있다"며 구체적인 수치 언급은 회피하고 있다. 2020년 6월, 미국의 한 조사 기관이 연구한 OTT 보급률에서도 넷플릭스가 73%, 아마존 프라임비디오가 53%, 디즈니플러스가 36%인 데 반해 애플TV플러스는 고작 7%에 그친 것으로 보면 디바이스가 제한된다는 점을 감안하더라도 미미한 결과임은 분명해 보인다.

1923년 설립 후 콘텐츠만 만들어온 디즈니와, 디바이스 제조사인

〈디즈니플러스 vs 애플TV플러스〉

2019년 11월 12일	출시일	2019년 11월 1일
• 6.99달러/월 • 69.99달러/연 • Hulu, ESPN+와 결합 구독시 12.99달러/월	요금제	• 99달러/월 • 49.99달러/연
진출 국가의 주요 통신/미디어 사업자들과 제휴	마케팅 전략	애플 디바이스 신규 고객 대상 12개월 무료 제공
오리지널 콘텐츠를 포함한 TV 에피소드 7,500편/영화 500편 이상 제공	콘텐츠 전략	오리지널 드라마/영화/다큐 콘텐츠 약 30편 제공(2020년 9월 기준)
북미, 유럽, 아시아, 라틴아메리카 등 45개국 (2020년 11월 기준)	진출 국가	전 세계 100여 개국
전세계 8,680만 명 (2020년 11월 기준)	가입자 수	미공개

애플을 애초에 콘텐츠로 비교하는 것 자체가 잔인할 수도 있지만 어찌 되었든 중간평가 성적은 의심할 여지없이 디즈니의 압승이다. 하지만 애플이 어디 이대로 주저앉을 회사인가. 최근 애플이 할리우드 제작사들과 구작 콘텐츠 구매 협상을 진행 중이라는 소리가 공공연하게 들려온다. 또한 훌루Hulu와 퀴비Quibi에서 근무했던 콘텐츠 제휴 전문가를 영입하기도 했다. 출시 초반 오리지널 콘텐츠만 내세우던 애플이 기존 콘텐츠 수급을 통해 라인업 확대에 나선 것이다. 2020년 2분기 기준, 보유한 현금만 233조 원에 달하는 애플이 마음만 먹으면 부족한 콘텐

츠를 확보하는 건 시간 문제일 수도 있다. 또한 2020년 9월, 애플은 애플뮤직, 아이클라우드, 애플아케이드 등과 함께 애플TV플러스를 묶어 번들형 구독 상품인 '애플원'을 발표하며 자신들의 서비스 생태계 강화에 나섰다. 다만, 아무리 전 세계의 애플 디바이스 이용자가 15억 명에 달한다 해도, 현재 애플의 시장점유율(아이폰 기준, 한국 시장 20%, 미국 시장 60%)을 감안하면 특정 디바이스[05]에 갇힌 한계는 시장 영향력 확장에 있어서 꼬리표로 남을 것이다. 다만, 애플이 2015년 11월, '애플뮤직'의 디바이스 제한을 풀어 전 디바이스로 확장한 사례가 있으니 애플TV플러스 역시 기다려볼 만하다.

디즈니플러스와 애플TV플러스가 한국에서 넷플릭스만큼의 영향력을 발휘할 수 있을까? 이는 크게 두 가지 조건에 달려 있다. 하나는 가입자 모집을 위한 유통력을 확보할 수 있는지이고 다른 하나는 얼마만큼의 콘텐츠 파워를 가지고 있는지다. 유통력을 확보하기 위해서는 국내 통신·미디어 사업자와의 제휴가 키 포인트다. 넷플릭스도 국내 진출을 본격화한 해인 2018년에 LG유플러스와 제휴했고, 디즈니플러스가 일본이나 인도에 진출할 때에도 NTT도코모, 핫스타와 같은 현지 사업자와의 제휴 방식을 택했다. 실제로 디즈니와 애플이 유통 측면의 제휴를 위해 국내 사업자들과 논의 중이라는 내용은 언론을 통해서도 쉽게 접할 수 있다. 콘텐츠 파워 측면에서는 당연히 디즈니플러스가 애플TV플러스를 압도한다. 하지만 국내 진출 성공의 키 포인트는 K-드라마 확보이며, 이 부분에 있어서는 아직 두 서비스 모두 제로 베이스에 가깝다.

한국 OTT 시장에서 로컬 콘텐츠 없이 성공하기 어렵다는 건 넷

〈넷플릭스 월간 순 이용자 수 추이 및 대표 한국 콘텐츠 공개 시점〉

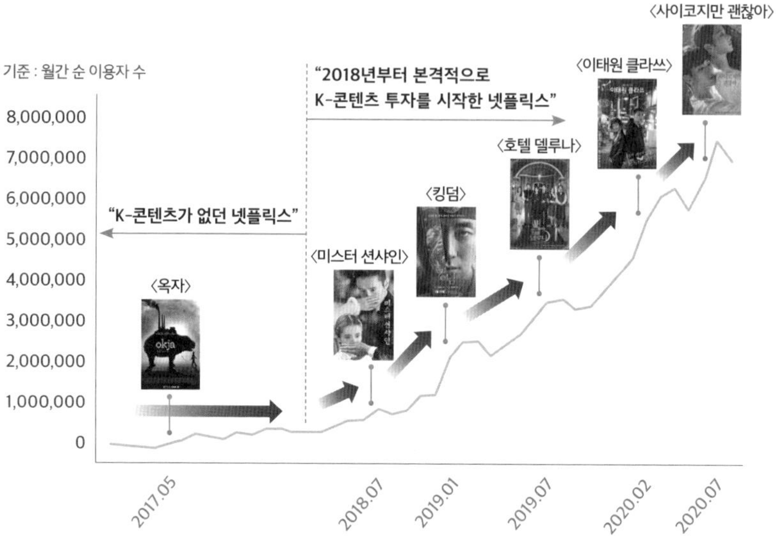

출처 : 자체 제작

플릭스의 사례가 좋은 참고가 될 수 있다. 위 그래프와 같이, 2016년 1월, 국내에서 서비스를 시작한 넷플릭스도 K-드라마 투자에 소홀하던 2017년까지는 단지 미드 덕후들이나 보는 틈새 OTT에 불과했다. 그러던 넷플릭스가 2018년 이후 확 달라졌다. 국내 대표 스튜디오인 CJ ENM과 JTBC의 킬러 콘텐츠를 확보했고, 사람들은 "뭐 하러 IPTV에서 돈 주고 봐? 넷플릭스 계정만 있으면 〈이태원 클라쓰〉, 〈비밀의숲 2〉 다 공짜인데"라며, 웬만한 드라마는 본방송 후 한 시간 만에 업로드되는 넷플릭스로 몰려들었다. 넷플릭스는 한국 시장에서 2년간 미미한 성적을 거둔 것을 교훈 삼아 2018년, 한국 사무소를 설립하고 로컬 오리지널 콘텐츠 제작을 늘려갔는데, 이러한 전략이 효과를 보기 시작했다. 2019년 말에는 CJ ENM, JTBC와 3년간 콘텐츠 파트너십을 맺으면서 국내 사업자들과의 관계도 돈독히 다졌다. 디즈니플러스와 애플TV플러스 역시 로컬 콘텐츠 확보에 힘쓰겠지만, CJ ENM이나 JTBC가 2022년까지 넷플릭스와 파트너십으로 묶여 있어 이들과의 제휴는 녹록치 않을 것이다.

여기에 넷플릭스 가입자의 절반 정도인 1억 500만 명의 유료 가입자를 보유한 중국 최대의 OTT 서비스 아이치이iQIYI가 질 좋은 한국어판 영상을 서비스하는 것도 모자라 K-드라마 투자의 큰손이 되었다(2020년 50편의 K-드라마를 구매했으며 2021년의 tvN 대표작인 〈지리산〉에 250억 원을 투자했다). 쿠팡 역시 2020년 10월, '쿠팡 스트리밍,' '쿠팡 플레이' 등 누가 봐도 OTT 사업이 떠오르는 상표권을 연이어 출원했다. 이는 쿠팡이 싱가폴 OTT인 훅HOOQ을 인수한 이후의 행보이기에 한국과 동남아 시장을 동시 공략해 쇼핑몰에 연계된 커머스 멤버십의 일환으로 OTT를 제공할 것으로 예상된다. 이래저래 K-콘텐츠 사업자들은 갈수록 커지는 시장에 행복에 겹다.

해외 OTT 시장은 2018년 11월 디즈니가 OTT 출시 계획을 발표하고 넷플릭스에 디즈니 계열의 콘텐츠를 제공하지 않겠다는 으름장을 놓은 이후, 전 세계가 두 공룡 중 누가 최종 승자가 될지 흥미롭게 지켜보았다. 물론 이 한판 승부는 현재 진행형이지만 여전히 뜨거운 감자이기에 지난 2년간의 주가 추이 곡선을 더해 비교해봤다.

2020년 11월 초를 기준으로 넷플릭스가 482달러, 디즈니가 138달러이니 절대 주가는 넷플릭스가 높고 시가 총액은 엎치락뒤치락하지만 두 기업이 대략 250조 원을 왔다 갔다 하는 수준이다. 핵심은 지속

〈디즈니와 넷플릭스의 주가 변동 비교〉

적으로 상승 추세인 넷플릭스에 비해 디즈니는 코로나 사태의 수혜를 받고 8,680만 명이라는 OTT(디즈니플러스) 가입자 목표를 4년이나 당겨서 달성했음에도 불구하고, 북미 시장에서 극장과 디즈니랜드가 폐쇄된 2020년 3월을 기점으로 주가가 큰 폭으로 하락했다가 점차 회복해가는 추이라는 점이다. 즉, 테마파크와 TV 채널 사업 등 전통 미디어 사업 비중이 높은 디즈니와 오로지 하나만을 향해 달려가는 비교적 몸집이 가벼운 넷플릭스는 성격적 측면에서 극명한 차이를 보인다. 실제로도 디즈니에서 OTT 매출의 비중은 2020년은 큰 폭으로 높아졌을 것으로 예상되지만, 2019년 기준으로는 매출이 전체의 13% 수준에 불과하다.

앞으로도 극장, 공연 등 대면 채널들의 회복이 불투명한 가운데 콘텐츠 확보를 위한 OTT 서비스들의 경쟁은 더욱 치열해질 전망이다. 실례로 2020년 초, 넷플릭스가 일본 지브리 스튜디오의 애니메이션을 2조 원에 구매한 에피소드를 보자. 지브리는 〈센과 치히로의 행방불명〉, 〈이웃집 토토로〉, 〈하울의 움직이는 성〉 등 전설적인 작품을 만든 미야자키 하야오 감독이 이끄는 애니메이션 스튜디오다. 그간 지브리의 작품들은 스트리밍 플랫폼에 단 한 번도 제공된 적이 없다. 미야자키 감독은 스마트 디바이스도 쓰지 않는(심지어 PC조차도 사용하지 않는) 아날로그형 고전 만화가로 알려져 있지만, 넷플릭스는 결국 21편에 달하는 그의 작품들을 2조 원에 구매했다. 얼핏 계산해도 한 작품에 천억 원이 넘어간다. 심지어 대부분의 작품들이 20년이 훌쩍 지난 옛날

넷플릭스는 2조 원을 들여 지브리 스튜디오의 대표작 21편을 사들였다.

애니메이션이라고 하니 넷플릭스의 투자 규모는 기함할 노릇이다.

여기에 텐센트와 알리바바, 아이치이 등 중국의 공룡 OTT들까지 뒤늦게 돈 보따리를 짊어지고 이 판에 합류하는 중이다. 이들이 돈 보따리를 풀어놓는 것은 중국을 넘어 동남아 시장까지 염두에 둔 것임은 당연하다. 이렇게 OTT를 둘러싼 큰 파장이 다시 콘텐츠 사업자들의 몸값 상승으로 이어지고 있는데, OTT들의 주류 미디어 입성과 K-콘텐츠의 실력 발휘는 이제 막 시작 단계라고 하니, 앞으로의 가능성은 무궁무진하다. 혹자는 OTT 버블로 인한 콘텐츠 수혜 효과 역시 조만간 한계치에 이를 것이라 우려하지만, 2015년 9월 넷플릭스가 일본에 상륙한 후 현지 제작사들의 기업 가치가 올라가고 합리적인 제작 환경에서 높은 완성도의 콘텐츠를 지속적으로 제작하는 것으로 보아 한국 시장 역시 유사한 패러다임으로 흐를 것으로 예상된다.

'콘텐츠온리'의 시대는 2020년 팬데믹 모멘텀을 치고 OTT판에서도 역시 가파른 상승 곡선을 그리고 있다.

CHAPTER 4

취향과 연결을 업은 소셜미디어, 이제 멀티의 시대로 가다

- 인스타그램은 지지 않는 해가 될 수 있을까
- 더욱 거대한 포털로 거듭나는 페이스북, 대역전극의 시작?
- #같이 #즐기는, 소셜 엔터 미디어의 탄생 '틱톡'
- 취향을 저격하다 : 신흥 소셜미디어 시장

인스타그램은 지지 않는 해가 될 수 있을까

대한민국 소셜미디어 시장의 최강자, 인스타그램의 전성기는 앞으로도 계속될까? 수치를 살펴보면, 인스타그램은 명실공히 최전성기를 누리고 있는 것으로 보인다. 2020년 9월 기준 월간 순 사용자 수MAU 1,700만 명을 자랑하는 인스타그램은 한국에서 가장 많이 사용되는 소셜미디어다. 압도적인 콘텐츠 파워를 자랑하는 유튜브가 소셜미디어 이용 시간을 무섭게 흡수하고 있는 상황에서도 인스타그램의 이용률과 총 이용 시간은 꾸준한 증가세를 기록해왔다. 2018년 글로벌 시장에서 페이스북이 굳건하게 1위를 지키고, 틱톡이 무서운 속도로 추격하는 것에 비해, 인스타그램은 한국 시장에서 안정적으로 우상향 그래프를 그리고 있다. 한국 소셜미디어 시장에서 압도적인 1위를 지키고 있는 이유는 인스타그램이 '원하는 미래'가 그대로 구현되고 있는 곳이 바로 이곳, 대한민국이기 때문이다.

〈한국 소셜미디어 MAU 추이〉

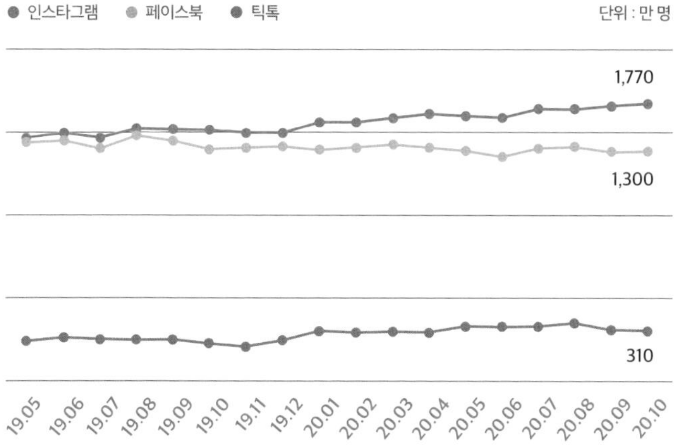

출처 : 코리안클릭, App 이용률 통합

사업자에게는 '선택' 아닌 '필수', 비즈니스 플랫폼 인스타그램

전작인 《콘텐츠가 전부다》에서는 인스타그램의 다양한 면을 조명했다. 상품 판매 창구로써 기능하는 '셀스타그램,' 검색 포털의 역할을 하는 '서칭스타그램'이 그것이다. 소셜미디어라는 단어에 구애받지 않는 인스타그램의 진화는 계속되고 있다. 개인의 스토리와 상품 판매를 연결하는 '셀스타그램'은 인스타그램샵Instagram shop이라는 온라인 쇼핑 플랫폼으로 발전했고, 여행지, 명소, 쇼핑 검색의 중심이 인스타그램으로 옮겨오면서 인플루언서들과 비즈니스 계정 간의 협업 또한 더욱 활발해지고 있다. 2019년 인스타그램의 짐 스콰이어스Jim Squires 부사장이 남긴 "모든 연령대에 도달 가능한 인스타그램은 브랜딩이나 상품 판매, 고객과의 커뮤니케이션 등 다양한 목표를 이뤄낼 수 있는 비즈니스 플랫폼을 꿈꾸며, 여기에 한국 시장이 중요한 역할을 할 것"이라는 말이 실현되고 있는 것이다.

실제로 카페, 음식점, 패션 업계의 자영업자, 스타트업들에게 이제 인스타그램 마케팅은 선택이 아닌 필수다. 네이버 블로그 또는 키워드 광고의 단가가 지속적으로 상승하고, 치열한 경쟁으로 효과를 보기 어려운 상황에서 인스타그램을 통한 홍보는 타의 추종을 불허하는 가성비를 자랑한다. 세련된 톤앤매너를 갖춘 이미지와 감성 돋는 글 몇 줄만 있다면 별도의 광고 비용을 지출하지 않고도 홍보가 가능한, 말 그대로 '인스타 갬성'만 있으면 통하는 시대가 도래했기 때문이다. '핫플핫플레이스'라고 불리는 장소나 브랜드들은 사실상 모두 인스타그램의 손을 거쳐갔다고 표현해도 과언이 아닐 정도다. 이전의 인스타그램이 상품이 기획되고 판매되는 과정 중 '마케팅', 그중에서도 소셜미디어라는 매체 전략에 한정된 '커머스 플랫폼'이었다면, 오늘날의 인스타그램은 상품 기획부터 생산, 마케팅까지 모든 과정에 관여하는 '비즈니스 플랫폼'이 되었다. 사실상 모든 의사결정 과정에서 '이 상품을 인스타그램에 올린다면 어떤 식으로 디자인하는 것이 좋을까', '어떻게 사진을 남겨야 바이럴이 더 잘 일어날 수 있을까'와 같은 고민이 비즈니스 전 과정에 스며들게 되는 것이다.

최근 공간 마케팅 관련 사례에서 빠지지 않고 등장하는 침대 브랜드 '시몬스'가 좋은 예다. 차가 없으면 갈 수도 없는 경기도 이천시 모가면이라는 생소한 지역에 위치한 '시몬스 테라스'에 입장하기 위해서는 주말의 경우 최대 3시간 이상을 대기해야 한다. 맘 먹고 가서 큰돈(시몬스 매트리스 가격은 보통 500만 원 이상이다)을 써야 하는, 진입장벽 높은 시몬스 가구 매장을 주말에 꼭 시간을 내서 방문하고 싶은 '핫플', '시몬

〈커머스 플랫폼과 비즈니스 플랫폼으로서의 인스타그램〉

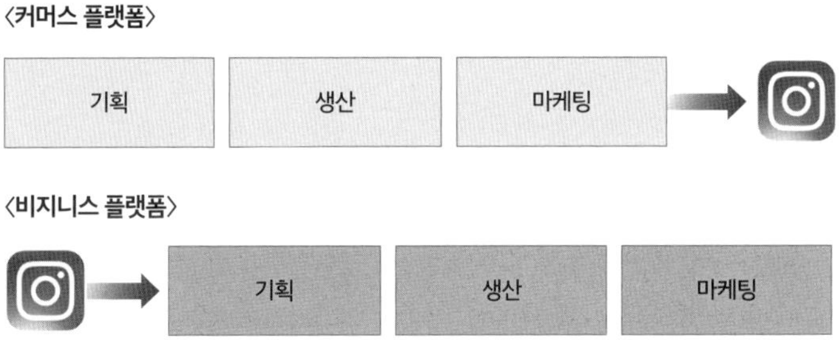

스 테라스'로 재탄생시킨 것은 다름 아닌 인스타그램이다. 아니, 이 공간은 애초 기획 단계부터 인스타그램을 염두에 두고 만들어진 공간이다. 시몬스는 2020년 4월부터 약 3개월간 서울 성수동에 '침대 없는 팝업스토어'인 '시몬스 하드웨어 스토어'를 운영했다. 이 공간은 감각 넘치는 인테리어와 굿즈 판매로 인스타그램에서 관련 게시물이 1만 건을 돌파하고, 조회 수, 좋아요 등의 리액션은 60만 건 이상을 기록하는 등 '핫플'로 떠올랐다. 성수동의 열기를 경기도 이천으로 옮겨온 것이 시몬스 테라스다. 적색 벽돌과 시몬스 로고, 잔디밭에 펼쳐진 야외 파라솔과 테이블은 20~30대의 감성을 그대로 저격했다.

비즈니스가 성공하기 위한 중요한 채널로 인스타그램이 점점 더 각광받게 됨에 따라 브랜드 기획, 인테리어, 상품 구성 단계에서부터 이른바 '인스타에서 먹히는' 인스타그래머블Instagrammable한 콘텐츠인지의 여부가 성패를 결정하는 중요한 요소가 되었다. 과거에는 브랜드 로고, 매장 인테리어와 상품 디자인이 오프라인 매장을 방문하는 고객에게 어떻게 보일지를 고민했다면, 이제는 인스타그램에서 어떻게 콘텐츠화할지 고민하는 세상이 온 것이다.

2017년부터 한남동 등지에서 '서 있는 버거'를 중심으로 감성 수제 버거 트렌드를 이끈 '다운타우너DOWNTOWNER'를 아는가? 외식 브랜드인 GFFG Good for Food Good가 론칭한 '다운타우너'는 인스타그램을 통해 빠르게 인지도를 확대했고, 주말 1~2시간 대기는 기본, 매장별 일 매출 1천만 원 이상을 올리는 프랜차이즈로 성장했다(현재 다운타우너는 서울에 4개 매장을 보유하고 있다). GFFG는 이 성공을 기반으로 한남동과 청담동, 압구정 도산공원 상권을 중심으로 한식 주점 '호족반', '카페 노티드', 양식 레스토랑 '리틀넥', '클랩피자' 등의 브랜드를 연이어 론칭하는 데

인스타그램 핫플로 떠오른 경기도 이천의 '시몬스 테라스.' 성수동에 문을 연 '침대 없는 팝업스토어' 컨셉의 '시몬스 하드웨어 스토어' 또한 인스타그램 게시물이 1만 건을 돌파했다.

출처 : simmons korea

출처 : 다운타우너, 호족반

인스타그래머블 콘텐츠의 정석을 보여주는 '다운타우너 버거'(왼쪽)와 '호족반'

성공했다. GFFG가 운영하는 브랜드들의 공통적인 특징은 '인스타그램에 어떤 콘텐츠가 올라가야 성공할 수 있는지'를 기가 막히게 잘 알고 있다는 점이다. GFFG의 브랜드들은 모두 인스타그램 계정을 운영하고 있다. 이들은 공통적으로 브랜드, 인테리어, 음식이 매력적으로 보이게 하는 '인스타그래머블 콘텐츠'의 정석을 공통적으로 보여주면서도 각 브랜드를 상징하는 색상을 활용해서 개별 브랜드의 정체성을 부여하고 있다. '다운타우너'는 시원한 파란색, '호족반'은 민트색, '노티드'는 노란색과 핑크색, '클랩피자'는 주황색 등의 컬러가 돋보이는 콘텐츠를 만드는 것이다. 실제 계정들을 보면 브랜드별 시그니처 컬러를 중심으로 유기적으로 구성된 콘텐츠 피드를 볼 수 있으며, 인스타그램을 넘어 하나의 잘 구성된 포트폴리오나 이미지 갤러리를 보는 듯한 경험을 할 수 있다.

'인스타 갬성' 충만한 이 피드들은 공간을 방문해서 '어디에서 인증샷을 찍어야 가장 멋지게 나오는지', '어떤 대표 메뉴를 주문해서 어떤 각도로 사진을 찍어야 하는지'에 대한 예시 역할을 하기도 한다. 고객들은 인스타그램을 보고 레스토랑을 방문하고, 공식 계정에서 본 이미지대로 인증샷을 찍어 업로드한다. 그 누구도 이들에게 사진을 올려달라고 부탁하거나 비용을 지불하지 않았지만, 인스타그램에 콘텐츠를 올리는 이 과정까지 마무리되어야만 '맛집 탐방'이 성공적으로 끝난다. 브랜드의 시작부터 소비의 마지막 지점까지, 인스타그램이 스며들지 않은 공간이 없는 것이다.

일단 쫓아간다, '카피캣' 인스타그램

인스타그램은 소셜미디어가 비즈니스 플랫폼으로 발전하는 데 있어서 선구자 역할을 해내고 있지만, 소셜미디어의 핵심인 '시시콜콜한 콘텐츠'나 '재미'와 같은 영역에서는 경쟁자들의 거센 도전을 받고 있다. 변덕스러운 시장과 급변하는 매체 환경 속에 인스타그램이 택한 전략은 모방, 즉 '카피캣Copycat'이다. 2016년 스냅챗을 모티브로 한 '스토리' 기능 출시에서 틱톡을 타깃으로 한 2020년의 '릴스Reels' 기능 출시까지, 선배 소셜미디어들의 몰락을 반복하지 않겠다는 강한 의지를 보여주고 있는 인스타그램이다. '릴스'는 15초짜리 세로 영상에 음악을 입힐 수 있는 기능으로, 누가 봐도 최근 뜨고 있는 '틱톡'을 저격한 것임을 알 수 있다.

릴스 기능을 사용하는 법은 간단하다. 기존 인스타그램 '스토리'를 만들 수 있는 좌측 슬라이드 화면에서 '릴스' 촬영 버튼을 누르면

인스타그램은 틱톡의 대항마로 짧은 동영상을 올릴 수 있는 새로운 기능 '릴스'를 추가했다.

15~30초가량의 짧은 동영상을 만들 수 있다. 틱톡과 같이 다양한 동영상 필터를 적용할 수도 있고, 배경음악을 삽입할 수도 있다. 릴스로 만들어 업로드한 동영상은 '탐색'에 업로드된 다른 콘텐츠들과 함께 노출되고, 개인 프로필에는 릴스 콘텐츠만을 모아 볼 수 있는 새로운 페이지가 구성된다.

하지만 릴스는 '틱톡의 카피'라는 비난을 피하기는 어려워 보인다. 실제로 당시 틱톡의 CEO였던 케빈 마이어Kevin Mayer는 "인스타그램 릴스는 틱톡의 카피캣이며, 애국심으로 위장해 미국 시장에서 틱톡을 제거하려 하고 있다"며 날선 비판을 쏟아냈다. 이에 대해 인스타그램은 아직은 서비스 초기 단계이며 사용자 피드백을 기반으로 서비스가 개선됨에 따라 릴스만의 특색을 가질 수 있게 될 것이라는 입장이지만, 사용자들은 릴스의 이미지 필터가 절대적으로 부족하다는 등의 예시를 들며 기대에 미치지 못한다는 반응을 보이고 있다. 뿐만 아니라 인스타그램은 기존 콘텐츠들이 노출되는 페이지에 릴스 동영상을 같이 노출하고, 메인 인터페이스에 전용 버튼을 배치하는 실험을 하는 등 적극적으로 새로운 기능을 홍보하고 있는데, 이 부분에서 기존 사용자들과 갈등이 발생하고 있어 호된 신고식을 치르고 있다.

여러 이슈에도 불구하고 수치상 릴스의 성적은 그리 나쁘지 않아 보인다. 릴스 기능 론칭 이후 브라질에서는 월평균 1%씩 성장하던 이용자가 4.3% 수준으로 증가했고, 인도에서는 인스타그램 다운로드 수가 700만에서 780만으로 약 11% 증가했다. 기업들도 릴스를 적극적으로 활용하기 시작했는데 NBA 팀들의 3분의 2가 기존의 스토리나 피드가 아닌 릴스를 통해 콘텐츠를 포스팅하고 있고 22% 이상 더 향상된 도달율을 보이고 있다고 한다. 명품 브랜드 루이비통 역시 콘텐츠 평균 조회 수가 700만 이상을 상회하고 있으며, 화장품 판매점 세포라도 평균 45만 이상의 조회 수를 기록하고 있다. 릴스 기능이 전 세계 50개국에 공개된 것이 2020년 8월 5일이었음을 감안하면 대단히 빠른 속도의 성장률을 보이는 것은 맞지만, 앞서 언급한 숙제들이 해결되어야만 '릴스' 기능이 대중적으로 확산될 수 있을 것으로 보인다.

쇼핑, 결제까지 이어지는 대형 포털을 꿈꾸는 인스타그램

짐 스콰이어스 인스타그램 부사장은 "인스타그램처럼 친구와 관심사, 엔터테인먼트를 모두 아우르는 플랫폼은 없다. 기업들이 커뮤니티를 중심으로 더 많은 고객들과 가까워질 수 있도록 돕겠다"며 커뮤니티 기반의 쇼핑 콘텐츠에 더욱 집중할 것임을 밝혔다. 소셜미디어는 시시콜콜함을 바탕으로 한 커뮤니케이션 기능이 핵심이며 이 기반 없이는 수익성 역시 잡을 수 없다는 것이다. 사실 인스타그램은 이 미세한 균형점을 어떻게 하면 맞출 수 있을지 계속 실험을 해왔는데, 가장 도전적인 실험이 2020년 7월에 있었던 내 관심사My activity 버튼을 인스타그램샵Instagram Shop 버튼으로 대체한 것이었다.

테스트 기간 당시 미국 커뮤니티 사이트인 레딧에 올라온 반응을 보면, "제 계정에 무슨 문제가 생겼나요?", "삭제하고 다시 깔아 보세요" 등의 내용이 대부분이다. 인스타그램 하단에 위치한 내 관심사 버튼은 '시시콜콜한 소통'을 위해 가장 많이 누르는 버튼이었기에, 상업적 기능을 가진 버튼으로 대체되었을 때 이용자들이 즉각적으로 불만을 표현했던 것이다. 미묘하게 맞추어져 있던 수익성과 시시콜콜함의 균형이 붕괴되는 그 지점을, 소셜미디어 사용자들은 결코 달가워하지 않았다.

이 테스트를 거친 후 인스타그램은 내 관심사 버튼을 다이렉트 메시지DM 버튼 왼쪽에 배치하는 타협안을 내놓았고, 이를 2020년 11월 한국에도 정식으로 적용했다. 이에 많은 사람들이 "내 관심사 버튼이 어디 갔지?", "버튼 어떻게 원복하나요?", "이전의 버튼 위치가 더 편했어요"라는 반응을 보이고 있지만, 이전의 테스트만큼 '불편한 변화'는 아닌 만큼 향후 추이를 조금 더 지켜봐야 할 것으로 보인다.

반면, 음식 주문 연동 기능은 비교적 괜찮은 반응을 이끌어내고 있다. 인스타그램은 코로나19 팬데믹이 본격 시작된 2020년 4월에 음식 주문 기능을 도입했다. 음식 주문 기능은 특히 팬데믹 이후 사회적 거리두기로 큰 어려움을 겪고 있는 소상공인들이 적극적으로 활용할 수 있다는 점에서 시장에서 좋은 반응을 얻었다. 이 기간 중 배달 음식 주문량이 폭주하고 소셜미디어의 사용량이 급증했음을 감안하면 영리한 움직임이었다. 2020년 5월에는 한국에도 해당 기능이 도입되었고, 인스타그램 피드를 통해 배달의민족과 요기요에서 음식 주문이 가능해졌다(이후 배달 서비스 띵동이 추가되면서 인스타그램은 주요 배달 플랫폼들과 모두 연결되었다). 인스타그램이 음식을 주문하는 메인 채널이 아닌 만큼 아직까지 가시적인 성과를 거두지 못한 것은 사실이다. 하지만 배달의민족에서는 소상공인들에게 인스타그램을 통한 자사 마케팅 방안과 더불어 음식 주문 연동 기능을 적극적으로 소개하는 등, 앞으로 요식업계, 배달음식 시장에 인스타그램의 역할이 확대될 여지는 충분해 보인다.

콘텐츠를 넘어 쇼핑의 영역까지, 인스타그램은 시간이 지나며 점점 거대해지고 있다. 초창기, 이미지 업로드와 해시태그만 있던 가볍고 소박했던 인스타그램은 이제 기억조차 나지 않을 정도다. 지금의 인스타그램은 소셜미디어의 기본적인 기능 외에 스냅챗, 유튜브, 틱톡에 대항해 스토리와 IGTV, 릴스 기능을 도입했고 쇼핑, 음식 배달 서비스 기능까지 합쳐진 하이브리드 서비스가 되었다. 이를 두고 "인스타그램이 진화했다"고 볼 수도 있지만, 반대로 "인스타그램이 너무 무거워졌다"고 보는 의견도 상당하다. 릴스 론칭 후 인스타그램에서 '대놓고' 해당 기능을 밀어주자 다수의 기존 유저들이 불만을 표출한 사례만 봐도 알 수 있다. 다양한 니즈를 가진 사람들을 한 곳에 모으고, 그들 모두를 만족시키기 위해, 또 시장의 경쟁에서 뒤처지지 않기 위해 새로운 기능들을 몰아넣다 보니 생기는 문제다.

그럼에도 불구하고 인스타그램이 여전히 '지지 않는 해'인 것은 분명해 보인다. 소셜미디어로 규정하기엔 너무 거대해져서 이제는 네이버와 같은 하나의 포털이 되어버린 인스타그램은 특유의 시시콜콜함을 잃어버리긴 했지만, 변화에 맞춰 쇼핑, 커머스, 비즈니스와 연관된 또 다른 형태의 콘텐츠들을 만들어내고 있다. 콘텐츠의 결이 달라지긴 했지만, 여전히 많은 사람들이 인스타그램에 일상을 업로드하고 소식을 공유한다. 우리가 주목해야 할 것은 그 틈에서 일어나고 있는 다양한 경쟁자들의 움직임이다. 최정상에 군림하며 그 어떤 것도 나누지 않으려는 인스타그램이지만, 경쟁자들은 꽉 움켜쥔 주먹 속에서 새어나오는 것들을 기반으로 자신만의 영역을 구축해왔다. '재미' 영역을 집중적으로 공략해 성공한 틱톡이나, '라이프스타일' 영역에서 나름의 입지를 구축한 '핀터레스트' 같은 서비스들이 좋은 예시다. 인스타그램을 주로 사용하면서도 재미있는 영상을 만들고 즐길 때는 틱톡을, 인테리어나 레시피를 찾을 때에는 핀터레스트를 함께 사용하는 것이 어색하지 않은 요즘이다. 바야흐로 '멀티 소셜미디어' 시대가 도래한 것이다.

또 한 번 격변의 시기를 맞은 소셜미디어 시장에서, 인스타그램은 지난 10년 동안 경쟁자들의 무서운 도전을 물리치며 오늘날의 자리까지 올랐다. 더욱 치열한 경쟁이 기다리는 2021년에는 어떻게 그 위치를 지켜낼 것인지 귀추가 주목된다.

더욱 거대한 포털로 거듭나는 페이스북, 대역전극의 시작?

한물갔다곤 해도, 글로벌 시장에서 페이스북의 위세는 여전히 대단하다. 페이스북의 일일 방문자 수는 3억 명, 월간 순 이용자 수MAU는 27억 명에 달한다. 20억의 유튜브, 왓츠앱보다도 높은 성적이다. 매출도 꾸준하게 상승 중이다. 페이스북의 2018년 매출액은 550억 달러였는데, 2019년에는 700억 달러, 2020년은 800억 달러 이상을 기록할 것으로 보인다.

페이스북의 딜레마

지금쯤 독자들의 머리 위에는 물음표가 하나 떠 있을 것 같다. "이상하다. 내 주변에는 페이스북을 쓰는 사람이 없는데……." 맞다. 실제 이 책을 읽고 있는 여러분이 10대에서 30대라면 주변에 페이스북을 '아직도' 쓰고 있는 사람을 찾는 게 쉽지 않을 것이다. 그 이유는 소셜미디

〈소셜미디어의 전 세계 월간 순 이용자 수〉

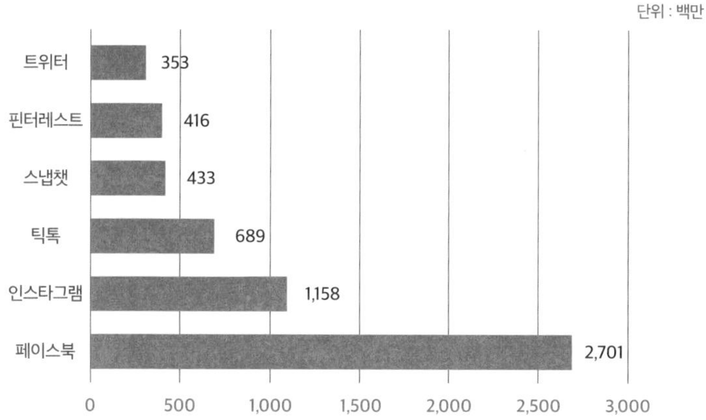

출처 : STATISTA

어 시장이 상대적으로 이른 시기에 구축된 국가에서는 이탈 현상이 지속적으로 발생하는 데 반해, 이제 막 시장이 형성되고 있는 개발도상국에서는 페이스북의 이용자가 꾸준히 증가하고 있기 때문이다. 실제, 소셜미디어의 본고장이라고 할 수 있는 미국 및 캐나다 페이스북의 글로벌 MAU 비중은 10%에 지나지 않으며, 한국에서도 페이스북은 인스타그램에 소셜미디어 대장 자리를 내어준 지 오래다. 반면 페이스북의 27억 월 사용자 중, 41.3%는 이제 막 관련 시장이 성장하고 있는 아시아·태평양 지역에서 나온다. 페이스북은 아·태 소셜미디어 시장에서 80%에 달하는 압도적인 점유율을 자랑하고 있는데, 이 지역 국가들의 경우 소셜미디어 등장 전까지 온라인 문화의 구심점이 되는 대형 커뮤니티가 존재하지 않았기에 페이스북이 '온라인 커뮤니티' 전체를 장악할 수 있었기 때문이다(페이스북뿐만 아니라 페이스북 메신저 역시 페이스북의 굳건한 지위를 만들어내는 데 큰 역할을 했다).

베트남의 경우, 페이스북 유저 수는 총 1억 인구의 47% 수준인 4,700만 명에 달하며, 페이스북 메시지(이하 페메)의 점유율은 70% 수준이라고 알려져 있을 정도로 국민 소셜미디어의 자리를 차지하고 있다. 신흥국에서의 성장 덕에 페이스북의 성과는 상당히 좋아 보이지만, 광고 매출의 대부분을 차지하는 주요 국가에서 젊은 층의 이탈이 발생하고 있는 것은 장기적으로 좋지 못한 신호다.

페이스북이 나이 든 소셜미디어가 되고 있다는 것은 이제 공공연히 알려진 사실이다. 65세 이상의 중장년층의 페이스북 이용률은 2018년부터 2020년까지 2배 수준으로 상승했는데, 밀레니얼 세대의 이용률은 지속적으로 감소하고 있다. 한국에서도 페이스북의 이용자는 40대가 1순위, 50대가 2순위인 것에 반해 인스타그램은 30대가 1위, 20대가 2위를 차지할 정도로 나이 격차가 벌어졌다. 이 책의 전작에서 "페이스북은 '아재들의 스크랩북'으로 전락했으며, 더 이상 매력 있는 소셜미디어가 아닐 수 있다"라고 언급했는데, 그것이 실제로 일어난 것이다.

사건사고도 계속되었다. 2020년 5월, 미국 경찰이 흑인 용의자 조지 플로이드George Floyd를 체포하는 과정에서 8분간 무릎으로 목을 눌러 사망한 '조지 플로이드 사건'이 발생한다. 사건 당시 영상이 퍼지며 과잉 진압, 인종차별 논란이 일었고, 'Black Lives Matter흑인의 생명도 중요하다' 운동이 촉발되었다. 인종차별 반대 시위가 미국 전역에서 일어나자 도널드 트럼프 미국 대통령은 자신의 트위터와 페이스북에 "약탈이 시작되면 발포가 시작된다"는 글을 올렸는데 여기서 문제가 발생한다. 트

사회적 이슈에 대한 페이스북의 미흡한 대처로 광고 보이콧 운동이 벌어지면서 페이스북 주가는 8% 이상 떨어졌고 젊은 이용자들의 급속한 이탈을 불렀다.

위터는 이 글이 폭력을 미화한다는 이유로 경고 딱지를 붙이고 제재한 반면 페이스북은 표현의 자유를 내세워 아무런 조치를 취하지 않은 것이다. 대중들의 분노는 들끓었고, 그 불꽃은 페이스북에 유료 광고를 게재하는 기업들로 번졌다. "이익을 위한 증오를 멈춰라Stop Hate for Profit" 라는 슬로건과 함께 대대적인 페이스북 광고 보이콧이 시작된다.

이 광고 보이콧에는 코카콜라, 아디다스, 버라이즌, 파타고니아, 스타벅스 등 200개 이상의 주요 브랜드들이 참여했으며, 문제가 불거진 당일 페이스북의 주가는 8% 이상 급락했다. 다행히도(?) 팬데믹으로 인한 소셜미디어 이용자 수와 중소업체들의 디지털 광고 수요가 늘어나면서 3분기 매출은 2분기와 유사한 성장률을 보이는 등 선방했지만, 계속되는 사건 사고 속에 젊은 유저들의 엑소더스는 페이스북에 깊은 고민을 안겨주고 있다.

페이스북의 빅픽처, 'FROM FACEBOOK'으로 연결되는 왓츠앱과 인스타그램

2019년, 페이스북은 로고를 리뉴얼했다. 파란색의 페이스북 로고는 다양한 색상으로 변형되었는데, 초록색은 왓츠앱을, 붉은색은 인스타그램을 상징한다. 로고 리뉴얼 후 새로운 점을 찾을 수 있었는데 각 소셜미디어에 'FROM FACEBOOK'이라는 글귀가 새겨졌다는 것이다.

왜 이런 변화가 일어난 것일까? 나이 들어가고 있는 페이스북과 달리 왓츠앱과 인스타그램은 여전히 젊고 성장하는 소셜미디어인데, 사실 많은 사람들은 두 서비스의 모기업이 페이스북인 것을 잘 모른다. 각각 2012년, 2014년 인수된 인스타그램과 왓츠앱은 모기업인 페이스북으로부터 독립 운영되었기 때문에 더욱 그랬다. 이번의 로고 리뉴얼은 페이스북과 느슨하게 연결된 인스타그램과 왓츠앱을 단단하게 결속하는 의미를 가진다. 페이스북의 CEO 마크 저커버그는 인스타그램의 다이렉트 메시지와 페이스북 메신저 간 메시지를 주고받을 수 있도록 실험을 해보고 있다는 것을 밝혔다. 간단하게 표현하면 젊은이(인스타그램)가 노인(페이스북)에게 플랫폼의 장벽 없이 소통할 수 있는 경로를 만들겠다는 것이다. 페이스북, 인스타그램과 왓츠앱은 같은 소셜미디어지만 각기 다른 특성에 기반한 다양한 이용자들을 보유하고 있다. 이들을 페이스북을 중심으로 연결함으로써 시너지를 만들어내고 더 공고한 소셜미디어 생태계를 구축하겠다는 것이다. 유튜브를 빼고, 페이스북 3형제는 사실상 전 세계의 소셜미디어 시장을 장악하고 있다(2위인 유튜브를 제외하면 1위 페이스북, 3위 왓츠앱, 4위 페이스북 메신저, 5위 인스타그램 모두 페이스북 패밀리다). 서로의 영역에서 각개전투를 해오던 이들이 연결되고 통합된다면 시장에 강력한 파급력을 갖게 될 것은 자명하다.

페이스북 3형제의 연결은 2020년 5월, 페이스북 샵스FACEBOOK

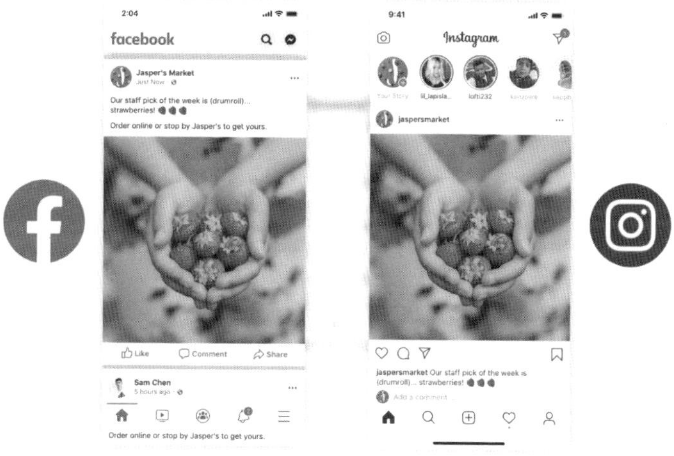

소상공인을 위한 쇼핑몰 앱인 '페이스북 비즈니스 스위트'는 페이스북과 인스타그램을 연동시킴으로써 두 플랫폼의 이용자를 합친 46억 명의 소비자들에게 다가갈 수 있도록 했다.

SHOPS(이하 샵스)를 출시하면서 탄력을 받는다. 마크 저커버그가 직접 참여한 프로젝트로 기대를 모았던 샵스는 무료 온라인 상점 개설 서비스로, 온라인 쇼핑몰을 창업하는 데 어려움을 겪는 중소 사업자들이 손쉽게 전자상거래 영역에 뛰어들 수 있도록 지원한다. 별다를 바 없어 보이는 이 기능의 가장 큰 장점은 인스타그램과도 쇼핑 기능이 연동되어 있다는 것이다. 2020년 9월에 판매자를 위한 앱인 페이스북 비즈니스 스위트FACEBOOK Business Suite가 출시되면서 두 플랫폼은 쇼핑이라는 고리로 더욱 공고하게 연결되었다.

대기업뿐만 아니라 소상공인들도 샵스를 통해 쇼핑몰을 만들고, 비즈니스 스위트로 두 플랫폼에 동시에 글을 게시하고 고객과 소통할 수 있으며, 광고를 집행하고 관련된 데이터들을 수집할 수 있다. 소규모 사업자들도 두 개의 거대한 비즈니스 플랫폼에서 효율적으로 광고를 집행하고 관리할 수 있게 되는 것이다. 소셜미디어를 넘어 하나의 거대한 포털이자 비즈니스 플랫폼이 되어가는 페이스북과 인스타그램이 연결된다면, 숫자만으로도 어마어마한 위력을 자랑할 것으로 보인다. 페이스북의 MAU는 26억, 인스타그램은 20억인데, 둘을 단순 합산하면 46억이므로 전 세계 인구의 절반을 넘는 수준이다. 누구든 페이스북 안에서 매력적인 콘텐츠를 생산할 수만 있다면 전 세계 절반가량의 인구를 대상으로 비즈니스 하는 것이 가능해진다는 얘기다.

마크 저커버그가 창업부터 지금까지 유지해온 페이스북의 미션은 바로 "세상을 연결하라Connect the world"이다. 샵스에서 만들어진 상점들은 페메와 왓츠앱을 포함한 페이스북 제품군 전체와 연결될 것이다. 하버드의 학생들을 연결했던 페이스북은 가족과 가족, 나라와 나라를 연결했고, 지금은 전 세계 사람들을 페이스북이라는 울타리 안에서 연결해내고 있다. 앞으로 페이스북은 소셜미디어 '페이스북'만을 지칭하는 말이 아니게 될지도 모르겠다.

#같이 #즐기는,
소셜 엔터 미디어의 탄생 '틱톡'

'틱톡Tiktok'은 이제까지 존재했던 소셜미디어 중 단연코 가장 독특하다. 틱톡은 유튜브와 인스타그램, 카메라 필터 서비스인 스노우와 음악 스트리밍 서비스인 스포티파이를 섞어놓은 듯하면서도 개성을 보유하고 있는 별종이다. 틱톡이 내세우는 가장 큰 가치는 다름 아닌 '재미', 즉 'FUN!'이다. 일상을 기록하는 것이 주 목적인 다른 소셜미디어와 가장 다른 점이다.

틱톡은 중국의 AI 기반 콘텐츠 스타트업인 바이트댄스Bytedance에서 2016년 출시한 서비스다. 당시만 해도 짧은 동영상 콘텐츠를 중심으로 하는 평범한 소셜미디어였던 틱톡은 2017년 미국의 음악 립싱크 플랫폼인 '뮤지컬리Musical.ly'를 인수하면서 큰 변화를 맞는다. 짧고 재미있는 동영상의 틱톡, 그리고 음악의 뮤지컬리가 결합되며 세상에 존재하지 않던 새로운 형태의 소셜미디어가 탄생하게 된 것이다. 바이트댄스의 창립자인 장위밍은 "중국의 인터넷 사용자는 전 세계의 5분의 1에 불과하다. 만약 우리가 세계적인 규모로 확장하지 않는다면 우리는 나머지 5분의 4에 서비스하는 다른 이들에게 질 수밖에 없다. 글로벌화는 필수다"라는 이야기를 했는데, 미국 서비스인 뮤지컬리를 성공적으로 합병하면서 글로벌 소셜미디어 시장에 도전장을 내밀 수 있게 된 것이다.

'틱톡커Tiktoker'라고 불리는 틱톡의 사용자들은 플랫폼에서 제공하는 카메라 필터와 효과, 사운드, 편집 툴을 이용해 스스로 콘텐츠를 제작한다. 사용자들이 직접 콘텐츠를 만들고 공유하는 틱톡은 다른 어떤 소셜미디어보다도 다이내믹하다. 틱톡에서 제공하는 스티커로 재미있는 콘텐츠를 만들기도 하고, 유행하는 '밈meme'을 따라 해보기도 한다. 틱톡에서 만들어진 콘텐츠는 하루에 10억 회 이상 재생되고 이를 통해 틱톡이 전 세계 이용자로부터 얻는 데이터 양만 하루 2페타바이트(1PB는 약 100만 기가바이트로, DVD 영화 17만 개 이상 분량이다) 정도라고 하니, 얼마나 많은 사람들이 이 콘텐츠 생산·공유 과정에 참여하고 있는지 놀라지 않을 수 없다.

10대들의 문법을 철저하게 따르다

틱톡은 철저하게 10대, 즉 MZ세대에게 맞춘 젊은 서비스로, 이용자의 41%가 16세부터 24세 사이로 구성되어 있다. 틱톡의 사용자들이 젊은 것은 우연이 아니라 최초 서비스 기획 시점부터 타깃을 1995년부터 2004년에 태어난 MZ세대로 잡았기 때문이다. 기존의 소셜미디어들이 사회적인 연결이 본격적으로 이루어지는 20대 이상을 타깃으로 삼아 그들의 문법을 10대에게도 적용시켰다면, 틱톡은 10대들의 문법을 가감 없이 서비스에 그대로 적용시켰다. MZ세대는 코미디 비디오를 만들고, 공유하고, 노래하고, 춤추고, 좋아하는 노래에 맞추어 립싱크하는 콘텐츠를 만들고 공유하는 그 과정 자체를 즐긴다. 간혹 틱톡을 보면 "저게 무슨 재미가 있어?"라고 말하는 사람들을 볼 수 있는데 필자는 이거야말로 "틱톡이 원하는 바를 정확히 이뤄냈다"는 증거라고 말한다. 잊지 마시라, 아주 오래전부터 10대들이 열광하는 놀이 문화를 그 위세대들은 통 이해하지 못했다. 인스타그램이 '인스타 감성'으로 대표되는 잘 정리된 이미지를 올려야 하는 일종의 압박감을 주는 소셜미디어였다면, 틱톡은 훨씬 가벼운 플랫폼이라는 점도 큰 역할을 했다. 130만 팔로워를 보유한 21살의 틱톡커 빅키 밴험Vicky Banham은 "틱톡에서 콘텐츠를 올릴 때는 완벽한 구도와 샷을 신경 쓸 필요가 없다. 재미있고 우스꽝스러운 연출로 만든 콘텐츠를 가볍게 공유하는 것이 10대들이 틱톡에 빠져들게 된 포인트다"라고 말한다. 즉, 가볍고 즉흥적인 '재미'를 추구하는 것이 틱톡이라는 소셜미디어의 핵심이라는 것이다.

틱톡은 사용자들이 만든 콘텐츠가 중심이기 때문에 동영상 콘텐츠를 쉽게 만들 수 있도록 하는 데 큰 공을 들였다. 실제로 틱톡에서 동영상 콘텐츠를 만드는 것은 상상 이상으로 쉽다. 틱톡에서 제공하는 스티커 또는 필터에 맞춰서 영상을 촬영하고 나서, 원하는 음악을 입힌 후 업로드 버튼을 누르기만 하면 된다. 실제로 영상을 만드는 데 걸리는 시간은 10분이 채 되지 않는다. 보통 10분짜리 유튜브 콘텐츠를 만드는 데 기획·촬영·편집을 포함해 최소 5~7시간, 최대 하루에서 일주일 이상의 시간이 걸리는 것에 비하면 획기적으로 짧은 시간이다.

'밈'과 '챌린지'에 최적화된 플랫폼

틱톡은 콘텐츠를 만들어 올리는 데 오랜 시간이 걸리지 않는 만큼 많은 사람들이 쉽게 참여할 수 있는 소셜 미디어다. 틱톡이 '놀이의 장' 역할을 하게 되는 것이다. 틱톡의 놀이 문화는 크게 '밈'과 챌린지로 나눌 수 있다. 밈은 리처드 도킨스의《이기적 유전자》라는 책에서 소개된 개념으로 사회에서 집단적으로 모방되는 일종의 유행을 지칭하는 용어인데, 이를 틱톡에 대입해 간단히 설명하자면 '인터넷상에서 유행하는 소재거리'로 볼 수 있겠다. 단, 밈은 등장 배경, 활용 용도 등 다양한 것들을 고려해야, 즉 해당 밈이 등장한 역사부터 그 용례까지 알고 있어야 같이 이해하고 즐기는 것이 가능하다는 점에서 단순 유행과 다르다. 최근 인기 있는 밈인 '펀쿨섹좌'가 좋은 예시가 될 것 같다. 고이즈미 전 일본 총리의 아들 고이즈미 신지로 환경장관이 한 국제회의에서 기후변화 문제에 대응하기 위해서는 "펀Fun하고 쿨Cool하고 섹시Sexy해야 한다"는 아리송한 표현을 한 것과 그가 이전에도 "지금처럼이라면 안 된

이른바 '펀쿨섹좌'의 '밈'이 탄생한 순간. 고이즈미 신지로 일본 환경장관의 아리송한 말은 온라인상에서 10대들의 놀이로 재탄생했다.

다고 생각하기 때문에, 일본은 지금처럼이라면 안 된다고 생각합니다"라는 정체를 알 수 없는 말을 한 것, 그리고 특별한 사람을 지칭하는 인터넷 용어인 '좌'가 연결되어 하나의 밈이 되었다.

'펀쿨섹좌'는 간단한 줄임말이지만 그 뜻을 온전하게 이해하기 위해서는 이 말이 나오게 된 복잡한 배경들을 모두 알고 있어야 한다. 그 과정이 복잡하지만 한 번 이해하고 나면 밈을 아는 사람들 간에 더욱 강한 유대감을 갖고 소통하는 게 가능함은 물론, 밈을 많이 안다는 것이 그만큼 트렌드를 잘 안다는 방증이 되기도 한다. 최근에는 밈이 만들어지고 순환하는 속도가 너무 빨라져, 이를 전문적으로 분석하는 '아이템의 인벤토리45만 구독자'와 같은 인기 유튜버까지 등장했을 정도다. 이 밈이 가장 잘 소화될 수 있는 소셜미디어가 바로 틱톡이다. 말과 글, 이미지로 길게 설명해야만 이해할 수 있는 것들을 틱톡은 15초의 짧은 동영상으로 소화해내기 때문이다. 밈은 서로 소통하는 과정에서 널리 퍼지게 되기 때문에 콘텐츠 제작·공유가 매우 빠르게 순환하는 틱톡은 그야말로 최적의 플랫폼이다. 10대들이 친구들 사이에서 그들만이 사용할 수 있는 은어나 유행어들로 유대감을 결속해왔다면, 이제는 틱톡에서 밈으로 소통하면서 그 유대감을 확인하는 시대가 도래한 것이다.

'관짝소년단'으로도 알려진 관짝춤Coffin Dance 밈도 재미있다. 관짝춤은 아프리카 가나의 장례식에서 천수를 다 누리고 세상을 떠난 고인을 즐겁게 보내주기 위해 관을 운구할 때 음악을 틀고 춤을 추는 등, 장례식 하면 떠오르는 음울한 분위기가 아닌 신나는 축제 같은 분위기가 연출되는 영상에서 시작되었다. 2020년 초에 인기를 끈 이 동영상은 2020년 상반기 틱톡을 시작으로 업로드되고 이후 수많은 플랫폼, 소셜

관짝소년단이라는 이름으로 흥행한 관짝춤 '밈'

미디어로 퍼져 나가 밈으로 정착되었다. 관짝춤을 기반으로 한 밈 영상들은 정장을 입고 관을 맨 뒤 음악에 맞춰 춤을 추는 가장 기본적인 형식에서, 위태위태한 상황에서 사고가 발생하면 관짝소년단이 기다렸다는 듯 음악에 맞춰 춤을 추는 형식으로 응용된다. 공무원계의 유재석이라고 불리는 충주시 홍보맨의 '충주시 유튜브'에서도 사회적 거리두기와 관짝춤을 연계시킨 영상을 만들어 450만 이상 조회 수를 돌파하는 등 높은 인기를 입증했다.

틱톡을 대표하는 또 하나의 놀이 문화는 '챌린지' 문화다. 밈이 사용자 간의 자발적인 참여를 통해 확산된다면, '챌린지'는 최초부터 확산을 목표로 만들어진다. 우리에게도 익숙한 가수 지코의 #아무노래챌린지, 팬데믹 극복을 위해 등장한 #stayathome 챌린지 등이 그 예시다. 가수 지코의 #아무노래챌린지는 간단하고 재미있는 틱톡 챌린지 영상이 얼마나 큰 영향력을 가지고 있는지 보여준 대표적인 사례다. 틱톡 조회 수 1억 뷰는 물론 틱톡과 유튜브, 인스타그램을 불문하고 연예인과 일반인들의 활발한 참여가 이어졌다. 가수 지코는 몰라도 #아무노래챌린지는 모르는 사람이 없을 정도였으니 대단한 파급력이었다.

티톡 조회 수 1억 뷰를 돌파한 '아무노래챌린지'. 쉽고 재미있고 짧아야 하는 틱톡의 공식을 모두 담았다.

미국에서는 #아무노래챌린지 이전부터 다양한 틱톡 챌린지 문화가 확산되고 있었다. 가장 대표적인 것인 #이햐챌린지Yeehawchallenge다. 래퍼, 릴 나스 엑스Lil Nas-X가 2018년 발매한 '올드 타운 로드Old Town Road'가 갑자기 2019년부터 틱톡에서 챌린지화되며 센세이셔널한 반응을 일으키면서 차트를 역주행하는 사건이 일어난 것이다. 이 챌린지의 배경음악으로 쓰인 '올드 타운 로드'는 틱톡에서만 85만 건 이상의 콘텐츠가 제작되는 기염을 토했다. 85만 조회 수가 아니라 85만 콘텐츠가 생산되었다는 것은 이전의 유행과는 완전히 궤를 달리한다. 제작된 영상을 소비하고 끝나는 것이 아니라, 콘텐츠를 스스로 생산함으로써 함께 즐기는 소셜미디어인 틱톡이 있기에 가능한 일이었다. #이햐챌린지에 참여하는 방법은 간단하다. 릴 나스 엑스의 '올드 타운 로드'를 배경음악으로, 리듬에 맞춰 춤을 추다가 후렴구가 변주되는 부분에서 점프와 함께 카우보이 복장으로 갈아입고 춤을 이어 나가면 된다. #이햐

챌린지를 계기로 릴 나스 엑스는 자그마치 빌보드 차트 19주 연속 1위를 차지하며 '최장기간 1위'라는 영예를 얻게 된다. 릴 나스 엑스 스스로도 한 인터뷰에서 "틱톡이 내 인생을 바꿨다"라는 말을 할 정도였다. 빌보드 차트 최장기간 1위를 차지한 인물이 압도적인 인지도를 갖고 있는 대형 가수가 아니라 틱톡이라는 소셜미디어에서 챌린지로 성공한, 얼마 전까지도 사운드클라우드를 통해 음원을 업로드하던 신인 가수라는 사실은 충격적이다. 콘텐츠가 만들어지고, 공유되고, 즐기는 그 일련의 과정과 문법이 틱톡을 시작으로 거대한 변화를 맞이하기 시작한 것이다.

'기승전' 없이 바로 '결', 틱톡 콘텐츠 성공의 공식

필자는 틱톡 콘텐츠의 공식과 팔로워들과의 소통 방식에 대한 생생한 이야기를 듣기 위해 국내 1세대 틱톡커인 '듀자매dew sisters'를 만났다. 세 살 터울의 자매 틱톡커인 듀자매는 2개의 계정(글로벌 소통 계정과 국내 계정)을 통해 합산 550만 명의 팔로워를 갖고 있는 스타 인플루언서이다. 이들은 틱톡에 대해 '짧음의 미학,' '8초안의 승부'라고 너무도 명쾌히 이야기했다. 틱톡에서는 15초에서 60초까지의 콘텐츠를 만들 수 있지만, 15초 언저리의 짧은 콘텐츠들이 대다수를 차지하고 있다는 것이다. 이는 틱톡 이용자들의 대부분인 MZ세대의 특성인데, 보통 콘텐츠를 재미있다고 판단하는 데, 즉 '내가 이걸 더 봐야 하나?'를 생각하는 데 고작 8초의 시간이 걸린다는 분석이었다. 크리에이터는 15초짜리 영상을 만들면서 8초 안에 콘텐츠가 재미있다는 것을 느끼게 해주어야 한다는 것이다. 일반적으로 콘텐츠는 으레 '기-승-전-결'의 구조를 갖고 있는데 틱톡에서는 '기-승-전'이 아주 빠른 시간 내에 종료되고(또는 아예 없고) 8초 내에 '결'로 진입해야 한다는 것이다. 듀자매는 "어떻게 바로 '결'로 갈 수 있죠?"라는 필자의 질문에 "인사 같은 거 안 해요. 아주 짧게 치던지"라며 MZ세대와의 소통 방식에 대해 털어놓았다. 예를 들어, 유튜브 영상의 시작점인 "유하(유튜브 안녕)!, 크리에이터 ○○○예요. 오늘 할 콘텐츠는~"의 과정을 과감하게 생략한다는 것이다. 앞뒤 볼 것 없이 바로 본론으로 진입해버리는 특유의 속도감은 틱톡이 다른 소셜미디어 콘텐츠와 구별되는 가장 큰 특징이다.

틱톡커들에 따르면 짧은 시간 내에 재미를 느낄 수 있어야 하는 틱톡 콘텐츠의 세계에는 '성공의 공식'이 존재한다고 한다. 첫 번째는 쉬워야 하고, 둘째는 재밌어야 한다는 것이다. 쉽고 재밌어야 한다는 것은 아주 당연하고 간단한 것 같지만, 사실은 그렇게 쉽지 않다. 틱톡

출처 : 듀자매 틱톡 @dewsisters

틱톡커인 듀자매. "우리는 인사를 생략해요. 그래야 8초 안에 승부를 볼 수 있거든요."

시장이 확대되면서, 이 플랫폼을 마케팅 채널로 활용하기 시작한 가수나 인플루언서들이 틱톡의 가장 기본 원칙을 지키지 않는 사례들이 나오고 있는 것이다. 대표적인 실패 사례가 가수 박진영의 #피버Fever 챌린지다. 실패 이유는 간단하다. 동선이 길고, 기본적인 실력이 없으면 따라 할 수 없을 정도로 안무가 어려웠기 때문이다. 하체의 사용이 없는 느린 안무, 동선이 짧고 반복적이기 때문에 누구나 참여할 수 있을 정도로 쉽고 간단해서 성공한 지코의 #아무노래챌린지의 교훈을 벌써 잊은 것인가? 틱톡 콘텐츠들은 만들어서 올리고 높은 조회 수를 기록한다고 되는 것이 아니라, 챌린지나 밈에 맞추어 다른 사용자들이 능동적으로 콘텐츠를 제작하고 그것이 널리 공유되어야만 성공한다는 것을 명심해야 한다.

틱톡의 밝고도 어두운 미래

틱톡이 유튜브처럼 다양한 크리에이터들이 가지각색의 콘텐츠를 생산해내는 플랫폼이 되지 못한 데에는 '수익성' 문제가 있다. 파워 인스타그래머이자 유튜브 크리에이터인 B(32세, 남)는 "틱톡이 영향력 있는 것은 알고 있지만, 콘텐츠 제작을 전문으로 하는 크리에이터로서 어떻게 수익을 창출할 수 있는지 그림이 명확하지 않아요"라고 말한다. 소셜미디어들이 단순히 일상을 나누는 것을 넘어 수익이 창출되는 커머스, 비즈니스 플랫폼으로 발전함에 따라 콘텐츠의 수익성은 중요한 요소가 되었다. 유튜브가 끊임없이 높은 퀄리티의 콘텐츠들을 쏟아낼 수 있는 데에는 광고 수익을 크리에이터와 나누면서 만들어낸 강력한 선순환 모델의 역할이 크다. 이런 환경을 15초 내외의 짧은 콘텐츠 중심인 틱톡이 만들어낼 수 있을 것인가에 대해서는 고개가 갸우뚱해지는 것이 사실이다.

틱톡의 수익성 모델은 중국에서 그 힌트를 찾을 수 있다. 사실 틱톡의 미래를 제대로 보기 위해서는 '더우인抖音'이라고 부르는 중국의 틱톡(중국에서는 틱톡을 시계추가 흔들려서 나는 소리를 표현하는 '더우인'으로 부른다) 그리고 북미 시장의 흐름을 보는 것이 중요한데, 한국에서 서비스되는 틱톡에는 아직 주요 기능들이 추가되지 않았기 때문이다. 중국은 2018년부터 틱톡에 커머스 기능을 도입했으며, 2019년에는 하루에 발생한 거래 건수가 120만 건을 초과할 정도로 성장했다. 한국에서는 팔로워 1천 명 이상의 일부 인플루언서에게만 제한적으로 허가된 라이브 방송 역시 팔로워 수와 무관하게 활성화되어 있다. 라이브 방송과 더불어 '선물포인트'라고 하는 후원 기능까지 추가되어 있어, 타 플랫폼에서 활동하고 있는 크리에이터들을 유입시킬 수 있는 좋은 수단으로 작용하고 있다.

라이브 방송을 기반으로 한 라이브 커머스 역시 활성화되어 있다. 2020년 10월에는 캐나다 전자상거래 솔루션 업체인 '쇼피파이shopify'와 손잡고 온라인 쇼핑 시장을 확장할 것이라는 발표가 있었다. 이를 통해 기업과 중소상인들은 틱톡 계정을 이용해 다양한 제품을 홍보하고 판매할 수 있게 된다. 틱톡은 발표 직후 캐나다, 유럽 등에서 3년간 3천 명 이상의 개발자를 채용할 것임을 밝혔는데, 중국을 넘어 전 세계에서 비즈니스 플랫폼으로 발돋움하고자 하는 틱톡의 의지가 돋보이는 부분이다. 틱톡의 약점이라고 불리우는 수익 모델이 완전히 자리 잡고, 크리에이터들이 본격적으로 틱톡에서 콘텐츠 생산을 시작한다면, 소셜미디어 시장의 판도가 완전히 바뀌게 될지도 모를 일이다.

이제까지 틱톡의 밝은 미래를 살펴봤으니, 어두운 면도 함께 살펴보자. 사실 틱톡은 글로벌 시장에서 힘든 시간을 보내고 있다. 소셜미디어 자체적인 문제보다는 외부 환경을 둘러싼 문제다. 미중 무역 갈등의 연장선 상에서 "국가 안보에 위협이 된다"라는 이유로 트럼프 미국 대통령은 2020년 8월 틱톡의 미국 내 거래금지 행정명령에 서명했고, 이에 따라 앱스토어를 운영하는 구글과 애플에 틱톡 다운로드를 금지할 것을 요구했다. 바이트댄스는 이 위기를 극복하기 위해 미국 기업들과 '틱톡 글로벌'이라는 새로운 회사를 공동 설립하여 서비스를 운영하는 방식을 검토해왔다. 2020년 9월, 언론 보도에 따르면 미국 IT 업체인 오라클, 그리고 월마트가 공동으로 틱톡 인수 협상에 참여하면서 20% 수준의 지분을 확보할 것으로 보인다. 오라클은 틱톡이 보유한 1억 명 이상의 사용자 데이터를, 월마트는 라이브 커머스 플랫폼으로써 틱톡의 가치를 높게 평가한 것으로 알려졌다. 기존 미국 투자자들의 틱톡 지분이 이미 40% 수준에 달한다는 점을 감안하면, 미국 지분이 50%를 넘게 되는 셈이다. 트럼프 대통령은 이에 대해 "새 회사는 오라클과 월마트가 감독하게 될 것이며, 중국과는 무관한 회사가 될 것"이라고 말했다.

북미에서 인수 협상을 통해 문제가 일부 해결되는 것처럼 보이는 가운데, 1억 2천만 명 이상의 틱톡 이용자를 보유한 인도에서도 또 다른 문제가 발생하고 있다. 인도 전자정보기술부는 틱톡이 개인정보를 무분별하게 유출하고, 국가 안보에 위협이 된다는 이유로 틱톡을 포함한 50여 개의 중국 앱 사용을 금지시켰다. 이번 조처는 2020년 6월 두

〈틱톡 글로벌 MAU〉

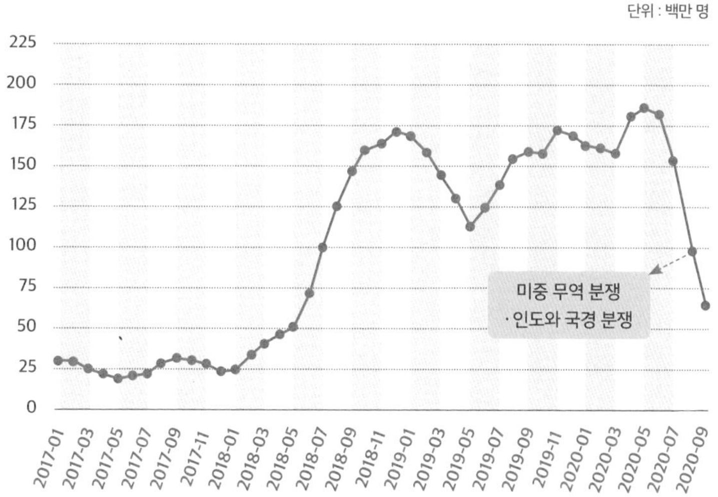

출처 : https://www.statista.com/statistics/1090669/tiktok-mau-worldwide-android

나라가 히말라야산맥 부근의 라다크 분쟁 지역에서 충돌하며 인도군 20여 명이 사망하는 등 유혈 사태가 벌어진 이후 나왔기에, 국경 분쟁에 따른 갈등 악화가 실질적인 이유라는 게 지배적 관측이다. 실제로 우상향 그래프를 그리던 틱톡의 전 세계 MAU는 미국, 인도 분쟁이 불거지며 2020년 7월 말부터 급감하는 모습을 보이고 있다.

일련의 사건으로 틱톡은 적지 않은 타격을 받을 것으로 보인다. 인구 13억 5천만 명의 대국 인도는 디지털 업계에서 놓칠 수 없는 '노다지' 시장이기 때문이다. 지금도 인도에서는 중국 물품, 서비스 불매운동의 강도가 날이 갈수록 강해지고 있어, 이 시장에서 틱톡이 다시 사업을 시작할 수 있을지 우려를 낳고 있다.

틱톡이 흔들리는 모습을 보이자, '릴스' 기능을 런칭한 인스타그램은 수십만 달러에 이르는 거액의 인센티브를 통해 대형 틱톡커를 영입하려는 움직임을 보이고 있다. 미국에서의 틱톡 분쟁이 극한에 이르렀던 7~8월에는 7,600만 팔로워를 보유한 거대 틱톡커, 찰리 드아멜리오Charli D'Amelio가 인스타그램에 콘텐츠를 더 많이 올리고, 다른 크리에이터들도 인스타그램과 유튜브에서 활동 영역을 늘리는 등, '플랫폼 줄타기'를 하는 듯한 모습을 보여주기도 했다. 틱톡이 이슈에 휩싸이자 '떡상'한 소셜미디어도 등장했는데 바로 미국의 '트릴러Triller'다. 짧은 영상과 음악이 곁들여진 이 서비스는 틱톡이 어려운 시기를 겪는 틈을 타 대형 틱톡커들을 영입하는 데 성공했으며, 인도에서는 사진·영상 앱 1위에 오르는 기염을 토했다. 미국에서 인수 협상이 시작되며 틱톡도 회복세에 접어들 것으로 예상되지만, 기존의 대형 소셜미디어들 역시 틱톡과 유사한 콘텐츠 기능을 추가하며 경쟁은 어떤 방식으로든 격화될 것으로 보인다. 틱톡이 글로벌 소셜미디어로 더 비상할지, 이 문제들을 극복하지 못하고 기존의 강자들에 의해 침몰하게 될지 알 수는 없지만 한 가지는 확실한 것 같다. 소셜미디어에서 콘텐츠가 만들어지고 공유되는 방식과 문법을 완전하게 변화시킨, 역사적인 변환점을 만든 것이 틱톡이라는 사실 말이다.

취향을 저격하다 :
신흥 소셜미디어 시장

다시 돌아온 '언제적' 핀터레스트

2020년 코로나19 팬데믹 시대에 '핀터레스트Pinterest'를 비롯한 취향 중심의 소셜미디어가 다시 주목받고 있다. 핀터레스트란 이름은 벽에 꽂는 핀Pin과 흥미Interest의 합성어다. 흥미로운 이미지를 발견하면 자신의 방에 꽂아놓는, 일상생활에서 사진을 코르크 보드에 핀으로 꽂아 정리하는 것을 모티브로 삼았다. 핀터레스트는 기존의 소셜미디어와는 달리 소통보다 취향에 맞는 이미지 공유에 초점이 맞춰져 있는데, 방대한 양의 이미지가 주제별로 분류되어 있어 사용자는 원하는 콘텐츠를 탐색하고 발견할 수 있다. 기존의 소셜미디어가 시시콜콜함을 공유하는 교환 일기장과 같은 느낌이었다면, 핀터레스트는 잘 정리된 미술관을 보는 것과 비슷하다. 핀터레스트에서 여행이나 패션, 음식 등 관심 카테고리를 설정해두면 수억 장의 이미지 중 사용자의 취향에 맞는 관련 이미지와 동영상이 나열된다. 핀터레스트를 통해 전 세계에서 특정 취향에 맞는 콘텐츠를 탐색하고 발견할 수 있는, 말 그대로 '취향의 바다'를 누빌 수 있게 된다. '인테리어'를 검색한다면 한국의 인테리어 전문가가 핀해놓은 콘텐츠부터 인테리어 업체의 포트폴리오, 일본 건축가의 이미지들, 미국에서 유행하는 인테리어 컨셉 등 해당 키워드와 관련된 콘텐츠들이 전방위적으로 노출된다. 취향 중심으로 구성된 서비스이기에, 개인의 시시콜콜함과 인플루언서가 설 자리는 희미해진다. 실제 핀터레스트도 특정 계정을 팔로우하는 것이 가능하지만, 그의 취향을 팔로우한다는 느낌이 더 강하다. 인플루언서 개인의 스토리가 중심이 되는 인스타그램과는 차별화되는 부분이다.

핀터레스트의 CEO인 벤 실버만Ben Silbermann은 자사 서비스를 두고 "전 세계의 아이디어를 모아놓은 카탈로그다. 우리의 목표는 사람들이 자신이 사랑하는 콘텐츠들을 발견하고 행동에 옮길 수 있도록 영감을 불어넣는 것이다"라고 말했다. 실제 핀터레스트의 이용자는 디자이너, 건축가, 요리사 등 무언가를 창작하는 일을 하는 직군에 집중되어 있는데 이들 중 85%가 새로운 프로젝트를 시작할 때 핀터레스트를 먼저 찾는다고 답할 정도였으니, 특정 카테고리에서 전 세계의 이미지 콘텐츠를 아우르는 이 플랫폼의 힘을 보여주는 예라고 할 수 있겠다. 또, 인스타그램이나 페이스북의 대다수 이용자가 사진 또는 동영상을 보기 위해, 소식을 공유하기 위해 서비스를 사용한다는 것과 비교하면 흥미로운 대답이다.

"언제적 핀터레스트야"라는 생각을 하는 독자들이 있을지도 모르겠다. 실제로 핀터레스트는 10년 이상의 구력을 자랑하는 장수 소셜미

인스타그램보다 조금 더 취향중심적인 콘텐츠를 보유한 핀터레스트는 "전 세계의 아이디어를 모아놓은 온라인 카탈로그"로 정의된다.

디어다(2010년 서비스를 개시한 핀터레스트는 인스타그램과 같은 해에 시장에 데뷔했다). 물론, '폭풍 성장' 하던 페이스북과 인스타그램, 스냅챗에 밀려 디자이너 등 관련 업계 종사자들만 사용하는 반쪽짜리 소셜미디어로 평가절하당해왔다. 핀터레스트는 2019년 미국 테크 기업들의 기업공개IPO 릴레이 속 뉴욕 증시에 상장하며 나쁘지 않은 성적을 거뒀지만, 이후 지지부진한 모습을 보이며 사람들의 기억에서 잊혀져가고 있었다.

반전의 발판을 마련한 것은 코로나19 팬데믹이었다. 집에 있는 시간이 늘어나자 요리 레시피, 집 꾸미기 등, 실내에서 할 수 있는 일들에

〈핀터레스트의 상장 후 주가 추이〉

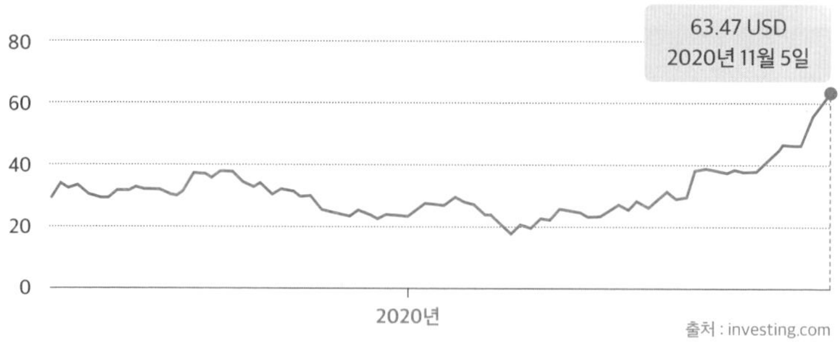

대한 수요가 폭발적으로 증가했는데, 관련된 콘텐츠를 압도적으로 많이 보유한 핀터레스트가 기회를 맞게 된 것이다(미국 주부의 80% 이상이 핀터레스트를 사용한다고 알려진 만큼, 레시피, 인테리어는 핀터레스트의 전문 분야라고 할 수 있다). CEO 벤 실버만은 "사람들은 코로나19가 유행하는 동안 홈 오피스 구축, 요리법, 어린이들을 위한 활동 등 여러 주제에 대한 아이디어를 찾았고, 전자상거래가 증가하면서 많은 소매업체가 온라인 카탈로그를 핀터레스트에 공유하는 등 활발한 활동이 일어났다"라고 말한다. 핀터레스트는 사용자의 취향이 명확하게 정리되어 있어, 광고주 입장에서는 효율적인 타깃 공략이 가능했기 때문에 전자 상거래로 눈을 돌리는 중소 소매업체에게 가장 적절한 플랫폼이었다. 2020년 5월에는 전자상거래 서비스인 쇼피파이Shopify와의 협업을 시작하며, 비즈니스 플랫폼으로 한 걸음을 더 내딛는 데 성공했다. 이에 더해 앞서 언급한 'Black Lives Matter' 운동이 전개되며 페이스북의 주가가 급락한 그날, 핀터레스트의 주가는 시간 외 거래에서 25% 이상 상승했고, 꾸준히 성장하던 광고 수익은 전년 대비 60% 이상 늘었다. 2020년

3월 바닥을 찍었던 핀터레스트는 2020년 11월 경이로운 성장 속도를 보이며 소셜미디어 시장에 다시 등장하는 데 성공했다.

더 좁게, 더 정교하게, 소셜미디어 신흥 강자들

기존 거대 소셜미디어들 틈에서 성과를 내고 있는 핀터레스트지만, 변덕스러운 소셜미디어 시장은 절대 호락호락하지 않다. 핀터레스트의 빈틈을 파고드는 신흥 소셜미디어들 역시 속속 등장하고 있기 때문이다. 신흥 소셜미디어들은 핀터레스트보다 카테고리를 더욱 세분화한, 말 그대로 '취향 저격' 소셜미디어들이다. 핀터레스트가 라이프스타일, 레시피, 패션 등의 콘텐츠를 모두 넓게 다뤘다면, '레시피' 하나, '라이프스타일' 하나에만 집중하는 식이다. 레시피&푸드 커뮤니티로 등장한 'FOOD52'가 좋은 예시다. 2013년 등장한 'FOOD52'는 요리, 레시피, 주방에 관련된 소셜미디어이자 커뮤니티 플랫폼이었다. 'FOOD52'를 이용하는 사용자는 평범한 주부, 직장인부터 푸드 칼럼니스트, 요리사에 이르기까지 다양하다. 이들은 자신의 레시피를 공유하기도 하고, 커뮤니티 기능을 활용해서 주방에 관련된 질문을 하기도 하며, 이따금 열리는 레시피 경진대회에 참가하기도 한다.

이후, 레시피와 쇼핑 기능이 연결되면서 커머스 플랫폼으로 발전하더니, 지금은 온라인 쇼핑몰과 소셜미디어가 결합된 종합 푸드 커뮤니티가 되었다. CEO인 아만다 헤서Amanda Hesser와 메릴 스텁스Merrill Stubbs는 'FOOD52'를 콘텐츠 커머스 플랫폼이라고 부르는데, '레시피', 그리고 '요리'라는 하나의 카테고리에 집중해서 커뮤니티와 콘텐츠를 열심히 생산하다 보니, 자연스레 비즈니스와 연결되었으니 그 기반이 콘

카테고리를 더욱 세분화한 '취향저격' 소셜미디어의 대표 주자인 FOOD52. 요리, 레시피, 주방에 대한 모든 것을 담았다.

텐츠에 있다는 것이다. 그들은 비즈니스가 '홈' 영역으로 확대되고 있는 지금도 사용자들과 어떻게 소통하고, 어떤 양질의 콘텐츠들을 만드는지가 가장 중요하다고 이야기한다. 'FOOD52'는 2019년 8,300만 달러를 투자받으며 그 가치를 인정받았고, 현재는 모바일 중심의 동영상 콘텐츠와 오프라인 매장으로의 확장을 꿈꾸고 있다. 핀터레스트가 넓은 카테고리를 모두 커버하면서 고군분투하는 동안, 단 한 개의 '취향'과 콘텐츠에 집중한 소셜미디어들이 두각을 나타내고 있는 것이다.

한국의 '취향저격' 소셜미디어의 대표 주자는 '오늘의집'이다. 오늘의집은 홍콩의 이케아 매장에서 "비싼 가구가 아니더라도 얼마든지 집을 예쁘게 만들 수 있다"는 사실에 충격을 받은 이승재 대표가 모두가 꿈꾸던 집에 살도록 돕는 것을 목표로 2014년 시작한 서비스다. 초창기 오늘의집은 인테리어 관련 커뮤니티 서비스로, 사용자들은 자신의 인테리어를 공유하기도 하고, 다른 사람들이 올려놓은 사진을 보고 아이디어를 얻기도 했다. 콘텐츠가 공유되고 사용자 간 소통이 활발해지며 "A님, 인테리어 활용하신 소파는 어디 제품이에요?"와 같은 질문이 점점 더 많은 영역을 차지하면서, 커머스 기능이 성공적으로 도입될 수 있는 기반을 마련하게 되었다. 커머스 기능 이후 인테리어 업체 매칭 기능을 추가하며 오늘의집은 명실상부 라이프스타일 비즈니스 플랫폼으로 거듭났다. 오늘의집 역시 핀터레스트와 유사하게 팬데믹 사태 이후 급격한 성장세를 보이는데, 2019년 4월 500만이었던 다운로드 수가 2020년 4월 1천만을 돌파하며 2배 성장을 이뤄냈다. 통계청이 발표한 바에 따르면 대한민국의 일반 가구수는 약 2천만이라고 하니, 2가구 중 1가구는 오늘의집을 다운로드해봤거나 사용하고 있다는 것을 의미한다. 밀레니얼 세대를 중심으로 라이프스타일, 인테리어에 대한 관심이 늘어나고, 오늘의 집은 비즈니스 플랫폼으로 발전을 거듭하면서 폭발적인 시너지를 내고 있다.

소셜미디어 콘텐츠와 상품 검색, 구매까지 자연스럽게 이어지는 '오늘의집'

이승재 CEO 역시 오늘의집의 핵심은 콘텐츠임을 강조한다. 그는 한 인터뷰에서 "거래액 자체는 커머스에서 발생하지만, 여러 부분들이 맞물려 시너지를 내는 것이라고 생각한다. 오늘의집 서비스를 출시하고 바로 커머스를 시작하지는 않았다. 콘텐츠부터 먼저 잘 쌓아놓아야 한다고 판단했기 때문이다. 그래서 2년간은 수익을 내는 일보다는 상품 데이터를 확보하고 유효한 콘텐츠를 만드는 일에 집중해왔다. 결국 커머스를 오픈하고 콘텐츠를 통한 구매전환과 사용자 확보를 통해 매출 성장을 이룰 수 있었다고 생각한다"라고 이야기했다. 한 가지 분야에 집중해 끊임없이 콘텐츠를 생산해낸 결과, 오늘의집은 인테리어 영역에서 인스타그램이나 핀터레스트가 그렇게나 하고 싶어하는 콘텐츠와 비즈니스의 연결을 그 누구보다 부드럽게 해내는 데 성공했다.

〈소셜미디어 플랫폼의 가지치기〉

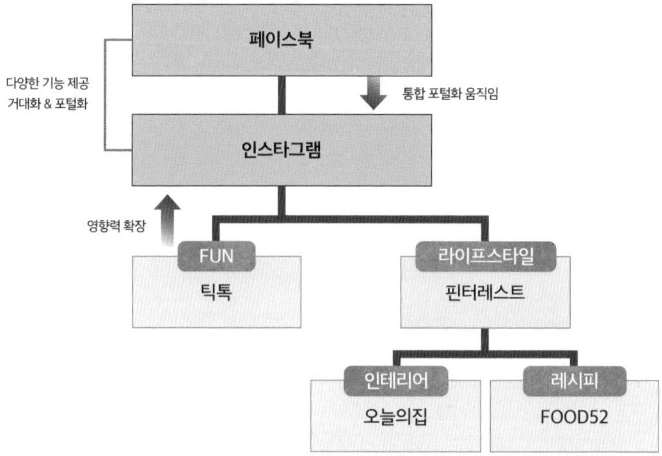

인스타그램부터 틱톡, 그리고 핀터레스트까지, 갈수록 다양한 기능을 포함하면서 하나의 거대한 포털로 진화하고 있는 플랫폼부터 한 가지 포인트에 집중해서 자신만의 영역을 만들어가는 플랫폼들이 등장하면서 2020년 소셜미디어 시장도 변덕스럽고 다이내믹한 한 해를 보냈다.

2021년 소셜미디어 시장은 '멀티' 경향을 더욱 강하게 띨 것으로 보인다. 한 가지의 소셜미디어만 사용하기보다는 각자의 용도에 맞는 서비스들을 여러 개 중복해서 사용하게 된다는 것이다. 물론, 여러 소셜미디어를 한 번에 사용하는 만큼, 한 플랫폼에 체류하는 시간은 분산될 가능성이 높다. 갈수록 거대화되는 인스타그램은 각종 기능을 다 흡수하고 비즈니스 플랫폼으로의 진화도 성공적으로 이뤄내고 있지만, 더 파편화되고 세분화된 서비스로의 고객 분산을 막을 수는 없을 것으로 보인다. 인스타그램의 릴스 기능이 성공한다고 하더라도 재미있는 짧은 영상, 챌린지 문화는 여전히 틱톡을 중심으로 전개될 확률이 높고 라이프스타일 관련된 자료들을 효율적으로 찾고자 하는 사람은 핀터레스트를 사용할 것이다. 이 중에서도 인테리어나 레시피 등 더 구체적인 영역에 관심이 있다면 오늘의집이나 FOOD52와 같은 더 파편화된 서비스를 사용하게 될 것이다. 이제는 "너 인스타 해?"라는 질문으로 개인이 어떤 소셜미디어를 사용하는지 단번에 판별하기가 점점 어려워지게 될 것이다. 이에 더해 소셜미디어들이 콘텐츠의 영역을 넘어 커머스, 비즈니스까지 그 영역을 확장하고 있기 때문에, 사람들은 더 다양한 소셜미디어와의 접점을 이루게 된다. 틱톡을 즐겨 하는 한 10대 이용자가 대학에 입학하고 독립하면서 인테리어 소품을 구매하기 위해 핀터레스트나 오늘의집과 같은 소셜미디어를 새롭게 접하고, 다양한 소셜미디어들을 '멀티'로 병행해서 쓰게 된다는 뜻이다. 물론, 앞에서 언급했듯 이 과정 속에도 인스타그램의 아성은 쉽게 무너지지 않을 것이다. 다양한 종류의 소셜미디어들이 '떡상' 하고 있지만, 여전히 가장 많은 수의 사용자와 기능을 보유하고, 가장 넓은 범위의 카테고리를 다루면서, 이를 효율적으로 비즈니스와 연결시키는 플랫폼은 인스타그램과 페이스북이 아직까지는 유일하기 때문이다.

최근 들어 더욱 이슈가 되고 있는 소셜미디어의 부작용에 대한 부분도 살펴볼 필요가 있다. 넷플릭스 오리지널 다큐 〈소셜 딜레마〉는 소셜미디어가 가져다주는 부정적인 영향을 집중적으로 조명해 세간의 관심을 받았다. 소셜미디어의 AI를 통한 개인화, 추천 콘텐츠 노출 방식이 사용자가 좋아하는 정보만 지속적으로 노출시켜 편협한 생각과 사고방식을 가지게 만든다는 내용이다. 실제 한 유명 농구 스타가 언론에 나와 지구가 평평하다는 말을 해 큰 곤욕을 치렀는데, 그가 말하길 소셜미디어에서 지구가 평평하다는 콘텐츠만을 계속해서 보여줘서, 그게 사실인 줄 알았다는 것이다. 개인화 추천, 알고리즘이라는 이름으로 불리우는 기술이 사용자의 사고를 편협하게 만들어버린 것이다.

이 편협함이 국가적인 규모로 커진다면 어떻게 될까? 미얀마는 인터넷 접속 가능한 사용자의 90% 이상이 페이스북을 사용할 정도로 소셜미디어가 보편화되어 있다. 미얀마에서 페이스북은 하나의 소셜미디어가 아니라 '인터넷 그 자체'의 역할을 하고 있는 것이다. 인터넷 등지에서 미얀마 내 소수민족인 '로힝야족'에 대한 혐오를 담은 폭력적인 가짜뉴스들이 생산되기 시작했고, 페이스북은 이를 국가적으로 유통하는 경로로써 활용되었다. 무분별하게 퍼진 콘텐츠들은 로힝야족에 대한 증오로 이어졌다. 결국 이는 살인, 성폭력 등이 포함된 폭력 사태로 이어지는 결과를 낳았다. 미얀마 인권 특별 보고관은 이를 두고 "인정하기 두렵지만, 페이스북이 괴물이 되어버린 게 아닌가 생각합니다. 애초 설립 의도와는 다르게요"라고 말했다. 실제 페이스북에는 1,000건이 넘는 로힝야족에 대한 폭력적 게시물들과 사진이 올라가 있고, 계속해서 피해자들이 발생하고 있는 상황이다. 소셜미디어라는 이름으로 콘텐츠들에 대한 적절한 규제가 이루어지지 않고, 이를 맹목적으로 추종하는 사용자들이 낳은 비극적인 사건이다.

앞으로도 하루 24시간 중 소셜미디어가 차지하는 비중은 점점 더 늘어날 확률이 높다. 인스타그램, 페이스북뿐만 아니라, 다양한 소셜미디어를 사용하는 멀티 시대는 더더욱 그렇다. 이 지점에서, 소셜미디어와 그 콘텐츠들이 완전히 새로운 국면을 맞을 가능성 역시 배제할 수 없다. 무책임한 기술 그리고 위험한 콘텐츠들로부터 개인과 사회를 보호할 수 있는 방식으로 변화가 일어날 것이라는 가정도 충분히 해볼 수 있다는 것이다. 이처럼 다양한 변수가 존재하는 소셜미디어 시장이 2021년 어떤 변화를 맞이할지 궁금해진다.

CHAPTER 5

게임 판을 뒤엎은 뉴비와 돌겜 돌아온 게이머!

- 콘텐츠가 곧 플랫폼, 위기 속 구원투수가 된 게임
- 동물의숲의 성공 법칙, 4P
- 캐주얼 게임 열풍, 뉴비들의 반란!
- 뉴트로 바람 타고 돌아온 게이머들
- 멍석은 깔렸다. 라이징 스타, 콘솔게임!

콘텐츠가 곧 플랫폼, 위기 속 구원투수가 된 게임

코로나19로 2020년 3월 이후 세계 모든 패션쇼가 줄줄이 취소되는 와중에 이탈리아 명품 브랜드 발렌티노는 패션쇼를 강행했다. 전 세계가 '사회적 거리 두기'를 강조하는 시기에 웬 패션쇼? 고개를 갸우뚱할 만한 소식이지만, 패션쇼의 장소는 바로 '모여봐요 동물의숲(이하 동물의숲)' 게임 속이었다. 발렌티노뿐만이 아니다. 패션 브랜드 마크제이콥스, 안나수이 역시 동물의숲을 통해 2020 S/S 컬렉션을 선보였다. 누가 더 콧대가 높은지 내세우기라도 하듯 전통적인 방식을 고수하던 영역이 이제까지의 패션·문화·예술 산업이었다. 그랬던 이들이 이제 위기를 극복하기 위해 온라인 서비스, 그것도 코로나19의 최대 수혜주인 게임 콘텐츠에 앞다퉈 제휴의 손길을 청하고 있다. 불과 1년 전만 해도 게임을 질병으로 분류했던 세계보건기구WHO조차도 코로나 사태 이후 게임을 사회적 거리 두기를 위한 여가 문화로 적극 권장하고 있으며, 청와

대는 2020년 어린이날 행사를 게임 '마인크래프트'를 활용한 랜선 초청 행사로 대체했다. 예전에 볼 수 없던 진풍경이 벌어지고 있는 것이다.

동물의숲 '패션쇼'

어렸을 때 인형 옷 입히기 놀이를 했던 기억을 떠올려보라. 인형 옷 입히기 놀이가 이제는 실제 인형이 아닌 게임 세계의 캐릭터 옷 입히기로 발전했다. 내 캐릭터에 명품 브랜드의 S/S 컬렉션을 입히기 위해서는 동물의숲에 있는 옷 가게에 찾아가면 된다. 이 가게에는 내가 디자인한 옷을 업로드하고, 다른 사람이 디자인한 옷을 다운로드 할 수 있는 '마이 디자인'이라는 단말기가 있어, 여기에서 원하는 의상 코드를 검색한 후 의상을 다운로드 받으면 내 캐릭터에 옷을 입힐 수 있다. 사람들 사이에서는 이 기능이 동물의숲의 또 다른 재미 요소로 자리 잡아, 동물의 숲 팬들이 만든 의상코드 웹사이트 '눅스아일랜드'에는 팬들이 직접 디자인하거나 카피한 의상 2만여 벌이 공유되고 있다. 발렌티노는 이러한 현상을 눈 여겨보고 동물의숲 패션 아카이브 인스타그램 계정을 보유한 필리핀 마닐라 출신의 비주얼 아티스트 '카라 청'Kara Chung에게 협업을 제안했다. 카라 청은 일찍이 스트리트 브랜드인 슈프림, 스투시에서부터 샤넬, 루이비통 같은 명품 브랜드 의상까지 동물의숲 아이템으로 제작해 일찌감치 인기를 얻고 있는 아티스트다. 발렌티노와 카라 청의 컬래버레이션 덕에 발렌티노 2020 S/S 컬렉션이 동물의숲에서 공개될 수 있었다. 이렇게 제작된 의상 코드를 얻기 위해서는 발렌티노의 공식 SNS채널을 통하도록 함으로써 소비자 연결의 폭을 지혜롭게 넓혔다.

명품 브랜드뿐만 아니라 코로나19로 직격탄을 맞은 미술관, 박물

출처 : nintendo

발렌티노, 샤넬 등 럭셔리 브랜드로 치장한 동물의숲 캐릭터. 코로나 시대를 맞아 오프라인 패션쇼가 게임 속으로 들어왔다.

관 같은 예술 업계에서도 동물의숲을 소통의 창으로 활용하고 있다. 뉴욕 메트로폴리탄 미술관은 동물의숲 게임 내에서 40만 장 이상의 작품을 활용해 방 꾸미는 법을 소개했다. 사용자가 빈센트 반 고흐의 '자화상'을 내 방에 걸고 싶다면 메트로폴리탄 미술관 홈페이지에 있는 해당 작품 하단의 공유 버튼을 누르면 된다. 코로나19로 인해 여행은커녕 카페에서 커피 한잔하는 것도 눈치가 보여 집에서 추리닝만 입고 있던 사람들은 "이 참에 명품 한번 입어보자", "명작으로 내 방 한번 제대로 꾸며보자"는 등의 반응을 보이며 답답함이라는 고역을 게임을 통해 해소했다.

콘서트장이 된 포트나이트

한편, 최근 미국의 래퍼 트래비스 스캇Travis Scott은 전 세계 3억 5천만 명의 이용자를 보유한 인기 게임 '포트나이트Fortnite'를 통해 콘서트를 개최했다. 트래비스 스캇은 남다른 패션 센스와 음악적 감각으로 큰 인기를 얻고 있는 미국 힙합씬의 아이콘이다. 2018~2019년, 2년 연속 빌보드 차트 1위를 달성하며 그야말로 전성기를 누리고 있는 트래비스 스캇은 2020년에도 싱글 앨범 〈더 스캇THE SCOTTS〉의 발표를 앞두고 있었다. 하지만 트래비스 스캇도 코로나19를 피해갈 수는 없었고 이 난관을 돌파하고자 새로운 아이디어를 기획했다. 바로 포트나이트에서 2020년 4월 23일부터 3일간 총 5회의 월드 투어를 펼치는 것이었다. 이 콘서트에서는 트래비스 스캇의 신곡을 포함한 총 6곡의 곡이 발표되었는데, 게임이라는 가상 공간을 빌려 회당 15분 남짓의 다소 짧은 가상 라이브 쇼로 진행되었다. 가상 라이브 쇼는 비슷한 시기에 진행된 BTS의 랜선 콘서트 〈방방콘〉에 BTS가 직접 출연해서 라이브 공연을 한 것과는 다른 개념이다. 즉, 무대부터 트래비스 스캇을 본뜬 캐릭터, 제스처까지 모든 퍼포먼스가 실제가 아닌 그래픽으로 제작되었다. 가상 콘서트이기 때문에 기존 콘서트처럼 아티스트의 라이브 연습이나 촬영을 위한 안무 리허설 등의 준비 과정은 필요 없었지만, 그래픽 제작에서부터 음원과 캐릭터 퍼포먼스 간 싱크 조율 등 수개월간 준비했을 정도로 만만치 않은 작업이었다고 한다.

공연 당일 포트나이트 게임 속 공간에는 보랏빛이 감도는 몽환적인 화면에 휘황찬란한 거대한 무대가 세워졌다. 포트나이트 유저라면 별도의 비용 없이 콘서트 참여가 가능했기 때문에 콘서트 시작 시간에 맞춰 수많은 유저들이 공연장으로 몰렸다. 드디어 무대 위 설치된 가상의 타이머가 멈추고, 그 위로 폭죽이 터지면서 음악이 흘러나오자 관객인 유저들의 캐릭터가 일제히 몸을 들썩였다. 그리고 쏟아지는 조명을 뚫고 레게 머리를 한 트래비스 스캇의 거인 아바타가 등장하며 폭발적인 랩을 쏟아부었다. 드디어 모두가 기대하던 신곡 '더 스캇'이 최초로

출처 : Fortnite

트래비스 스캇의 포트나이트 콘서트 실제 장면. 1,200만 명이 넘는 동시 접속자 수를 기록했다.

공개될 때 유저들의 반응은 마치 실제 콘서트장을 방불케 했다. 이 공연은 전 세계의 스트리머를 통해 유튜브, 트위치에서도 생중계됐다. 스트리머들은 공연 시간 내내 환호와 감탄으로 멘트를 이어가지 못하고 이를 보는 시청자들은 "말문이 막힌다는 게 이럴 때 쓰라고 있는 말이구나"라며 뜨거운 반응을 보였다. 겨우 15분짜리 짧은 콘서트였지만, 트래비스 스캇의 포트나이트 콘서트는 화려한 그래픽과 색다른 퍼포먼스로 첫 번째 공연에서만 동시 접속자 수 1,230만 명을 기록했고, 콘서트 기간 3일 동안 트래비스 스캇의 음원 이용률은 25%에서 많게는 50%까지 상승한 것으로 나타났다. 결국, 신곡 '더 스캇'은 발매와 동시에 빌보드 차트 1위에 오르는 기염을 토했다.

2019년, 포트나이트의 개발사 에픽게임즈의 CEO 팀 스위니는 트위터에서 "포트나이트는 게임인가, 플랫폼인가?"라는 질문을 받자 "포트나이트는 게임이다"라고 답하고는 곧이어 "하지만 12개월 후에 다시 질문해달라"고 했다. 이 답에는 포트나이트가 단순히 콘텐츠가 아닌 곧 플랫폼으로 확장될 것이라는 의미를 내포하고 있었다. 그리고 2020년, 트래비스 스캇의 콘서트를 통해 팀 스위니의 트윗이 그냥 한 말이 아니었다는 것이 입증되었다.

콘텐츠를 얘기할 때, 필수 불가결적으로 언급되는 것이 플랫폼이다. 드라마나 영화의 경우에는 넷플릭스, 왓챠, 티빙과 같은 OTT 플랫폼이 자연스레 떠오르며, "음악 들을 때, 웹툰 볼 때 뭐로 봐?"라는 질문에는 멜론이나 지니뮤직, 네이버웹툰이나 카카오페이지 등 떠오르는 플랫폼이 하나쯤은 있을 것이다. 그런데 "게임할 때 뭐로 해?"라는 질문에는 떠오르는 플랫폼이 있는가? (플랫폼이 없는 것은 아니지만) 아마 잠깐 멈칫하게 될 것이다. 어쩌면 질문 자체를 이해하지 못할 수도 있다. 그 이유는 은연중에 게임 콘텐츠 그 자체가 플랫폼의 역할을 해왔기 때문이다. 단편적인 예로 '게임 속 공간'이라는 표현을 생각해보면 어색하지 않은데, 여기서 '게임'이라는 단어 대신에 다른 콘텐츠(드라마, 음악 등)를 대입해보면 무언가 모르게 부자연스럽다. 이는 90년대 후반부터 인터넷의 발달과 함께 성장한 온라인 게임 덕이다. 게임 속 공간에서 실시간으로 상호작용할 수 있게 되면서 더 자주, 오래 그 안에 머무르게 되었고 게임은 마치 현실과 유사한 공간처럼 인식되었다. 그리고 사람들은 그 안에서 길드에 가입하고, 내 캐릭터를 뽐내고, 채팅으로 안부를 묻고, 아이템을 사고팔기도 했다. 영화나 음악처럼 보고 듣는 데에서 그치는 다른 콘텐츠와 달리, 게임은 콘텐츠 그 이상의 역할을 해온 것이다.

동물의숲의 성공법칙, 4P!

2019년부터 시작된 일본 제품 불매운동으로 2020년, 국내 진출 16년 만에 철수한 일본의 자동차 브랜드 닛산과 같이 혹독한 시련을 겪은 다른 일본 브랜드들과 달리, 일본의 게임 회사 닌텐도는 국내에서 훨훨 나는 한 해를 보냈다. 바로 앞 장에서도 언급한 게임, 동물의숲 덕분이다. 2020년 3월 20일 출시된 이 게임은 닌텐도의 콘솔 게임기인 '닌텐도 스위치'의 게임 중 하나다. 누군가와의 경쟁에서 이겨야 하는 목표 없이, 사람들은 원하는 대로 나만의 무인도를 꾸미고, 낚시도 하고, 남들이 꾸민 공간에 놀러 가며 말 그대로 마음대로 즐길 수 있는 게임이다. 이 게임을 통해 코로나19로 하루 종일 집에 머물며 답답함을 느끼는 이들이 게임 속에서 자유롭게 생활하며 즐거움과 해방감을 느낄 수 있었다.

2020년 9월, 닌텐도 스위치의 국내 유통사 대원미디어의 자료에 따르면, 2020년 2분기 닌텐도 스위치 판매량은 9만 1천 대로 1년 전보다 106.4% 증가했다. 같은 기간 동물의숲 게임 타이틀은 32만 3천 개가 팔리며 작년보다 189.7.4%나 늘었다. 2017년 12월 첫 출시 후 2년이 지난 2020년, 닌텐도 스위치가 다시 폭발적인 인기를 얻게 된 것이다. 한국 닌텐도는 대원미디어를 통한 유통 외에도 대형마트에 직접 물량을 공급하고 있다. 이를 감안하면 2020년 닌텐도 스위치와 동물의숲 국내 판매량은 대원미디어에서 발표한 수치의 2배 정도는 될 것으로 추산된다. 동물의숲의 인기는 국내뿐 아니라 전 세계적인 현상이다. 출시 후 3개월 만에 2천2백만 장을 판매하며 미주, 유럽 할 것 없이 역대급 흥행 가도를 달리고 있다. 심지어 미국에서는 59대 대선을 앞둔 2020년 9월, 바이든 후보 진영에서 동물의숲에 자신의 선거 캠페인 사무실을 만들어 선거 운동을 펼치기도 했다.

도대체 사람들은 왜 동물의숲에 이토록 열광하는 것일까? 그 이유를 이 책에서는 4P로 정리해보고자 한다. 여기서 말하는 4P는 마케터들에게 익숙한 4P(Product, Price, Place, Promotion)가 아니다. 동물의숲에서 찾은 4P는 다름아닌 Pandemic, Platform, Personality, Possibility다.

팬데믹

그 첫째는 '팬데믹Pandemic', 즉 코로나19가 초래한 닌텐도 스위치 기계의 수급 불균형이다. 코로나19로 인해 동물의숲 등 게임 전반의 수요가 증가했다. 시장조사 기관 닐슨에 따르면, 전 세계적으로 이동제한과 도시 봉쇄가 본격화된 2020년 3월 넷째 주의 게임 이용 시간이 전주 대비 급증했는데, 미국에서는 45%가 증가했고 상대적으로 게임 이용시간이 낮은 독일도 20%나 증가했다. 또한, 한국콘텐츠진흥원이 발간한 '2020년 게임 이용자 실태조사' 보고서에 의하면, 국내의 경우도 모바일 게임 이용자의 47.1%, PC 게임 이용자의 45.5%, 콘솔 게임 이용자의 41.4%가 코로나19 이후 게임 이용 시간이 증가했다고 답했다. 팬데믹으로 야외 활동에 제한이 생긴 만큼 게임 수요가 폭발한 것이다.

그런데 공급은 반대로 타격을 받았다. 코로나19로 인해 일본과 중국 닌텐도 공장이 가동을 중단하는 사태가 벌어졌다. 폭증하는 수요에 비해 공급이 턱없이 부족해지자, 우리나라에서는 한 때 오프라인 매장에서 판매를 중단하기도 했으며 일부 매장에서는 추첨을 통한 판매만 진행하기도 했다. 이마트 신도림점의 경우 3개의 기기가 입고됐다는 소식이 퍼지자 삽시간에 600여 명이 줄을 서기도 했는데, "마스크보다 구하기 어려운 닌텐도 스위치"라는 말이 나올 정도였다. 이 같은 수급 불균형으로 온라인 쇼핑몰과 중고 판매 커뮤니티에서는 닌텐도 스위치의 정상가인 36만 원의 2~3배에 달하는 웃돈을 주고 거래가 성행하는 일까지 벌어졌다. 코로나19라는 팬데믹이 동물의숲에 희소가치를 부여한 셈이다.

플랫폼

동물의숲의 두 번째 성공 요인은 '플랫폼Platform'이다. 동물의숲은 세상에 없다가 갑자기 등장한 게임이 아니다. 2001년 첫 번째 시리즈를 시작으로 2005년 '놀러오세요 동물의 숲(놀동숲)', 2012년 '튀어나와요 동물의 숲(튀동숲)'이 있었지만, 2020년 출시한 '모여봐요 동물의 숲(모동

숲)' 정도의 인기는 아니었다. 게임 속의 시간 및 계절이 현실과 같다는 점, 목표나 경쟁 없이 자유도가 높은 게임이라는 점 등 콘텐츠 자체만으로는 크게 달라진 것은 없다(달라진 점을 꼽자면, 다인 동시 플레이, 가구 DIY 제작 기능, 그래픽 정도가 있다). 하지만, 8년 전과 달리 2020년에 동물의숲 열풍이 분 것은 바로 유튜브와 인스타그램 같은 플랫폼 덕분이라고 할 수 있다. 2013년, 정보통신정책연구원에서 조사한 세대별 SNS 이용 현황을 보면 당시에는 페이스북, 카카오스토리, 싸이월드와 같은 준 폐쇄형 SNS가 주로 인기였다. 여기서 준 폐쇄형이라고 함은 상대적인 것인데, 지금의 유튜브나 인스타그램과는 달리 친한 친구나 지인들하고만 관계를 맺고 소통하는 플랫폼 형태였다는 뜻이다. 그때도 SNS를 통한 바이럴이 가능했지만, 준 폐쇄형 SNS가 주를 이루었기 때문에 지금처럼 메가히트급 바이럴은 나오기 힘든 환경이었던 것이다.

반면, 지금은 갓난아기가 태어나서 TV보다 먼저 보는 게 유튜브이고, 인스타그램을 하지 않으면 대화가 되지 않는 시대다. 포털 서비스 같은 개방을 추구하는 유튜브는 말할 나위 없고 인스타그램 역시 개방성이 강하다. 인스타그램 계정을 비공개로 설정해서 지인들과 일상만 공유하는 경우도 있지만, 반대로 공개 설정으로 누구나 자유롭게 소통할 수 있게 한 계정도 수없이 많다. 그리고 나만 볼 수 있는 프라이빗 계정과 모두와 공유하는 퍼블릭 계정, 두 개를 운용하기도 한다. 이렇게 요즈음 유행하는 SNS 플랫폼이 과거에 비해 더욱 개방적이다 보니, 자연스럽게 바이럴의 규모가 크고 이슈화되는 속도와 임팩트가 강하다.

실제로 유튜브에서는 게임 유튜버 대도서관, 김용녀, 천양 등이 동물의숲을 직접 플레이하는 콘텐츠가 속속 올라왔다. 인스타그램에서

출처 : 대도서관 유튜브 캡처

대도서관을 비롯한 인기 유튜버들의 동물의숲 게임 플레이는 메가히트급 바이럴 효과를 불러왔다.

'동물의숲'을 검색하면 연예인이나 인플루언서가 플레이하는 모습 등 관련 게시물이 약 18만 개(2020년 12월 기준)나 되고, 동물의숲 전용 기록·일기장으로 사용하는 계정들이 쌓이자 또 다른 문화를 형성했다. 과거의 동물의숲 시리즈가 출시되었을 때는 (영향력이) 없던 유튜브와 인스타그램이 2020년 가장 주류의 SNS로 자리잡고 있다는 점이 지금의 동물의숲에게는 큰 행운이 되어준 셈이다.

개성

동물의숲의 세 번째 성공요인은 '개성Personality'이다. 동물의숲은 분명 게임이지만 마치 예전의 '싸이월드 미니홈피' 같다. 전성기 시절, 무려 3천만 명의 회원을 가지고 있던 싸이월드는 훗날 페이스북과 트위터 탄생에 영향을 주었다는 말이 나올 정도로 한 시대를 풍미한 1세대 SNS였다. 간단한 신상정보만 입력하면 지인들과 '일촌'을 맺을 수 있었고, 일촌들의 미니홈피를 구경하는 '파도타기'를 하다 보면 두세 시간씩은

훌쩍 지나갔다. 또한, 사람들은 내 미니홈피를 꾸미기 위해 싸이월드 캐쉬인 '도토리'를 충전해 나만의 배경음악을 설정하고, 미니홈피 스킨도 구매하며 온라인에서 나만의 공간을 만드는 재미에 푹 빠졌었다. 이러한 사람들의 손길을 따라 3천만 개의 미니홈피는 제각각의 '개성'을 뽐냈다. 그리고 지금, 그 시절 향수를 간직한 3040세대들이 동물의숲에서도 '싸이월드 미니홈피'와 같은 즐거움을 느끼고 있다. 취향대로 꾸민 나만의 공간으로 친구들을 초대할 수도 있고, 또 남들은 어떻게 무인도를 꾸몄는지 구경하러 갈 수도 있다. 싸이월드와 구현되는 형태만 다를 뿐 타인과의 관계 속에서 비교하고 또, 내 개성을 뽐내는 동물의 숲의 본질적인 요소들이 사람들이 열광할 수밖에 없는 이유인 것이다.

가능성

마지막으로, 동물의숲에는 '가능성Possibility'이 있다. 이 게임은 마치 우리 삶과 비슷하면서도 다른 면을 가지고 있는데, 2030세대의 감성을 자극한 것이 바로 이 점이다. 동물의숲을 처음 시작하면 우선 엄청난 빚더미를 떠안게 된다. 마치 학자금 대출을 등에 업고 사회에 첫발을 내딛는 우리의 모습과 흡사하다. 빚 갚기를 우선시하는 사람들은 게임 속에서 나뭇가지를 줍거나 물고기를 잡아 돈을 버는 데 집중한다. 현실에서는 좋은 학교를 나와 대기업에 취직을 하고, 월세 집을 옮겨 다니며 생활비를 아껴 결혼 자금을 마련하고, 대출을 해서라도 서울에 전셋집 하나 장만하려고 애쓰는 2030세대의 모습이 게임에 투영되는 것이다. 사실 이는 어떻게 보면 사회가 우리에게 부여한 목표와도 같다. 이 목표를 달성하기 위한 삶에서 벗어나 소위 욜로YOLO 생활을 한다면 현실

출처 : nintendo

동물의숲에서는 모든 것이 한가롭다. 경쟁에 치인 현대인들이 꿈꾸는, 누군가에 의해 강요당하지 않는 유유자적의 삶을 누릴 수 있는 곳이다.

에서는 남들의 시선에 대비하여 '내가 왜 이렇게 사는지' 논리적인 답변을 준비해야 할 지도 모른다.

하지만, 동물의숲은 우리에게 그 어떤 목표도 부여하지 않는다. 즉, 욜로 생활이 가능하다. 게임의 캐치프레이즈도 '아무것도 없기에 무엇이든 할 수 있는 곳'이다. 일은 안 하고 노을과 바다를 보며 유유자적한 삶을 살아도 아무도 뭐라고 하는 사람이 없다. 남들과 경쟁할 필요도 없이 종일 집에만 있어도 되고 그냥 하늘만 바라봐도 상관없다. 사회나 누군가에 의해 강요받지 않아도 되는 삶을 누리는 것이 현실과 다른 동물의숲에서의 삶이다. 이것이 2030세대의 감성을 자극했다. 경제불황 속에 치열한 경쟁에 지친 90년대생들은 동물의숲으로 위로를 받고 있다. '아무것도 하지 않을 자유'를 누리며 자신이 원하는 대로 일상을 꾸미고 소소한 재미를 느끼며 살아가는 삶, 그것이 젊은 세대가 동물의숲에 열광하는 이유이자 동경하는 삶이다.

캐주얼 게임 열풍, 뉴비들의 반란!

코로나19가 가져온 일상의 변화는 새로운 게이머들을 유입시켰다. 집에 머무는 시간이 늘어나자 더 많은 사람이 게임을 즐기기 시작하면서 전에 없던 게이머 집단이 새로 생겨났다는 뜻이다. 모바일 데이터 분석 업체 앱애니에서 발표한 '2020년 3분기 모바일 게임 결산'에 따르면, 전 세계 모바일 게임 다운로드 수는 전년 동기 대비 15% 상승해 140억 건에 달했으며, 지출액은 전년 동기 대비 20% 증가한 200억 달러를 기록했다. 특히 캐주얼 게임 '어몽어스Among Us'의 약진이 눈에 띈다. 이 게임은 2년 전에 출시되었음에도 불구하고, 2020년 3분기 글로벌 및 국내 다운로드 차트에서 각각 2위와 1위를 달성했다. 한편 PC게임 플랫폼 스팀Steam에서는 또 다른 캐주얼 게임인 '폴가이즈Fall Guys'가 출시되었는데, 한 달도 되지 않아 전 세계적으로 700만 건의 판매량을 달성했다. 코로나19로 지루해진 일상을 게임으로 해소하려는 뉴비

Newbie들이 등장하면서, 상대적으로 자투리 시간을 이용해 가볍게 즐길 수 있는 캐주얼 게임의 인기가 덩달아 치솟고 있다.

온라인 마피아 게임과 초등 운동회에 열광하는 사람들

어몽어스는 쉽게 말해 '마피아 게임'의 온라인 버전이다. 미국의 작은 게임 회사 이너슬로스Innersloth가 만든 이 게임은 모바일과 PC에서 이용 가능하다. 최대 10명이서 플레이할 수 있으며 게임에 참여한 사람들은 선량한 '크루원'과 마피아 역할의 '임포스터'로 나뉜다. 크루원은 주어진 임무를 수행하면서 단서들을 조합해 임포스터가 누구인지 찾아야 하고, 임포스터는 자신의 신분을 들키지 않고 크루원을 암살하면 이기는 방식이다. 게임 중간에 소집되는 긴급회의에서 "레드가 임포스터다. 내가 봤다", "아니다. 블루가 확실하다"는 등의 갑론을박이 오고 가는 모습을 보면 현실 속 마피아 게임과 똑같다는 생각을 하게 된다.

폴가이즈는 영국의 중소 게임 회사 미디어토닉Mediatonic이 2020년 8월에 출시한 게임으로 PC와 콘솔 게임기 플레이스테이션을 통해 즐길 수 있다. 우리가 어릴 때 봤던 〈출발 드림팀〉의 컨셉이기 때문에 한두 판만 해보면 금방 적응할 수 있다. 총 60명의 플레이어들이 모여서 달리고, 점프하고, 장애물을 피하는 아기자기한 게임들이 라운드마다 진행된다. 총 5라운드까지 살아남는 최후의 1인이 왕관을 획득하게 된다. 이 게임의 킬링 포인트는 짧은 다리로 뒤뚱뒤뚱 달리는 젤리 모양의 캐릭터다. 캐릭터들끼리 서로 부딪혀 우스꽝스럽게 넘어지고, 결승전을 눈앞에 두고 점프하는데 딱 한 뼘이 모자라 추락하게 되면 나도 모르게 온갖 탄식의 리액션이 나오게 된다. 이러한 점이 보는 재미를 선사해,

출처 : Innersloth

마피아 게임의 온라인 버전인 '어몽어스'. "범인은 우리 가운데 있다."

출처 : Mediatonic

〈출발 드림팀〉을 닮은 '폴가이즈'. "넘어지지 마, 쓰러지지 마"

자신이 라운드에서 탈락하더라도 관전 모드로 남아서 누가 잘하고 또 좌절하는지 5라운드가 끝날 때까지 지켜보는 사람들도 많다.

그렇다면 어떻게 이름도 없던 중소 게임회사가 만든 어몽어스와 폴가이즈가 동시에 '인싸 게임'이 된 것일까? 먼저, 앞서 얘기한 동물의 숲의 성공 요인 중 하나인 유튜브가 여기에서도 한몫을 했다. 일일이 리스트를 나열하기도 어려울 정도로 많은 유튜버와 박명수, 지석진을 포함한 다수의 연예인들이 유튜브에서 어몽어스와 폴가이즈 체험기를 방송했다. 우리가 방송을 통해 접하던 이들의 성격이 게임을 할 때도

고스란히 나타나 보는 재미 또한 쏠쏠하다. 게다가 이 게임들은 누구나 할 수 있을 정도로 쉽기 때문에, 사람들은 방송을 보다가 '나도 한번 해볼까?'하는 도전 욕구를 갖게 된다. 유튜브가 바람잡이 역할을 해주고 있는 것이다. 유튜버가 없었더라면 이 게임들이 지금처럼 성공하기는 어려웠을 것이다. 유튜브가 뉴비 게임 회사와 뉴비 게이머의 연결고리가 되고 있다.

또 다른 이유는, 이 게임들이 공통적으로 비대면 시대에 다른 사람과 어울려 즐길 수 있는 온라인 파티 게임이라는 점이다. 2020년 초부터 시작된 코로나19는 1년 내내 지속되어 우리의 여름 휴가, 봄 가을 나들이마저 빼앗았다. 친구들과 같이 MT도 가고 캠핑도 가고 홈파티도 하고 싶은 '인싸'들에게는 특히나 고역이었을 것이다. MT 가서 마피아 게임도 하고 꼬리잡기 게임도 하면서 신나게 술 마시며 놀고 있을 시간에 집에만 있어야 되니, 온라인 게임을 통해서라도 욕구를 해소해야 했다. 어몽어스와 폴가이즈는 오프라인에서 하던 게임과 유사한 방식이라는 것만으로도 사람들의 관심을 받기에 충분했다. 물론 게임 회사가 코로나19를 염두에 두고 게임을 개발하지는 않았겠지만, 타이밍이 잘 맞았다. 전문가들은 한동안 이 같은 게임의 인기가 지속될 것으로 보고 있다. 한국게임학회장 위정현 중앙대 교수는 한 언론과의 인터뷰에서 "온라인 파티 게임을 즐기면 오프라인에서 느끼는 친밀성, 인간적인 관계를 온라인 환경에서도 어느 정도 느낄 수 있다. 앞으로 파티 게임은 더 주목받을 것으로 본다"고 말하기도 했다.

게임 콘텐츠는 원래 유저의 상위 20%가 하위 80%보다 더 중요하다는 '파레토 법칙'을 따라왔다. 특히, 모바일 게임은 상위 20%의 고과

〈뉴비들의 등장으로 튼튼해진 게임시장의 꼬리 영역〉

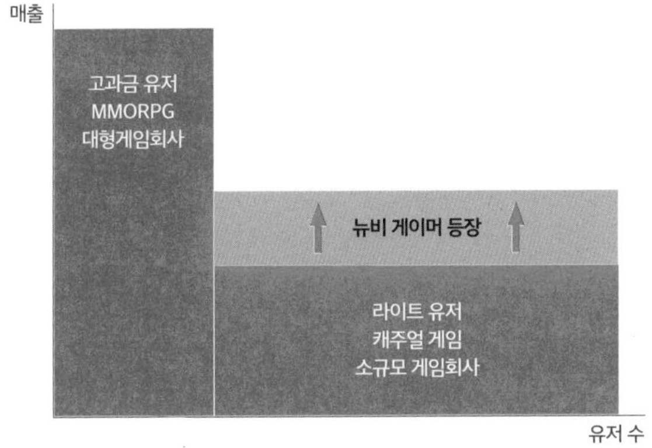

금 유저를 잡기 위해 노력하고 있다. 모바일 게임 회사들은 한 달에 수천만 원 많게는 억 단위까지 쓰는 해비 유저를 자극하기 위해 다양한 확률형 아이템 정책을 만들어왔다. 하지만, 코로나19로 인해 유입된 뉴비 게이머들이 '리지니2M'을 하기에는 게임의 조작법도 어렵고, 과금 체계도 부담스러웠다. 뉴비들에게는 집에만 있어야 되는 상황에서 받는 스트레스와 답답함을 해소해 줄 수 있는 캐주얼 게임 정도면 충분했다. 이 덕에 영세한 뉴비 게임 회사의 캐주얼 게임들이 재조명 받게 되었다. 뉴비들의 등장으로 빈약했던 게임 시장의 꼬리가 튼튼해지고 있다.

뉴트로 바람 타고 돌아온 게이머들

2019년 말, 대한민국은 뉴트로 열풍에 휩싸였다. 그 중심에는 '온라인 탑골공원'이 있었다. 온라인 탑골공원은 '온라인'과 노년층이 많이 모이는 서울 종로의 '탑골공원'을 합친 신조어로, 이 말은 유튜브에서 유래되었다. SBS가 1990~2000년대 초반 사이의 〈인기가요〉 방송을 유튜브로 스트리밍했고, 유튜브가 그 시대를 그리워하는 사람들의 집결지가 되면서 '온라인 탑골공원'이 되었다. 그 열기는 JTBC 〈슈가맨3〉가 시작하면서 포텐이 터졌다. 〈슈가맨3〉 첫 회에 태사자가 등장해 화제의 시작을 알렸고, 2회 양준일이 등장하면서 대한민국에 탑골GD, 양준일 신드롬이 폭발적으로 일어났다. 2019년 말 방송가를 강타한 뉴트로 열풍은 2020년이 되자 모바일 게임으로 옮겨붙었다. 2020년 모바일 게임 상위 매출 순위를 보면 5년, 10년, 심지어 20년도 더 된 PC 게임이 모바일 게임으로 부활한 경우가 많은데, 마치 '온라인 탑골공원'을 보는 것 같다.

그 선두에는 국내 메이저 게임 회사 3대장(엔씨소프트, 넥슨, 넷마블)의 만형 엔씨소프트의 '리니지2M'이 있다. 2019년 11월 27일 출시되며, 첫날 매출만 71억 원을 기록한 이 게임은 출시 후 두 달 만에 누적 매출 2,740억 원 돌파, 해당 기간 하루 평균 매출 41억 원을 기록했다.

〈뉴트로 게임이 이끄는 국내 모바일 게임 시장〉

순위	게임명	순위	게임명
1	리니지M	6	FIFA ONLINE
2	리니지2M	7	카트라이더 러쉬 플러스
3	바람의 나라 : 연	8	그랑삼국
4	뮤 아크엔젤	9	라그나로크 오리진
5	기적의 검	10	V4

출처 : 모바일인덱스, 2020년 7월 국내 모바일 게임 매출 순위

출처 : 넥슨

캐주얼 장르, 레트로 게임의 화려한 귀환. 언제적 '카트라이더'가 다시 한번 흥행에 불을 붙였다.

1998년 PC게임으로 처음 등장한 리니지는 2003년 리니지2까지 출시하며 PC게임 시장에서는 일찌감치 왕좌를 차지했다. 이후 약 15년 만인 2017년, 넷마블이 리니지2의 IP로 개발한 리니지 최초 모바일게임 리니지2 레볼루션과 엔씨소프트가 직접 개발한 리니지M이 출시되었다. 리니지는 PC게임 시장에 이어 모바일 게임 시장에서도 정상을 차지했다. 1998년부터 2019년까지 약 21년간 리니지 IP가 벌어들인 누적 매출만 약 8조 원에 다다르며, 2019년 말에 출시한 리니지2M의 매출까지 반영된다면 누적 매출이 10조 원을 넘는 것은 시간 문제로 보인다.

그런데 올해 더욱 눈에 띄는 건 둘째 형 넥슨의 성과다. 2020년 넥슨은 뉴트로 게임으로 연타석 홈런을 치면서 만형의 자리를 위협했다. 그 첫 번째 주자는 2020년 5월 12일 출시된 '카트라이더 러쉬 플러스'

다. 출시 3주도 채 되지 않아 글로벌 누적 이용자 천만 명을 돌파하는 기염을 토했고, 최대 일간 이용자 수는 357만 명을 기록했다. 만약 이 책을 읽고 있는 당신이 3040세대 독자라면 카트라이더가 2004년 '크레이지레이싱 카트라이더'라는 PC게임으로 처음 출시되어 지금까지도 꾸준히 사랑받는 전국민 스테디셀러라는 것을 알고 있을 것이다. 2012년, 넥슨은 진작에 이 IP를 활용하여 모바일 버전 카트라이더 러쉬를 출시하여 누적 다운로드 수 700만을 기록하며 인기를 얻기도 했는데, 여기에 그치지 않고 2020년, 카트라이더 러쉬 플러스를 출시하여 초대박을 쳤다. 특히 더 대단한 것은 리니지와 같은 MMORPG게임이 모바일 게임 시장을 독식하고 있는 요즘, 캐주얼 장르도 성공할 수 있다는 것을 보여준 점이다.

넥슨의 옛 게임들의 귀환은 여기서 멈추지 않는다. 2020년 7월 15일, 넥슨은 모바일 게임 '바람의 나라: 연'을 출시했다. 이 게임의 원작 '바람의 나라: 연'은 1996년 출시된 넥슨의 온라인 PC 게임이며, 누적 가입자 수가 2,600만 명(2016년 기준)을 넘어설 정도로 인기를 끈 넥슨의 첫 대형 IP다. 바람의 나라: 연은 최근 출시된 여타 게임들이 고도화된 그래픽을 뽐내는 것과 달리 픽셀아트를 사용했다는 점부터 기존 게이머들의 향수를 불러일으키는 레트로 감성을 물씬 풍긴다. 광고에서도 추억의 옛스러움을 강조해 유튜브에서 광고 댓글을 보면 "어릴 때 즐기다 한동안 바람의 나라를 잊고 살았는데, 이 광고를 보자 마자 사전 예약 신청을 했다"며 추억을 소환하는 댓글들이 수두룩하다. 실제로 사전 예약 고객만 190만 명을 돌파하며 게임판을 떠났던 3040세대의 복귀를 예고했다.

출처 : 넥슨

픽셀아트를 사용한 레트로 방식의 게임 '바람의 나라 : 연'. 게임판을 떠났던 3040세대를 다시 불러모으며 사전 예약고객만 190만 명이 넘었다.

아니나 다를까, 바람의 나라 : 연은 출시 일주일만에 리니지2M을 제치고 구글플레이 매출 2위로 올라서는 기염을 토했다. 장기 독주 체제를 굳혀가던 엔씨소프트의 리니지M과 리지니2M에게 훅을 한방 날린 것이다(2017년 6월 출시된 리니지M은 2년 5개월이 넘도록 구글플레이 게임 매출 1위를 기록하다가 2019년 11월 리니지2M이 출시된 후 약 8개월 간 두 게임이 번갈아가며 1, 2위를 엎치락뒤치락하는 상황이었다). 1990년대 PC방 라이벌이었던 리니지와 바람의 나라가 2020년 모바일에서 다시 붙게 될 줄, 누가 상상이나 했겠는가.

멍석은 깔렸다. 라이징 스타, 콘솔게임!

2020년 동물의숲 열풍은 다시금 콘솔 게임에 대한 관심에 불을 지폈다. 하지만 아직 국내의 콘솔게임 시장은 모바일 게임이나 PC 게임에 비해 갈 길이 멀어 보인다. 한국콘텐츠진흥원이 발표한 자료에 따르면 국내 게임 시장은 모바일과 PC 게임 양대 산맥으로 구분되어 있다. 2020년, 게임 시장 매출은 13.1조 원(PC방, 오락실 등 관련 산업 매출을 제외한 순수 게임 매출)으로, 이 중 모바일 게임7.3조 원과 PC 게임5.3조 원 비중이 약 96%에 달한다. 반면 콘솔 게임 매출은 고작 5천억 원으로 전체 게임 시장의 약 4% 수준에 그쳤다. 그런데 글로벌 게임 시장은 국내 시장과는 다른 양상을 띤다. 글로벌 시장조사 기관 뉴주Newzoo가 발표한 전 세계 게임 시장 규모를 보면, 전체 게임 시장 매출 180.8조 원의 약 29%51.3조 원가 콘솔 게임에서 발생한다. 이는 PC 게임 비중보다도 높은 수준이다.

그렇다면 왜 유독 한국에서 콘솔 게임이 힘을 쓰지 못하는 것일까?

〈2020(E)년, 한국 게임시장(좌) 및 글로벌 게임시장 규모(우)〉

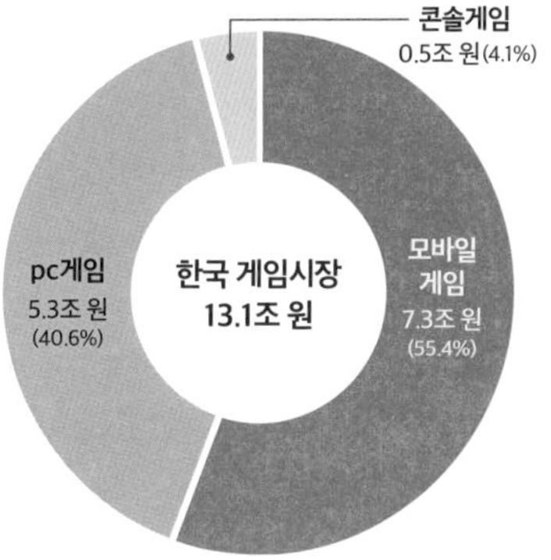

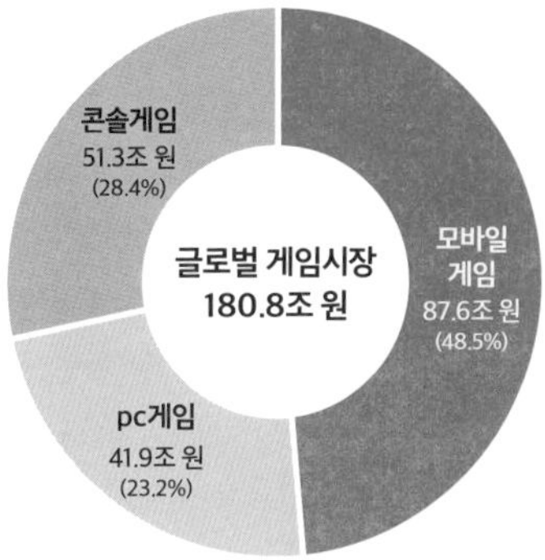

출처 : (좌)한국콘텐츠진흥원, 2019 대한민국 게임백서 및 (우)Newzoo, 2020 Global Game Market Report 재가공

과거의 위기가 현재의 기회로

한 방송에서 프로게이머 페이커가 "한국 프로게이머들이 전 세계 톱이된 이유가 무엇인가요?"라는 질문을 받았다. 페이커는 이렇게 답했다. "한국만큼 프로게이머 육성 환경이 잘되어 있는 나라는 없어요. 집 앞에만 가면 PC방이 있으니까요." 질문은 다르지만 이 답이 국내 콘솔 게임 시장이 성장하지 못한 이유이기도 하다. 2000~2001년, 소니의 플레이스테이션2와 마이크로소프트 최초의 콘솔 게임기 엑스박스가 출시되면서 콘솔 게임 시장의 성장이 본격화될 무렵 한국은 PC방 열풍이 한창이었다. 그 당시 우리나라 사람들은 스타크래프트, 리니지, 디아블로 같은 게임에 빠져 너도나도 PC방으로 향했다. 그렇다고 PC방 가는 아이들을 말리기 위해 콘솔 게임기를 사줘서 눈앞에서 공부는 안 하고 게임하는 자녀를 지켜볼 담대한 부모도 없었다. 심지어 게임기 가격도 수십만 원이었으니 말이다. 이후 20년 동안 계속된 우리나

라의 PC방 문화는 콘솔게임이 넘기에는 너무 높은 벽이었다.

그런데 2020년, PC방에 위기가 찾아왔다. 코로나19 확산세가 지속되자 정부는 PC방을 고위험시설로 지정(2020년 8월 18일)해 영업을 중단시켰다. 다행히 약 한 달 만에 고위험시설에서 해제되어 다시 영업을 재개했지만, 미성년자 출입금지, 좌석 띄어 앉기 등의 조건이 붙어 대부분의 PC방 매출이 반의 반 토막이 났다. 견디지 못한 점주들은 결국 폐업까지 이르게 되었고, 요즘 용산 전자상가는 고사양의 중고 PC 매물이 몰려들어와 씁쓸한 호황을 맞고 있다. 아래 표처럼, 코로나19로 인해 PC방도 가지 못하게 되면서 2020년 PC게임 이용률은 전년 대비 대폭 축소되었다. 반대로 모바일 게임이나, 콘솔 게임 이용률은 오히려 증가했다. 안타깝지만 PC방의 위기가 반대로 콘솔 게임에게는 기회가 된 셈이다.

〈국내 게임이용자의 게임 분야별 이용률 변화〉

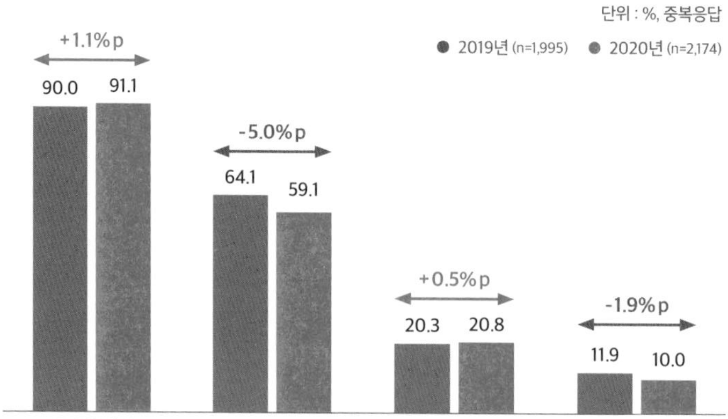

콘솔게임 패권전쟁의 시작

콘솔 게임이 가진 기회는 이뿐만이 아니다. 2020년 말 소니와 마이크로소프트가 차세대 콘솔 게임기를 나란히 출시하면서 2000년대 초반부터 이어진 두 기업 간의 콘솔 게임기 패권전쟁이 다시 한번 불붙으며 게이머들을 흥분시키고 있다. 2000년 이후 지금까지 약 20년 동안 소니의 플레이스테이션과 마이크로소프트의 엑스박스는 총 3번의 전쟁을 치렀다. 2000년대 초반, 역대 콘솔 게임기 최대 판매량인 1억 5천만 대를 기록한 '플레이스테이션2'와 마이크로소프트 최초의 콘솔 게임인 '엑스박스'가 맞붙었고, 2000년대 중반부터 2010년대 초반까지는 '플레이스테이션3'와 '엑스박스360'이 격돌했다. 이후 2010년대 중반부터 2020년까지 '플레이스테이션4'와 '엑스박스One' 간 3차 대전이 있었다. 그리고 지금 2020년 말 출시된 '플레이스테이션5'와 '엑스박스 시리즈X'가 다음 전쟁에 돌입했다. 글로벌 콘솔 대전으로 인한 차세대 콘솔 게임기의 등장은 국내 콘솔 게임 시장 입장에서는 반가운 소식이다. 역사적으로 플레이스테이션3와 4가 국내에 출시된 2007년과 2014년, 국내 콘솔 게임 시장 규모가 각각 전년 대비 300%, 170%씩 성장했기 때문이다. 이러한 이유만으로도, 2021년 국내 콘솔 시장은 충분히 기대해볼 만하다.

그런데 더 기대가 되는 이유는 따로 있다. PC방의 위기, 차세대 콘솔 게임기의 등장에 이은 화룡점정이 있는데, 바로 '콘텐츠의 로컬화'다. 이를 계기로 그동안 매니아층의 전유물로 인식되던 콘솔 게임이 점차 대중의 관심을 받게 될 것으로 보인다.

〈플레이스테이션(PS)과 엑스박스의 콘솔대전 히스토리〉

PS2 vs 엑스박스	PS3 vs 엑스박스360	PS4 vs 엑스박스One	PS5 vs 엑스박스시리즈X
소니 승(勝) PS2 1억 5천만 대 판매	무승부 PS3 8.7천만 대 엑스박스360 8.6천만 대 판매	소니 승(勝) PS4 1억 2천만 대 판매	
2000~2005년	2006~2012년	2014~2020년	2021년~

출처 : 유튜브 채널, '김성회의 G식백과' 콘텐츠 재가공

드디어 불붙은 '한글화' 작업

콘텐츠의 로컬화는 크게 두 축으로 구분할 수 있다. 그 첫 번째 축은 '해외 콘솔 게임의 한글지원 확대(이하: 한글화)'다. 이는 국내 콘솔 게임 시장에서 오래된 뜨거운 감자다. 대부분의 유명 콘솔 게임들이 해외 게임이다 보니, 국내 이용자들에게 한글 자막이나, 우리말 더빙은 매우 중요한 요소다. 콘솔 게임 초창기였던 2000년대 초반에는 소니의 플레이스테이션2가 국내 출시되면서 한글화가 적극적으로 진행되었다. 하지만 2010년대 전후, 어둠의 경로에서 성행하는 불법 복제와 PC 및 모바일 게임에 치여 콘솔 게임 입지는 점차 작아졌다. 그러다 보니, 사업자 입장에서는 돈이 되지 않는 한국 시장에 투자할 유인이 적었고 그만큼 한글화 비중도 줄어들었다(책, 영화와 달리 게임은 플레이하는 사람에 따라 스토리와 조건 등이 바뀌기 때문에 다른 콘텐츠에 비해 한글화 과정이 훨씬 복잡하며 비용도 많이 든다). 그렇지 않아도 낯선 콘솔 게임이 한글화마저 되지 않으니, 사람들은 굳이 비싼 돈 주고 콘솔 게임을 살 이유가 없었다. 콘솔 게임 시장이 악순환 생태계에 빠지게 된 것이다.

그런데 최근, SK텔레콤이 콘솔 게임의 한글화를 지원하겠다고 두 팔 걷고 나섰다. 2020년 11월, SK텔레콤은 마이크로소프트와 제휴를 맺고, 엑스박스 차세대 콘솔 게임기와 100여 개의 게임을 즐길 수 있는 이용권을 묶어 '엑스박스 올 엑세스'(24개월 약정, 월 29,900~39,900원)를 아시아 최초로 출시했다. SK텔레콤은 공식 홈페이지를 통해 게임마다 명확히 한글화 여부에 대해 표기해주고 있다. 사소한 부분이지만, 게이머들의 신뢰를 얻기에는 충분했다. 지난 수년간 사람들의 요청에도 불구하고 마이크로소프트가 지원하지 않았던 부분이기 때문이다.

한글화에 이어 콘텐츠 로컬화의 또 다른 축은 '국내 게임 회사들의 콘솔 게임 개발'이다. 해외 게임 시장과 달리 국내는 오랜 기간 모바일과 PC게임 위주로 성장한 탓에, 그동안 게임 회사들에게 콘솔 게임은 남의 나라 얘기였다. 그런데 최근 국내 게임 회사들은 마치 2020년

출처 : Xbox

아시아 최초로 국내 출시된 엑스박스 올 엑세스. 콘솔 게임기를 통해 100여 개의 게임을 즐길 수 있으며 한글 지원까지 제공된다.

모바일 게임에서 그랬듯이, 기존 IP를 활용한 콘솔 게임 개발에 박차를 가하고 있다. 엔씨소프트는 2021년, PC와 콘솔 게임으로 크로스플레이가 가능한 '프로젝트TL'을 출시하겠다고 밝혔다. 더 리니지The Lineage의 약자를 딴 이 게임에 대한 상세한 정보는 아직 베일에 감춰져 있다. 그럼에도 불구하고 수많은 리지니 팬들은 콘솔 버전의 리니지는 어떤 모습일까 고대하며 출시를 기다리는 중이다. '카트라이더' IP를 활용해 모바일게임에 이어, 콘솔게임 '카트라이더: 드리프트'를 개발하고 있는 넥슨은 이미 2020년 6월까지 두 번의 글로벌 CBT Closed-Beta Test를 마쳤고, 사용자의 피드백을 반영해 막판 담금질 중이다. 2020년 11월, 넷마블 역시 전세계 누적 다운로드 수 6천만 건을 기록한 모바일 RPG게임 '세븐나이츠' IP를 활용해 자사의 첫 콘솔게임 '세븐나이츠-타임 원더러Time Wanderer'를 출시했다.

2021년 역시, 국내 게임 시장은 여전히 모바일게임이 중심일 것이다. 하지만, 콘솔 게임 역시 여느 때보다 의미 있는 한 해를 보낼 것으로 보인다. PC방의 위기, 차세대 콘솔 게임기 공개, 해외 콘솔 게임의 한글화, 그리고 국내 게임 회사들의 연이은 신작 콘솔 게임 출시, 이 모든 것들이 국내 콘솔 게임 시장에 훈풍을 불러올 것이다. 이뿐만이 아니다. 앞서 얘기한 캐주얼 게임 붐을 주도한 뉴비 게이머들의 등장과 뉴트로 게임 열풍에 돌아온 게이머들까지, 게임 이용자층 역시 두터워졌다. 우리나라 게임 시장이 콘솔 게임에게 이보다 좋은 멍석을 깔아준 적이 있었던가? 2015년 이후, 모바일 게임 중심으로 성장해온 대한민국 게임 시장은 지금 새로운 라이징 스타를 맞이할 준비가 되었다.

CHAPTER 6

디지털 팬덤으로 이뤄낸 K-팝 엔터테인먼트

- 로큰롤, R&B, 포크, 힙합 그리고 K-팝
- 빅뱅뮤뱅의 도돌이표, 플랫폼과의 힘겨루기
- #항거 #연습생 #유튜브 그리고 #팬덤유니버스
- 노모어드림[No more Dream] 보이에서 유튜브시대의 비틀즈로 …
- 'K'와 'POP' 사이의 절묘한 줄다리기 그리고 이후 …

로큰롤, R&B, 포크, 힙합 그리고 K-팝

2020년 9월 1일, BTS의 '다이너마이트'란 곡이 빌보드 핫100 차트에서 1위로 올라섰다는 소식이 모든 언론을 도배하며 온 국민을 설레게 했다. 영화 〈기생충〉의 아카데미 작품상 수상 소식을 접한 지 정확히 6개월 만이었다. 말 그대로, 한치의 가감 없이 지금은 팬데믹의 시대임과 동시에 K-무비, K-드라마 그리고 K-팝의 시대다. 그리고 연이어 10월에는 BTS가 조쉬 685, 제이슨 데룰로Jason Derulo와 함께 부른 '새비지 러브Savage Love'까지 '다이너마이트'에 연이어 빌보드 핫100 차트의 1, 2위를 동시에 석권하는 진기록을 세웠다.

암울하던 코로나 시국에 날아온 깜짝 선물이었다. 이후 〈KBS 뉴스9〉 스튜디오에 BTS가 초청되기도 하고 칭찬 일색의 대중문화 평론과 기획 기사들이 넘쳐났다. 그렇다면 빌보드 핫100 차트는 어느 정도의 무게인가? 빌보드 차트란 1894년 창간된 미국의 음악 잡지 〈빌보드〉에서 1936년부터 매주 대중음악 순위를 발표하는 것을 말하며 차트의 종류는 평가 기준에 따라 다양하나 싱글 차트 '핫100'과 앨범 차트 '빌보드200'이 공신력 있다. 사실 '빌보드200'의 경우에는 앨범과 EP판(LP 대비 짧은 재생으로 싱글 앨범 전용)의 판매량을 합친 수치(스트리밍 1,500회나 다운로드 10회를 음반 판매 1회로 간주)여서 팬덤의 물적 공략 등으로 차트 진입이 가능할 수 있다. 예를 들어, BTS와 블랙핑크의 팬클럽인 아미나 블링크 회원들이 1인당 수십, 수백 장의 앨범을 구매한다면 이 차트 순위에 진입할 수도 있는 것이다. 그렇기에 이 차트에는 오랜 시간 사랑받아온 고전 명반들도 여전히 순위를 지키고 있다. K-팝 가수 중에서는 2009년 보아, 2012년 빅뱅, 소녀시대의 태티서가 진입한 바 있다.

billboard HOT 100

SONG		ARTIST
1	Dynamite	BTS
2	WAP	Cardi B ft. Megan Thee Stallion
3	Laugh Now Cry Later	Drake ft. Lil Durk
4	Rockstar	DaBaby ft. Roddy Ricch
5	Blinding Lights	The Weeknd
6	Whats Poppin	Jack Harlow ft. DaBaby, Tory Lanez & Lil Wayne
7	Watermelon Sugar	Harry Styles
8	Roses	SAINt JHN
9	Savage Love (Laxed - Siren Beat)	Jawsh 685 x Jason Derulo
10	Before You Go	Lewis Capaldi

chart dated Sept. 5, 2020

billboard HOT 100

SONG		ARTIST
1	Dynamite	BTS
2	WAP	Cardi B ft. Megan Thee Stallion
3	Laugh Now Cry Later	Drake ft. Lil Durk
4	Rockstar	DaBaby ft. Roddy Ricch
5	Blinding Lights	The Weeknd
6	Watermelon Sugar	Harry Styles
7	Whats Poppin	Jack Harlow ft. DaBaby, Tory Lanez & Lil Wayne
8	Mood	24kGoldn ft. iann dior
9	Savage Love (Laxed - Siren Beat)	Jawsh 685 x Jason Derulo
10	Before You Go	Lewis Capaldi

chart dated Sept. 12, 2020

2주 연속(9월 5일, 9월 12일) 빌보드 핫100 차트에서 1위를 차지한 BTS의 '다이너마이트', K-팝 역사의 새 장을 연 사건이다.

반면, 싱글 '핫100'은 음원, 스트리밍, 유튜브, 방송 횟수와 라디오 플레이 수가 종합적으로 반영된 현시대의 최고 인기곡들로 구성되며, 국내 가수로는 원더걸스의 '노바디76위', 싸이의 '강남스타일2위'과 '젠틀맨5위', BTS의 '페이크 러브10위', 블랙핑크의 '러브 식 걸즈59위' 등이 진입했었으나 1위는 이번이 처음이다. 또한 빌보드 역사상 '핫100'에서 2주 연속 1위를 지킨 곡은 '다이너마이트'를 포함하여 20여곡 밖에 안 된다고 하니 대단한 영예라 할 수 있겠다.

이제 빌보드 핫100 차트는 K-팝 아이돌에게 더 이상 넘지 못할 성역이 아님이 여실히 증명되었다. 빌보드 차트가 2014~2015년 즈음, 음반CD에서 스트리밍 서비스로, 즉 청취자에서 사용자로 소비가 재편되며 예전만큼의 명성은 잃었으나 그럼에도 80여 년간 영어권 가수들의 잔치판이었던 점을 감안하면 경이로운 성과가 아닐 수 없다.

빌보드와 유튜브에 이어 스포티파이까지 석권

이 같은 K-팝 신드롬은 비단 빌보드 순위에 그치지 않는다. 발매하는 곡마다 유튜브에서 누적 조회 수 10억 뷰 수준을 유지해온 블랙핑크는 최근 '하우 유 라이크 댓How You Like That'의 경우 두 달도 채 안되어 6억 뷰를 달성했으며 SM엔터테인먼트의 슈퍼엠(EXO의 백현과 카이, NCT의 태용과 마크, 샤이니의 태민, Wayve의 텐과 루카스로 구성된 연합 팀)은 미국 CBS, NBC, ABC의 간판 토크쇼에 멤버 전체가 모조리 초대되며 북미 10개 도시의 투어를 성황리에 진행했다. 특히 슈퍼엠의 경우, 미국의 캐피톨 뮤직그룹CMG에서 SM엔터테인먼트에게 오히려 역제안하여 결성된 아이돌 팀이라고 하니 지금 K-팝의 위상을 여실히 보여주는 대목이다.

출처 : 유튜브 캡처

걸그룹 최초, 최단기간에 유튜브 6억 뷰를 기록한 블랙핑크의 'How you like that'.

한편, K-팝의 기폭제가 된 유튜브는 논외로 하더라도, 전 세계 1억 4천만 명2020년 11월 기준의 유료 가입자를 보유한 음원 스트리밍 플랫폼인 스포티파이를 통해서도 K-팝의 위상은 여과 없이 증명된다. 2020년 11월 기준으로 스포티파이가 진출한 92개국 전체에서 K-팝이 제공되고 있으며 한국국제문화교류진흥원 조사에 따르면 최근 6년 동안 스포티파이에서 K-팝을 스트리밍한 소비량은 1,800% 이상 증가한 것으로 나타났다. 산업 측면에서의 양적 성장은 2010년대 이후 연평균 7~8% 수준의 꾸준한 성장률을 보이며 온라인 음악 유통, 공연, 노래 연습장 사업 등을 포함하여 2018년 기준 6.1조 원에 이른다. 이와 별도로 음악 상품의 수출액은 5.6억 달러6,300억 원 수준이며 대부분 국내 아티스트의 해외 매출과 라이선스 매출이다. 그러나 2020년은 팬데믹의 장기화로 BTS와 블랙핑크라는 글로벌 신드롬에도 불구하고 공연 수익이 50% 이상을 차지하는 현 음악 산업의 구조상, 심각한 타격을 받을

〈국내 음악 산업 매출〉

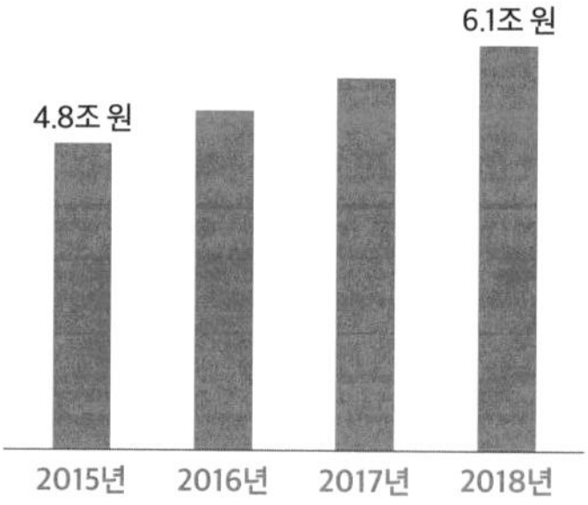

출처 : 2019 문화체육관광부 통계자료

〈한류가 유발한 음악 상품 수출액〉

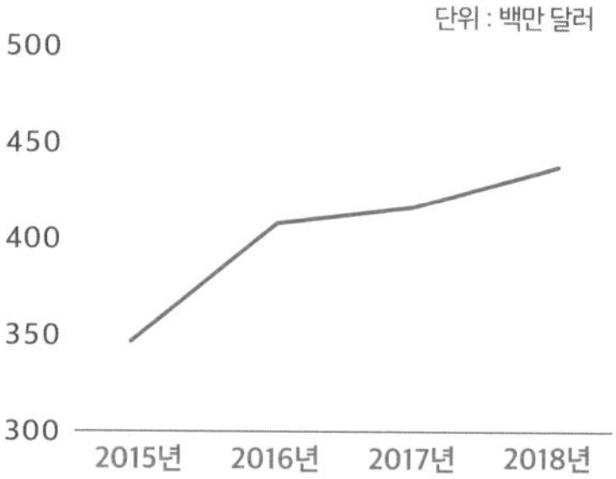

출처 : 한국국제문화교류진흥원

것으로 예상된다. 글로벌 투자은행인 골드만삭스는 해당 산업에 전년 대비 25% 이상의 손실이 있을 것으로 예상했으며(공연 수익으로 한정 시 75%로 손실 증가) 실제로 2020년 상반기 기준, CJ ENM의 음악 사업은 60%, SM과 JYP도 25% 수준의 매출 감소를 보였다.

현재의 음악 산업은 크게 3가지 모델, 즉 음반 판매와 스트리밍 서비스인 음악 본연의 사업과 IP를 활용한 사업 그리고 공연 수익으로 구성된다. 특히 공연의 경우, 앞서 언급된 절반 이상의 매출뿐 아니라 관광 사업으로의 수요 역할도 강하다. 한국경제연구원이 발표한 보고서에 따르면 BTS의 연평균 국내 생산유발 효과는 4조 1,400억 원, 타 산업에 미치는 부가가치는 1조 4,200억 원이며 BTS로 인해 한국을 찾는 외국인 관광객 수는 코로나 이전의 분석이긴 하지만 한 해 80만 명 이상으로 추정된다.

그렇다면, 전 세계 음악 산업에서 한국 시장의 비중을 알아보자. 2019년에 발표된 국제음반산업협회IFPI 자료에 따르면, 각국의 음악 산업 수익은 2018년 기준으로 미국이 여전히 1위다. 그 뒤를 일본, 영국, 독일, 프랑스가 이어받고 있으며 한국 시장은 6위이나 전년 대비로는 타 국가들 대비 18%라는 높은 증가율을 보이고 있다.

한편, K-팝 스타들이 더 이상 동남아시아만의 별이 아니라 할리우드 스타에 버금가는 위상을 자랑한다는 사실은 최근 명품 디자이너 브랜드들의 마케팅에서도 확연히 드러난다. 블랙핑크의 멤버들은 샤넬과 셀린느, 입생로랑의 글로벌 앰버서더(홍보 대사)로 활동 중이며, 엑소의 멤버 찬열과 카이 역시 프라다와 구찌의 글로벌 모델과 엠버서더로 발탁되었다. 백 년 이상의 오랜 전통과 고고한 브랜드 가치를 자랑하는 유럽의 명품 브랜드들이 이들을 글로벌 뮤즈로 내세운다는 것은 말 그대로 K-팝 아이돌 신드롬과 함께 K-팝 콘텐츠의 위상을 여실히

〈전 세계 음악 산업 수익〉

단위 : 천만 달러

순위	국가명	2017	2018	증감률 (%)
1	미국	5,916	6,803	15.0
2	일본	2,727	2,820	3.4
3	영국	1,310	1,350	3.1
4	독일	1,323	1,192	-9.9
5	프랑스	925	941	1.8
6	한국	494	583	17.9
7	중국	292	526	80.0
8	호주	412	458	11.0

출처 : 2019 IFPI Global Music Report

증명하고 있다.

글로벌 음원 플랫폼인 스포티파이에서도 블랙핑크가 '글로벌 탑 50' 차트뿐 아니라 '미국 탑 50' 차트에서도 10위권 진입을 유지하는 등, K-팝 현상을 여과 없이 읽을 수 있다. 이쯤 하면, K-팝이 1992년 '마카레나Macarena'의 히트로 시작된 월드뮤직의 반짝 인기와는 차원이 다르게 꽤 장기적으로 지속되는 글로벌 사회 현상임을 부인하기 어렵다. 여기에서 '사회 현상'이란 표현을 쓴 이유는 단순히 음악을 넘어서 스타들의 패션과 안무, 언행들이 복합적으로 Z세대의 문화와 그들의 소비에 영향을 끼치고 특히 이에 열광하는 팬덤들이 지금 시대의 디지털 바이럴을 만들어내는 문화 소비 권력층으로 자리 잡고 있기 때문이다. 여기에 국경의 경계를 허물어준 유튜브 역시 완벽한 조력자로서 팀 플레이에 크게 기여했다.

하나의 음악 장르가 된 K-팝

그럼, 여기서 K-팝이라는 단어의 유래를 보자. 우선 '팝Pop'이란 본래, 쉽게 귀를 잡아 끄는 리듬과 멜로디, 후렴구를 갖춘 음악을 일컫는 말로 쓰이다가, 1950년대 이후 미국을 중심으로 한 팝 문화가 시대의 흐름이 되면서 하나의 대중음악 장르로 인정받았다. 이후 자연스럽게 브리티쉬-팝, 라틴-팝, J-팝 등으로 가지치기를 해왔고 K-팝은 2005년 동방신기의 일본 흥행을 시작으로 본격적으로 알려지기 시작했다. 이렇게 팝 음악의 가지치기에 불과하던 K-팝이 이제 로큰롤과 R&B, 블루스, 포크송이나 힙합처럼 하나의 온전한 음악 장르로 올라서고 있으며, 이는 매년 수십억 달러를 창출하는 산업의 규모적 가치만으론 설명이 부족하다. 1980년대 힙합이나 라틴-팝이 뉴욕 브롱스의 빈민가에서 중남미 이주민을 기반으로 올라선 것과는 다르게 지금의 K-팝은 '유튜브'라는 플랫폼 아래 국경이나 인종을 초월해 응집되고 있기 때문이다. 이것이 세계 각지에 흩어진 변방의 매체들까지 지금 'K-팝 현상Phenomenon'이라는 신조어에 집중하는 이유다.

빅뱅뮤뱅의 도돌이표, 플랫폼과의 힘겨루기

전작인《콘텐츠가 전부다》에서는 지금의 '콘텐츠온리의 시대'가 오기까지 동영상, 음악, 게임, 팟캐스트, 소셜미디어 등 각 분야에서 콘텐츠가 생산되고 유통되는 방식 그리고 산업의 동향을 훑어보며 미래를 예측했다. 그러나 엄밀히는 다양한 콘텐츠 산업군마다 콘텐츠온리의 시대를 맞이한 시점과 그들만의 방식은 다를 것이다. 특히, 한국의 음악산업은 2015년 이후 가속화된 디지털 플랫폼들의 과다공급에 의한 수요공급 논리, 즉 시대적 트렌드에 따라 지금을 맞이한 것이 아니라 소위 '방송국'이라 부르는 TV 플랫폼이나 스트리밍 플랫폼과 줄다리기를 해가며 지금을 맞이했다. 다시 말해 2020년의 K-팝을 대표하는 BTS와 블랙핑크의 뒤에는 한국의 전략적인 연습생 시스템과 강력한 팬덤 외에도 플랫폼과 겨뤄온 지난한 역사가 녹아 있다.

이에 대한 공감과 담론을 위해 업앤다운이 있었던 한류의 역사 그리고 한국의 대중가요가 K-팝 엔터테인먼트로 불리기까지의 치열한 과정을 되짚어보도록 하자.

한류 르네상스의 최고점을 찍다

시작하자면 '한류'라는 단어의 기원은 중국도 일본도 아닌 대만이었다. 90년대 후반 '유키'라는 대만 가수가 당시 강원래와 구준엽이 이끌던 클론의 '도시탈출'을 불러 인기를 얻기 시작했고, 이후 클론이 대만에 초청되어 센세이션을 일으키면서 대만-홍콩-중국을 아우르는 한류 열풍을 만들었다. 이때만 해도 K-팝이란 단어나 K-팝 문화는 언급되지 않았다. 이후 1997년 중국 관영방송 CCTV에서 방송된 MBC의 〈사랑이 뭐길래〉가 한국 드라마의 수출 길을 열었고 이어서 동일 방송사의 〈별은 내 가슴에〉가 소위 대박을 치면서 K-드라마의 위상이 높아졌다. 클라이맥스는 자타공인 〈겨울연가〉다. 2002년 일본 열도를 뒤흔든 KBS의 〈겨울연가〉는 일본에서만 1,072억 엔1조 720억 원의 부가가치를 창출하며 한류 르네상스의 시작을 알렸다. 이렇게 지상파 드라마가 주도하던 한류는 몇 년 지나지 않아 2005년 동방신기, 2010년 소녀시대를 중심으로 한 K-팝 그룹의 활약으로 이어진다.

반면, 2012년 싸이의 '강남스타일'이 주도한 제2의 한류는 희소성 있는 아티스트의 색깔과 후크Hook가 강한 리듬과 안무 외, '유튜브'라는 글로벌 미디어 플랫폼을 레버리지로 확산되었다는 것이 다른 점이었다. 이에 대해 구글의 에릭 슈미트 회장은 "당신 때문에 세상이 한국을 주목하고 있다"라는 역사적인 말을 남기기도 했다. 결국 '강남스타일'은 유튜브 동영상 최초로 10억 뷰를 돌파하고, 현재까지 누적 38억 뷰

〈겨울연가〉에서 본격 시작된 한류는 '강남스타일'로 큰 물줄기를 만나 지금은 K-드라마와 K-팝에 힘입어 '한류 3.0' 시대를 맞이했다.

이상이라는 경이로운 기록을 남겼으며 국경의 구분도, 판매 계약서도 필요 없는 심지어 편성 시점이나 시청률 따위도 중요치 않은 새로운 한류의 포문을 열었다.

이렇듯 메이저 기획사들의 전략적인 육성과 지원 아래, K-팝 그룹의 활약은 지속됐으나 2015년을 시작으로 몇몇 팀들의 사건 사고와 (트와이스 멤버 '쯔위'의 대만 국기 논란 등) 주변국과의 정치적 난제들로 이전과 같은 인기를 끌지 못하게 된다. 여기에 과거사를 둘러싼 일본의 혐한 정서, 중국의 한한령(한류제한령)까지 덮치며 한류는 일시적으로 잦아드는가 했지만, 2016년 KBS의 〈태양의 후예〉와 tvN의 〈도깨비〉, 2018년 tvN의 〈남자친구〉 등 스타성과 콘텐츠의 완성도를 등에 업고 다시 예년의 기운을 이어갔다. 물론 현재는 한한령 해제에 대한 기대감과 2017년 본격화 된 BTS 열풍에 힘입어 '한류 3.0'시대라는 새로운 르네상스의 최고점을 완성 중이다. 지역적 범주 역시 2000년대 초 중국, 일본, 태국이 중심이었던 시장이 2010년 유럽과 브라질, 멕시코 등으로 확장되었고 현재는 BTS와 블랙핑크가 기폭제가 되어 미국 시장까

〈K-팝의 역사와 국가 확장〉

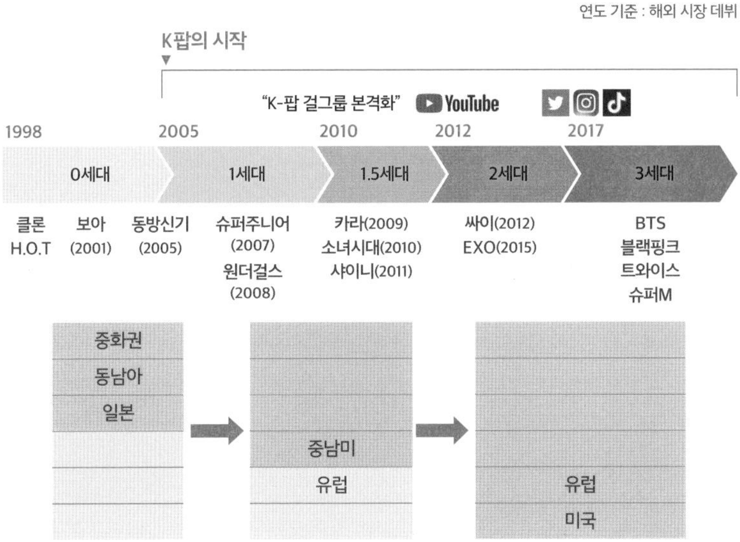

지 점령 중이다. 이제 전 세계 어디에서나 K-팝의 리듬과 안무에 중독된 팬덤을 쉽사리 발견할 수 있다. 영화 〈라라랜드〉의 여주인공을 맡았던 할리우드의 엠마 스톤 역시, 미국 TBS의 토크쇼 〈코난Conan〉에 출연하여 "K-팝은 내게 중독이며, 지금 글로벌 현상이다"라고 소리치며 현장의 호응을 받은 바 있다.

플랫폼과의 힘겨루기

그렇다면, 이렇게 K-팝 콘텐츠가 글로벌 세대 교체를 해온 20여 년간 한국 시장에서는 어떻게 성장해왔을까? 이에 대한 논의를 위해 우선 '음악 산업에는 어떤 플랫폼이 있을까'를 생각해보면 대부분 유튜브와 멜론을 떠올릴 것이다. 여기에 '음악 좀 듣는다' 하는 사람이면 (국내에서 서비스를 제공하지 않아 낯설 수 있겠으나) 스포티파이를 언급할 수 있다 (스포티파이는 한국 시장 진출을 위해 2020년 초 '스포티파이 코리아'를 설립했으며 현재 한국 음원 확보를 위해 협상중인 것으로 알려졌다). 또는 전 세계적으로 5,500만 대가 팔린 아이팟 구매자라면 2010년 즈음까지 최전성기를 맞았던 이 귀여운 벽돌 디바이스를 음악 플랫폼으로 인지할 수도 있다. 그렇다면 스트리밍 플랫폼이나 21세기형 주크박스라 할 수 있는 아이팟의 등장 전에는 무엇이 플랫폼이었을까? 바로 TV와 라디오였다. 특히, 대형 기획사 중심의 아이돌 그룹들이 꼬리를 물고 탄생하던 2000년대 이후 이들의 유일한 TV 노출 창구였던 지상파 방송국들은 프로그램 편성과 출연권을 손에 쥔 막강한 플랫폼이었다.

그런데 2011년 메이저 기획사인 YG엔터테인먼트(이하, YG)가 빅뱅의 미니 4집 발매 당시, 신곡 '투나잇'의 컴백 무대를 KBS 〈뮤직뱅크〉에서 진행하지 않는 사건이 발생한다(이하, 빅뱅뮤뱅 사건). 통상적으로 스타 아이돌 그룹의 데뷔 무대는 지상파 3사의 간판 음악 프로그램에서 고루 진행해왔던 터라 자연스럽게 시장의 이목이 집중되었다. "상호 별다른 갈등은 없다"라는 양사의 입장 발표에도 불구하고 이후 4년여간 KBS의 음악과 예능 프로그램에 YG 소속 가수들이 대부분 출연하지 않으면서 기획사와 공영 방송국 간의 불화설은 암묵적으로 기정사실화되었다.

이러한 빅뱅뮤뱅 사건 이후, YG는 SBS와 CJ ENM의 프로그램에 한정적으로 출연하며 소속 가수들의 활동을 지원했다. 사실상 YG에는 빅뱅 같은 거물급이 아닌 노출 빈도를 극대화해야 하는 신인 가수들도 있기 때문에 이 같은 '선별적 출연 플레이'를 위해서는 머리셈이 복잡했을 것이다. 당시 YG의 양현석 전 대표 역시, "우리 콘텐츠(소속 가수)가 아무리 인기를 얻는다 해도 사실 (우리는) 일개 기획사에 불과하죠. 결국 우리만 손해라는 것은 모두가 아는 사실입니다. (다만 방송국에) 합리적이고 형평에 맞는 대우를 부탁드리고 있습니다"라는 인터뷰로 화해의 제스처를 취했으나 양사 간의 정확한 헤게모니나 시시비비는 알 길이 없다. 다만 TV 방송국이나 기획사 모두의 물리적 제반 환경을 고려할 때, 출연료나 의상 규제 문제, 음악과 예능 프로그램 간의 패키지 섭외 등으로 기획사와 방송국 사이에는 복잡다단한 이슈가 끊이지 않았을 것으로 추정할 수 있다. 결국 4년여의 시간 동안 시청자들은 빅뱅의 '투나잇'과 박봄의 '돈크라이'를 KBS TV에서 들을 수 없었다(단, KBS 라디오국에는 동일 기간 YG 아티스트들이 출연했고 곡도 송출되었다).

1989년 창립되어 사실상 K-팝의 명가라 할 수 있는 SM엔터테인먼트(이하, SM) 역시 대한민국을 떠들썩하게 했던 사건이 있었다. 2009년 SM은 엠넷닷컴Mnet.com과 음원 재계약을 위한 협의 중, 신뢰 위배를 문제로 음원 공급을 중단했고 이는 2년여간 지속되었다. 음원 공급뿐 아니라, 엠넷의 간판 프로그램인 〈엠카운트다운〉이나 연말 시상식에도 소녀시대, 샤이니, 슈퍼주니어 등 SM 소속 가수들은 출연하지 않았다. 소속 가수들의 노래가 방송국의 음악 프로그램이나 스트리밍 플랫폼에 서비스되지 않을 경우, 종합적인 집계로 순위가 매겨지는 음반 차트에서 불이익을 감수해야 한다는 측면에서 빅뱅뮤뱅 사건과 흡사하다. 이 밖에도 2010년 SK텔레콤 고객을 대상으로 무료로 제공되던 멜론 프로모션 진행 중, 일부 단말기에서 SM 음원이 중단된 사례나 2011

년 싸이월드의 SM 음원 서비스 중단 등, 지난 십여 년간 K-팝 기획사들은 (적어도 그들의 기준에서) 불합리한 콘텐츠 공급 거래나 소속 가수들의 부적절한 예우 등을 사유로 거대 방송국이나 대기업 자본의 스트리밍 플랫폼들을 상대로 힘겨루기를 해왔다.

플랫폼에 버텨온 K-팝 역사의 배경

그렇다면 이러한 힘겨루기는 어떻게 해석해야 할까? 영화나 드라마 영역보다 시장 규모 및 시스템 측면에서 먼저 산업화된 영역도 아니었고, '돈 내는 콘텐츠'라는 인식 또한 강하지 않았음에도, 이들의 콘텐츠 힘겨루기는 꽤 간헐적이었다. 이는 크게 3가지로 해석되는데, 한류로 인한 글로벌 매출과 공연 수익의 비중이 높아지며 상대적으로 국내 플랫폼 매출에 덜 의존하게 된 점, 사람, 즉 '셀럽 IP' 비즈니스라는 관점에서 여타의 콘텐츠 사업처럼 완제품을 기계적으로 유통시키는 구조가

〈4대 기획사 매출 성장 추이〉

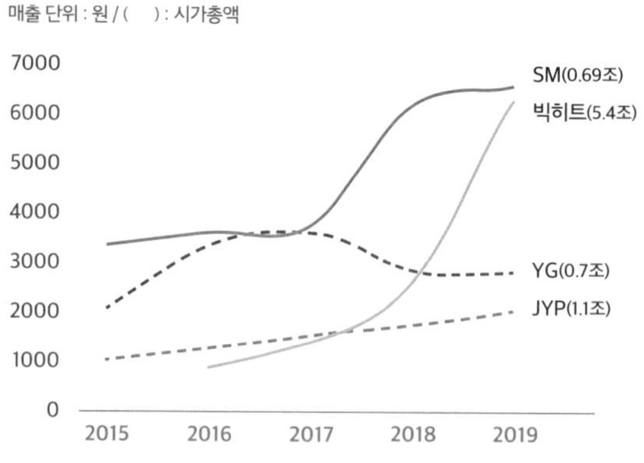

출처 : 2020 PWC / 메조미디어트렌드 분석

아니라는 점, 그리고 일부 기획사들에 대형 자본이 유입되면서 가파른 성장으로 일정 수준 이상의 협상력을 갖게 된 점을 들 수 있다. 즉, 플랫폼을 상대로 저울질하거나 전략적인 의사 결정을 할 수 있게 된 것이다. 마지막은 가장 중요한 올인원All in One 생산 시스템이다. 집단 지성의 역할이 분절화되어 있는 타 콘텐츠들과는 달리, K-팝은 연습생 선발부터 최소 1~8년간의 교육과 육성, 이미지 컨셉까지의 토탈 매니지먼트와 음원 프로듀싱, 작사와 작곡을 포함한 제작과 유통까지 한 회사에서 책임지며 'K-팝 아이돌'과 'K-팝 음악'이라는 두 종류의 콘텐츠를 생산하는 올인원 시스템이다. 이러한 시스템은 콘텐츠에 대한 단독적인 권리를 행사할 수 있는 상황으로 이어졌으며 대형 기획사의 수장들이 한결같이 '소속 가수의 보호'과 '음원 권리'라는 언급을 동시에 하는 이유이기도 하다.

그리고 이 역사의 '버텨옴'이 특별하다는 건, 드라마와 영화 시장과의 절대 비교가 필요하다. 통상적인 콘텐츠 판의 언어로 '독점 시장인 미국과 비독점 시장인 한국'이라는 말이 있다. 즉, 그간 한국 시장에서는 콘텐츠 사업자들이 극장이나 유료 방송(IPTV, 케이블TV, 위성방송) 또는 통신 기업들의 모바일 플랫폼을 상대로 콘텐츠의 제공 여부를 취사선택하거나 내키지 않으면 '빼버리자'라며 배짱을 부릴 수 있는 문화가 아니었다. 고객을 모으는 플랫폼이 우위에 있다는 암묵적 진리는 물론이고 코앞에 보이는 당장의 재무적 손실도 감내할 수 없었기 때문이다. 물론, 2018년 이후 OTT 대세론이 떠오르면서, 특정 OTT와 콘텐츠 사업자와의 결탁으로 콘텐츠를 빼고 넣는 움직임이 열렸지만 비교적 최근의 일이다.

그런데 K-팝의 역사만은 달랐다. 작게는 녹화 환경에 대한 건의부터 크게는 콘텐츠 공급 계약에 대한 상호 신뢰의 이슈를 언급하며 플랫폼과 힘겨루기를 해왔다. 수면 아래의 진실은 알 수 없으므로 이 같은 항거를 위한 K-팝의 방식이나 논리의 타당성에 잣대를 대는 것 또한 소모적이다. 혹자는 국내 시장에 국한된 지엽적인 이벤트들로 간주할 수 있겠지만, 그럼에도 지난 10여 년간 여타의 콘텐츠 산업과는 다른 패러다임이 반복됐다는 측면에서 플랫폼에 버텨온 K-팝의 역사는 되짚어볼 만하다. 이는 미국 시장에서 음악 스트리밍 플랫폼 간 전쟁이 가장 치열했던 2015년, 테일러 스위프트가 애플뮤직과 스포티파이를 상대로 공정한 계약과 대가를 요구하며 음원 공급을 중단한 시점보다 무려 10여 년 앞서간 시점이다.

이 밖에도 대기업의 장기적 투자 지원과 적기 적소의 기획력 또한 지금의 K-팝 현상에 큰 역할을 했다. CJ ENM이 2012년부터 지속하고 있는 케이콘KCON이라는 세계 최대의 한류 컨벤션도 그중 하나다. 케이콘은 미주뿐 아니라 중남미, 유럽, 중동, 아시아, 동남아, 오세아니아까지 확장된 글로벌 한류 축제로 2019년에는 누적 관객 100만 시대를 열며 역대 최대 규모를 자랑했다. 매년 다양한 한류 확산지에서 K-팝을 중심으로 K-푸드, K-패션, K-여행, K-뷰티 등 라이프스타일 전반의 한류 상품을 CJ 그룹 특유의 엔터테이닝 기획으로 지원하는 행사다. 컨벤션 기간 동안 개최되는 K-팝 콘서트에서는 매년 최단 시간에 티켓이 매진되는 등, 케이콘은 K-팝을 중심으로 한국 문화 부흥에 크게 기여하고 있다. 2020년의 케이콘KCON : TACT 2020은 코로나 사태로 인해 6월과 10월 두 차례 유튜브와 티빙, 쇼피Shopee 등의 플랫폼에서 생중계

2018년 케이콘 LA 전경과 2020년 유튜브로 생중계된 케이콘

출처 : CJ ENM

로 진행되었다. 특히, 10월에 진행된 '케이콘 시즌2'는 세계 150개 국가에서 유무료 관객을 합하여 440만 명이 시청했으니 지난 8년간 오프라인 케이콘의 관객 수보다 4배 이상 많은 수치다. K-팝 팬덤이 현장에서 쏟아내는 뜨거운 호흡과 열기는 없었지만, 디지털 플랫폼을 통한 라이브 스트리밍은 더 막강한 팬덤을 모바일 스크린 앞으로 모이게 했다. 이에 더해 MR Mixed Reality 이나 AR, VR이 동시에 포함된 확장현실 XR (Expanded Reality) 기술을 활용하여 무대를 설치하거나(사막, 우주 등 8개의 가상공간 제작) 서로 다른 공간에 있는 가수들이 콜라보 무대를 진행하는 등, 상상으로만 가능하던 결합과 연결을 현실화시키면서 K-팝을 넘어 새로운 공연 컨셉을 시도하고 있다.

#항거 #연습생 #유튜브 그리고 #팬덤유니버스

지금까지 2020년 K-팝의 위상과 장르적 의미를 시장 파급력과 산업적 성과 그리고 글로벌 시장에서 'K-팝 현상'으로 불리는 사회 문화적 현상으로 설명했다. 그리고 지난 20여 년간의 K-팝의 역사를 여타의 콘텐츠 산업들과는 다른 결인, 플랫폼에 버텨온 '독자적 항거'로 해석했다. 그리고 이는 어떤 식으로든 한국의 대중가요가 K-팝 엔터테인먼트로 성장해 온 밑거름이 됐을 것이다. 그렇다면, 이제 지금의 K-팝 엔터테인먼트 산업을 만들어낸 핵심 키워드를 순차적으로 짚어내며 논의하고자 한다. 성공 요인이라 명명하기엔 역사, 아티스트, 외적 요인, 고객 등 각각의 주체와 영향력이 다르므로 '키워드'라는 단어를 사용하겠다.

#연습생

먼저 K-팝 하면 연예 기획사들의 혹독한 연습생 문화를 빼놓을 수 없다. 지극히 평범한 '연습생'이란 단어가 한국 사회에서는 아이돌을 양성하는 기획사에서 가수 후보생들을 통칭하는 특별한 용어로 자리 잡은 것 또한 아이러니하다. 연습생이란 기획사에서 데뷔하기 전까지 훈련을 받는 주로 10대의 가수 후보생을 의미한다. 그러나 여기에서 우리가 인지해야 할 3가지는 대형 기획사의 연습생으로 선발되는 그 자체가 어렵고 연습생으로 선발되어도 월말 평가라고 불리는 기획사의 정기적인 테스트를 통과하지 못하면 중간에 도태되어 떠나야 하고, 이 중 가수로 데뷔하는 확률 역시 바늘구멍에 낙타 들어가기보다 어렵다는 점이다. 그간, 한류와 K-팝 열기로 전 세계 언론이 한국의 지독한 연습생 육성 시스템에 대해 숱하게 보도해왔다. 그 이면에 숨은 기계적 육성 시스템과 청소년 인권 문제, 기획사와의 불공정 계약 등의 부정적인 면 또한 드러난 것이 사실이다. 이에 본 챕터에서는 부정적인 부분보다 연습생 문화라는 시스템이 K-팝에 기여한 측면에 초점을 두고 우선하여 설명했다.

사실, 지속적으로 글로벌 아이돌이 배출되면서 한국의 연습생 시스템은 그간 예능 프로그램이나 다큐멘터리, 뉴스 기획 아이템 등에 노출된 탓으로 대중에게 낯설지 않다. 하지만 90년대 후반까지만 하더라도 연습생이란 단어가 보편화된 시절은 아니었다. 연습생 시스템이 실질적으로 자리 잡게 된 시작은 통상 1998년 SM 가수인 보아의 사례라고 여겨진다. 보아는 이러한 연습생 기간을 거쳐 2000년도에 데뷔해 큰 성공을 거뒀다. 물론 이전에도 연습생과 비슷한 훈련 문화는 있었지만 데뷔 전에 투자한 막대한 재원과 훈련 시스템을 해외시장에서 수배로 수확한 첫 성공 사례로 기록되며 이후 다른 기획사들에게 많은 영향을 줬다. 게다가 보아는 일본 시장을 공략하기 위해 일본어 교육도 받아 일본어를 유창하게 구사했다. 그 시절 기획사가 가수 후보생에게 외국어 교육을 한다는 것 역시 독보적인 일이었다. 실제로 SM은 '캐스팅-트레이닝-프로듀싱-매니지먼트'로 이어지는 일명 연습생 벨류체인Value Chain을 최초로 구축한 기획사라는 데 의미가 크다.

이후 대형 기획사들의 연습생 시스템은 체계를 갖춰가며 음악성 외에도 스타일, 체력, 인성, 외국어까지 관리하는 토탈 매니지먼트로 진화해갔다. 연습생의 선발 방식은 기획사마다 다르지만, 정기적인 오디션을 통하는 게 일반적이며 TV 예능 프로그램으로 기획된 방송국의 오디션 프로그램들, 그리고 여전히 길거리 캐스팅도 존재한다. SM의 경우, 1990년대 후반부터 꾸준히 'SM 토요 공개오디션'을 진행해왔는데 매주 500명에서 많게는 몇 천 명에 이르기까지 응모자가 몰린다. 선발된 이들은 기획사와 계약을 체결하고 연습생 생활을 시작한다. 발성과 호흡을 배우기 전에 발음부터 고쳐가고 안무 역시 시작도 못한 채 몸의 움직임부터 하나하나 배워야 한다. 여기에 악기와 외국어 그리고 인성 교육이 추가되며, 앞서 언급했듯이 월말 평가로 퇴출 당하거나 다른 기획사의 연습생 시험을 다시 준비하게 되는 경우도 많다.

2020년 10월, 넷플릭스가 K-팝의 중심에 있는 블랙핑크를 추적해 간 오리지널 다큐멘터리 〈세상을 밝혀라BlackPink: Light up the Sky〉에서 멤버 제니와 리사는 월말 평가를 통한 연습생 퇴출에 대해 면전에서 "넌 이 일을 하기에 실력이 안 된다"는 말을 듣고도 정신을 추슬러야 하고, 친한 친구가 탈락해서 돌아가야 하는 걸 보는 게 가장 힘들다는 말을 했다. 물론 정식 데뷔를 위해 이 정도는 감내해야 하지 않나 생각할 수도 있겠지만, 성실성이나 몸무게를 이유로(보이그룹은 180cm 기준 65kg, 걸그룹은 160cm 기준 40kg 초반대를 장려한다) 또는 즉흥적인 미션을 부여받은 뒤 수시로 퇴출당할 가능성도 있으니 군대보다 치열한 10대들의 전쟁터라 할 수 있다. 전쟁터에서 연애는 당연히 금지이며 엄격한 기획사는 스마트폰이나 SNS 활동까지 금지한다. 이럼에도 불구하고, 국내 최정상의 K-팝 프로듀서인 YG 소속의 테디Teddy에 따르면 이들은 "어린 나이이기 때문에 모든 기술과 수단을 흡수한다". 연습생의 기간은 짧게는 6~7개월부터 길게는 10여 년까지로 잔혹하며 그럼에도 데뷔까지 이어지지 않는 경우가 허다하다. 이렇게 비인간적인 무한경쟁 터전임에도 최근 초등학생의 장래희망 순위 상위에 '연습생'이란 직업이 새로이 올라왔다고 한다. 장래희망이 '아이돌'도 '유튜버'도 아닌 '연습

〈3대 기획사의 평균 연습생 기간〉

그룹명 (기획사)	멤버명	기간
EXO (SM)	디오	2년
	백현	1년
	수호	7년
	찬열	4년
	카이	5년
	세훈	4년

그룹명 (기획사)	멤버명	기간
블랙핑크 (YG)	제니	6년
	리사	5년 4개월
	로제	4년 2개월
	지수	5년

그룹명 (기획사)	멤버명	기간
트와이스 (JYP)	모모, 사나, 채영, 다현, 쯔위	3년
	미나	2년
	지효	10년
	정연, 나연	5년

생'이라고 하니 헛웃음이 나오지만 실제로 대형 기획사들의 연습생들은 데뷔 전부터 팬덤이 움직일 정도이니 현재 K-팝의 위상이 어떠한지 알 수 있는 대목이다.

보통 수천에서 수만 명에 이르는 지원자들이 몰리는 K-팝 오디션. 연습생 공채 합격을 위한 학원까지 등장할 정도로 참여 열기가 뜨겁다.

이처럼 한국의 연습생 시스템은 십수년간 보완되며 전략적인 체계로 완성되었고 여기에 K-팝 상승세가 더해지며 한국의 기획사에서 연습생 출신으로 데뷔했다는 프로필만으로 중화권과 동남아에서 탄탄대로를 보장받는다. 아이돌 트레이너인 인지웅 씨가 유튜브 채널에서 밝힌 내용에 따르면, 실례로 2018년 중국 연예인(배우 포함)소득 순위에서 EXO 출신의 중국인 멤버인 크리스가 2위, 레이가 4위였다고 하니 그야말로 K-팝 아이돌 전성시대다.

#유튜브

다음은 '확산력'의 관점에서 유튜브라는 글로벌 채널의 지대한 공로를 살펴볼 것이다. 식상하지만 쉬운 비교를 위해 잠시 '라떼는 말이야'로 돌아가보자. 2009년 10월, JYP 소속의 원더걸스가 빌보드 싱글 차트인 '핫100'에서 76위의 성적을 거뒀을 때, 박진영 대표의 절친한 친구인 방시혁 현 빅히트 엔터테인먼트 대표는 〈일간스포츠〉의 칼럼에서 "그의 피와 땀을 지켜본 친구의 입장에서 축하의 말을 먼저 건네고 싶다"라고 썼다. '피와 땀'이라는 세 글자에는 2000년대 중반 한국 가수들의 미국 진출을 둘러싼 막막함이 가득 담겨 있다. YG의 수장인 양현석 PD 역시 "그(박진영)가 원더걸스로 미국 진출을 시도했던 시기는 사막에서 바늘 찾기나 마찬가지였다"라고 언급한 적 있다. 몇몇 예능 프로그램에서 박진영 대표와 원더걸스의 멤버들이 당시의 무용담을 풀어낸 걸 들어보면 그들은 드넓은 미국 땅을 차로 일주하며 그 안에서 대부분의 의식주를 해결했다. MBC 〈라디오스타〉에서는 원더걸스의 멤버였던 선미가 "투어버스에서 내가 2층 침대를 박진영이 3층 침대를 썼는데, 박진영이 3층 침대에 올라가면 매트리스가 밑으로 내려와서 관짝에서 자는 느낌이었다", "공연이 닥치면 (지금은 시가총액 1.1조 원대 기업의 대표인) 박진영이 옆에서 홍보물을 나눠주곤 했다" 등의 에피소드를 전하며 시청자들에게 웃음과 안쓰러움을 함께 선사했다.

그러나 이 같은 눈물겨운 물리적인 해외 진출은 유튜브의 꿈틀거림과 함께 머지않아 새로운 판으로 변한다. 2011년 유튜브는 '유튜브 뮤직'이라는 카테고리를 정비하고 메인 화면을 채널 구독 중심으로 개편했으며 미리보기 화면은 보기 좋게 커졌다. 이후로도 유튜브는 지금의 미디어 제국이 되기까지 다부진 준비를 단계적으로 갖춰갔다. 그리고 스마트폰과 유튜브 전성시대의 기운을 모조리 업고 싸이의 '강남스

〈K팝 인퍼블릭[BTS, 블랙핑크]의 글로벌 현상〉

출처 : 유튜브

타일'은 2012년 7월 업로드된 후 그 해 11월 저스틴 비버의 '베이비'를 제치고 '가장 많이 본 동영상' 1위로 등극한다. 이는 K-팝을 전 세계에 제대로 각인시킨 사건임과 동시에 콧대 높은 미국의 대형 음반사들이나 에이전트, 방송국들을 뚫어 인간적 관계를 만들어내야만 하는 수고가 이제 필요 없어지는, 그야말로 국경 없는 실시간 유통의 장이 열렸음을 알리는 사건이었다. 유튜브라는 디지털 플랫폼은 '콘텐츠' 그 자체만이 중요한 시대를 만들어냈으며 필자는 이를 'OTT시대의 직거래 소비'라고 표현한다.

이렇게 시대가 변했고 싸이 이후의 K-팝 가수들, 아니 엄밀히 말해 한국의 연예 기획사들은 지금 전력을 다해 유튜브용 콘텐츠를 생산 중이다. 메이저 기획사에서 10여 년을 아티스트와 동고동락한 업계의 한 임원은 TV 시청률이 저조함에도 바쁜 우리 아이들(소속 아티스트)을 무리해서라도 TV 음악 프로그램에 출연시키는 이유는 TV쇼에서는 뮤직비디오에서 보여주지 못하는 즉흥적인 퍼포먼스를 뽐낼 수 있고 그 영상이 유튜브에서 수십, 수백만 건의 조회 수를 남기며 확산되기 때문이라고 말했다. 즉, TV에 출연하는 이유 역시 유튜브 때문이라고 하니 참 아이러니하다. 뮤직비디오나 콘서트, 공식적인 행사 콘텐츠뿐 아니라 스타들의 자유로운 브이로그 역시 전략적으로 업로드되고 있으며 이를 통해 글로벌 팬덤을 양산한 BTS는 지극히 모범적인 사례로 꼽힌다. 이렇게 업로드된 콘텐츠들은 K-팝 커버댄스, 공공장소에서 무리를 지어 K-팝 커버댄스를 추는 K-팝 인퍼블릭In Public 등 제2의 K-팝 콘텐츠를 연쇄적으로 만들어냈다. 이렇게 유튜브가 콘텐츠 화수분(끊임없이 재물이 나오는 보물단지) 역할을 해오면서 K-팝은 글로벌 현상이 되고 있다.

#팬덤 유니버스

마지막은 팬덤 유니버스다. 설왕설래가 있겠지만 필자는 지금의 팬덤 세계관을 '디지털 조직력'과 '진보적 성향' 그리고 '비욘드 K-팝'으로 규정한다. 먼저, 디지털 조직력에 관해서 말하자면, 2020년의 팬덤은 1990년대 후반, 하늘색GOD과 주황색신화, 흰색H.O.T. 풍선을 들고 몰려 다니며 팬클럽끼리 서로를 견제하고 전국 방방곡곡을 물리적으로 이동하며 오빠들을 쫓아다니던 팬심을 넘어섰다. BTS가 '빌보드 핫100' 1위를 했을 때 몇몇 매체들은 BTS의 공식 팬클럽인 아미가 신곡 '다이너마이트'를 빌보드 1위에 올리기 위해 음원 공개 일정에 맞춰 음반 구매, 스트리밍 횟수, 유튜브 바이럴 규모를 전략적으로 준비했다며 아미의 조직력을 분석했다. 이들은 음원이 발매되기도 전부터 디지털 조직력을 총동원해 앨범 사전 예약 구매는 기본이고 최단기간 차트 정상

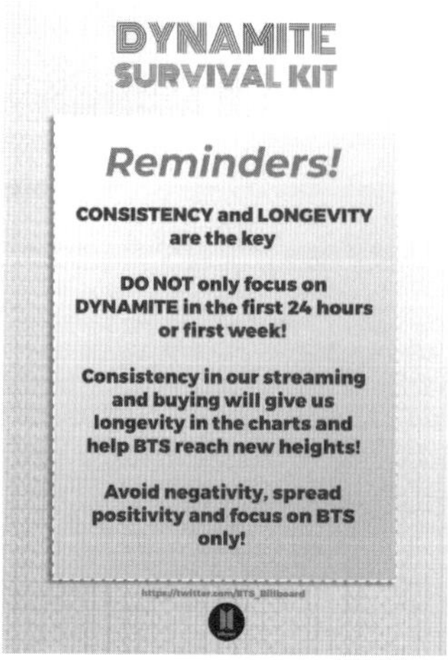

출처 : 트위터 'BTS on Billboard' 계정 캡처

2020년 8월 트위터에 공개된 '다이너마이트 서바이벌 키트'. 차트 정상을 차지하기 위해 BTS 팬덤이 어떻게 해야 되는지, 구체적인 행동요령이 담겨 있다.

에 올리기 위한 '스밍총공'(차트 상위권 진입을 위해 스트리밍에 총 집중하여 공격한다는 덕질 용어)에 집중했다. 구체적으로는 152만 명의 팔로워를 갖고 있는 트위터의 'BTS on Billboard' 계정(@BTS_Billboard)은 2020년 8월 11일, 빌보드 차트 상위 진입을 위한 공략 가이드인 '다이너마이트 서바이벌 키트'를 공개했다. 예를 들어, 무료 계정으로 들으면 유료 계정 스트리밍의 3분의 2만 반영된다, '다이너마이트'만 반복해서 들으면 반영이 덜 되니 다른 아티스트의 곡을 몇 개 끼워넣은 플레이리스트를 생성하고 주변에 공유하자, 아이튠스로 '다이너마이트'를 선물할 때는 빌보드 싱글 차트 반영을 위해 기프트 카드를 활용해라 등 가이드 내용이 정성스럽기 그지없다. 즉, 이들은 우리가 아닌 전 세계의 음악 팬들에게 BTS의 신곡을 어떤 방법으로든지 흘러가게 해서 빌보드 차트에 영향을 끼치는 실질적인 바이럴 효과에 집중한다.

이러한 디지털 팬덤 수위를 보면, BTS와 싸이를 비교하며 "예전 '강남스타일' 때는 뭔가 지구 전체가 싸이의 말춤을 추며 '오빤~ 강남스타일~' 하는 들썩들썩하는 분위기였는데 '다이너마이트'는 빌보드에서 1위까지 했는데도 그 정도는 아닌 느낌이지?"라는 대중들의 우스갯소리도 이해가 된다. 즉, 오늘날 BTS의 위상은 아미의 디지털 팬덤의 조직력이 만들어낸 결과물이라 할 수 있다.

이는 국내에서 해외로, KBS 〈뮤직뱅크〉나 SBS 〈인기가요〉 차트에서 빌보드 차트로 그 공간이 옮겨졌을 뿐 과거 팬클럽들의 조직력과 별반 다르지 않다고 해석하는 것도 가능하겠다. 하지만 2020년 6월, 미국 오클라호마 주에서 열린 트럼프 대통령 유세 현장에서의 노쇼No Show 사건은 K-팝 팬덤의 조직력이 사회운동으로 비춰질 수도 있음을 보여준다. 당시 트럼프 대통령은 연일 하락하는 지지율에 경찰의 과잉 진압으로 숨진 조지 플로이드 사건까지 겹쳐 부정적인 여론에 부딪혔고, 코로나 방역이 지속되는 상황이었음에도 유세를 강행했다. 이러한 분위기로 K-팝 팬덤이 결집되었고 '사전 신청으로 좌석을 매진시키고 당일 현장에는 나타나지 말자'는 노쇼 운동이 일어났다. 이는 틱톡과 유튜브를 통해 순식간에 확산되며 당일 2만 명이 들어갈 수 있는 털사Tulsa 유세장에는 7,900명 정도만이 참석하여 텅 빈 유세장의 모습이 전 세계에 노출되었다.

물론 이는 트럼프 대통령의 지지율 때문이므로 이를 K-팝 팬덤들의 정치 활동으로 간주하는 데는 무리가 있다는 견해 또한 옳다. 또한, K-팝 팬덤들이 정치적으로 동일한 인물을 지지하거나 배척한다는 것 또한 성급한 일반화의 오류일 것이다. 그럼에도 당시 틱톡에서 확산되던 영상을 참고하면 '정치적 목적' 때문은 아닐지라도 이들의 디지털 조직력이 상당 부분 작용했음을 어렵지 않게 유추할 수 있다. 이에 대해, 〈뉴욕 타임즈〉는 '열정적인 K-팝 팬덤들은 왜 정치 행동으로 향하고 있는가'에 관한 특집 보도에서 서구권의 K-팝 팬덤층이 젊고 개방적인 진보 성향의 사람들이라는 것과 세계적으로 인터넷 광대역 서비스를 초기에 채택한 국가인 한국의 대중음악이 IT 환경에 최적화되어 (자연스럽게) 이 팬덤은 세계에서 가장 정교한 집단이 되었다는 메시지를 전달했다.

이에 더해, 호주 커틴Curtin대학의 크리스털 아비딘 교수 등, 몇몇 사회인류 학자들은 사회정의 문제를 향한 K-팝 팬덤의 높은 이해도를 '사이버 자경단Cyber Vigilantism'으로 포장하기도 하지만 아직은 거창한 묘사로 보인다. 다만, 디지털 플랫폼에 최적화된 K-팝의 유통 환경과 글로벌 팬덤층의 진보적 성향 그리고 자신의 목소리를 내는 데 집중하는 문화를 고려할 때, 이 시대 K-팝의 팬덤 유니버스는 '디지털 조직력'과 '진보적 성향' 그리고 '비욘드 K-팝(아이돌 덕질을 넘어 스스로의 철학을 기반으로 실천하는 행위)'으로 해석하는 것이 적절하다.

노모어드림No more Dream 보이에서 유튜브 시대의 비틀즈로

K-팝 엔터테인먼트 산업을 논하는데 하나의 아이돌 그룹을 집중하여 들여다보는 건 편협하거나 일반화의 오류를 범할 수 있다는 우려를 안다. 그러나 20여 년의 K-팝 역사에서 선배 아이돌 그룹과는 지나온 발자취나 기획사의 방향성이 달랐다는 점 그리고 2018년 이후 지난 2년여간 최소 K-팝 산업의 중간 결실을 맺었다는 점에서 방탄소년단(이하, BTS)의 이야기를 하는 건 의미가 크다. 흔히 BTS의 성공을 이야기할 때 너도나도, 또는 BTS를 잘 모르는 사람들마저도 던지는 이야기 중 하나가 "방송국들이 아무도 안 불러주니까 할 거 없어서 미국을 갔다가 빵 터진 거래", "중소 기획사라서 다 무시했대"라는 사대주의적 프레임에 갇힌 발언이다. 이는 절반은 맞고 절반은 틀리다.

BTS는 2013년 여름, '노모어드림No More Dream'이라는 힙합 곡을 통해 데뷔했다. 기획형 아이돌 그룹이 댄스가 아닌 힙합을 한다는 점, SM

·JYP·YG가 아닌 중소 기획사가, 그것도 (적어도 Z세대의 시선에서는) 오래전 활동했던 발라드 작곡가가 기획한 아이돌이라는 것도 우려를 샀는데, 심지어 '방탄(소년단)'이라는 이름까지 특이하다며 놀림거리가 되었다. 물론 멤버들은 데뷔 당시 본인들의 무대 실수도 많았다고 기억한다. 이후 3대 기획사의 신인 그룹들처럼 일거수일투족을 집중받지는 못했지만 2014년 초 '상남자Boy In Luv'라는 곡으로 SBS 〈인기가요〉에서 1위 후보까지 오르는 등, 유야무야 잊혀지는 여타의 중소 기획사 아이돌과 비교되기엔 국내시장에서도 꾸준한 저력을 보여왔다.

기존의 방식을 따르지 않은 그들만의 시나리오

이들의 해외 전략에 대해서 어떤 전문가들은 속된 말로 국내에서 터진 뒤 해외로 진출하는 기존 아이돌과 다르게 BTS는 국내와 해외시장을 동시 공략했다고 하지만, 이 역시 필자는 기획사의 치밀한 사전 전략하에 계획된 것으로 보지는 않는다. BTS의 데뷔곡은 힙합이고 해외파 멤버 없이 구성되었으며, 해외 진출도 SNS가 기폭제가 되었다는 점에서 이들의 인기는 멤버 스스로가 만들어간 것으로 보이기 때문이다. 이에 대해 빅히트 엔터테인먼트의 방시혁 대표 역시 "(BTS를 데리고) 어느 나라, 어떤 문화권에 꼭 가야겠다가 아니라 K-팝 고유의 가치를 지키면서 BTS만의 가치를 더하겠다는 생각이었다. 그래서 멤버들이 사랑하는 힙합으로 대변되는 흑인 음악 베이스에 자신들의 이야기를 녹여 진정성을 지켰다"라고 말했다. 기획사에게 좀 더 관용을 베풀자면, 신인 아이돌 그룹에게 SNS 사용을 불허하거나 기획사가 통제하는 범위 내의 홍보성 피드만 허용하는 대형 기획사들과 다르게 자신의 이야기를, 때로는 사회적인 발언까지도 할 수 있도록 자율성을 주는 기획사의 문화 또는 수장의 DNA로 해석할 수는 있겠다. 실제 방시혁 대표는 몇몇 강의에서 타 기획사들처럼 아티스트를 통제하지 않는다고 언급한 바 있다. BTS는 데뷔 직전인 2012년 12월부터 트위터와 유튜브 등을 통해 외부와의 소통을 시작했다. 연습생이라는 신분의 특성상 스튜디오나 길거리에서 멤버들 간의 '티키타카'를 보여주는 내용이 상당수였지만 거기에는 그 또래만의 고민과 설렘이 담겨 있었다. 또 소셜미디어 플랫폼들이 다양해짐에 따라 10대 특유의 민첩함으로 블로그, 유튜브, 인스타그램, V라이브의 특성에 맞게 콘텐츠의 범위와 강도를 조정해갔다.

특히 '방탄TV'라는 유튜브 채널에서는 멤버 개인마다 '오늘의 로그Log'라는 흔적을 규칙적으로 남기며 무대 밖에서 벌어지는 10대 소년들의 이야기에 귀를 기울이도록 했다. 상대적으로 기획사의 전략적 홍보 냄새가 나지 않는 이러한 콘텐츠에 K-팝 아이돌이라는 호감과 한류라는 기운이 더해지더니 유튜브라는 국경 없는 플랫폼을 타고 해외 팬들이 공감하기 시작했다. 예를 들어, 2013년 10월(데뷔 4개월 시점) 리더 RM은 '아이돌의 형태를 띤 아티스트', '나는 아이돌인가, 아티스트인가'라는 지극히 개인적인 고민을 넋두리하듯 풀었지만 이 콘텐츠는 이 시대 아이돌의 고민을 대변했을 뿐 아니라 닥칠 미래가 불투명한 동시대 10대들에게도 소소한 공감을 선사했다.

그런데 이는 한국에서 미처 스타가 되기도 전에 유튜브를 통해 해외 팬덤이 먼저 열렸다는 관점에서 기존의 아이돌 성공 사례나 검증된 시나리오와는 전혀 다른 전개다. 바쁘면 바쁠수록 BTS의 SNS콘텐츠는 더욱 날것 그대로 전달되었으며 소소한 입담과 멤버들 간의 우정, 특히 새벽까지 이어지는 연습실 안무 영상은 큰 인기를 끌며 글로벌 각지에서 커버댄스로 재생산되고 확산되었다. 이윽고 BTS는 2014년 8월 LA에서 개최된 케이콘에서 압도적인 인상을 남기게 된다. 2015년 세 번째 미니 앨범 〈화양연화 pt.1〉에서는 멤버 전체가 곡을 쓰고 만들었는데, 당시 이 앨범은 콘텐츠의 화두가 소년 일곱 명의 소소한 고민에서 20대 청년들의 고뇌와 사회문제로 넘어가는 중요한 변곡점이 되었다. 데뷔 전부터 늘 하고 싶은 이야기를 하라던 수장 방시혁의 철학에 BTS는 훈련되어 있었고 멤버들의 성장과 함께 그 이야기는 소년들의 내부에서 사회로 확장된 것이다.

2016년에는 드디어 〈화양연화〉와 〈WINGS〉까지 2개의 앨범이 빌보드200에 진입하며 BTS의 모든 것이 전 세계 K-팝 팬덤을 대상으로 유행이 되었다. 국내에서 데뷔한 지 3년 만에 일어난 일이다. 해외 팬덤의 움직임이 꿈틀거리던 케이콘 컨벤션부터 계산해도 고작 2년 만이었다. 그리고 2017년, 세계적인 음악 축제인 〈빌보드 뮤직 어워드〉에서 최고의 소셜 아티스트 상을 수상하며(이후, 2020년까지 4년 연속 이 상을 수상하고 있을 정도로 소셜 팬덤이 독보적이다) 국내 매체들이 집중 조명하기 시작했다. 이로 인해 일반 대중에게도 외국에서 더 유명한 아이돌 그룹으로 각인되며 궁금증을 불러일으켰고, 대중들이 국내 포털에서 BTS를 검색해보는 기이한 현상이 나타나기 시작했다. 유관 산업의 전문가 집단에서도 멤버들에게 해외 활동을 위한 특별 교육은 물론이고 막대한 재원이 필요한 글로벌 쇼케이스, 현지 앨범 발매 등, 별도의 전략적인 투자를 하지 않았음에도 전 세계적으로 BTS 신드롬이 만들어진 배경을 되짚어보기 시작했다.

이후, 2018년 발매한 〈Love Yourself〉 앨범 수록곡들의 메시지와 '자신을 사랑하라'는 앨범명은 그간 BTS가 소셜미디어를 통해 보여준 메시지와 딱 맞아떨어지며 팬덤은 더욱 열광했다. 리더 RM이 진행한 2018년 유엔 연설은 지구상 그 어떤 아티스트도 해내지 못한 디지털을 통한 공감과 감동을 이끌어내며 전 세계의 젊은이들을 일으켜 세웠다. 특히, '아홉, 열 살쯤 내 심장은 멈췄다'는 가사를 인용하며 타인의 시선에 연연하느라 정체성을 잃어버렸다는 RM의 고백은 "Love Yourself, 자신을 사랑하라"는 연설 주제에 더욱 설득력을 갖게 했다. 연설 말미에는 "여러분이 누구이든, 어느 나라 출신이든, 피부색이 어떻든, 성 정체성이 어떻든 여러분 자신에 대해 이야기해주세요. 여러분의 이름과 목소리를 찾으세요. 저는 김남준이며 방탄소년단의 RM이기도 합니다. 아이돌이자 한국의 작은 마을 출신의 아티스트입니다. 당신의 이름은 무엇입니까"라는 질문을 던져 각자의 위치에서 힘들어하는 젊은이들에게 눈물과 용기를 함께 주었다. 이 콘텐츠 역시 기획사의 의도와 상관없이 수백, 수

2018년 9월 UN에서 연설하는 BTS의 리더 RM과 그해 11월 <타임> 표지를 장식한 BTS

천만 명에게 확산되며 아직까지도 'BTS 유엔 연설 해외 반응'이라는 파생 콘텐츠를 폭발적으로 생산하고 있다. 그리고 유엔 연설 두달 만에 한국 가수 최초로 미국 〈타임〉지 커버를 장식한다.

BTS의 이러한 주도적인 행보 뒤에는 아미라는 특별한 팬클럽(조직)이 오랜 기간 자리 잡고 있다. 실례로 유튜브의 '방탄TV' 채널을 보면 멤버들은 데뷔 직후인 7년 전의 브이로그 영상에서도 아미들을 살뜰하게 챙기는 모습을 보인다. 아미는 익히 알려진 대로 여타의 아이돌 팬클럽과는 차원이 다른 소셜 조직력과 확산 속도를 갖고 있다. 실례로 순식간에 콘서트 티켓을 매진시키는 레거시 활동을 넘어 2020년의 빌보드 차트 진입처럼, 현지의 대중문화 평론가나 방송, 라디오 등에 BTS를 제대로 알리기 위해 그 어떤 마케팅 에이전시보다 수면 아래에서 전략적으로 움직인다. 이들의 정량적인 규모를 살펴보면, 3천백만 명의 트위터 팔로워와 4천만 명의 유튜브 구독자 그리고 위버스WEVERSE라 불리는 팬들의 공식 플랫폼에 4백만 명 정도의 가입자가 있다. 이 세 집단은 대부분 교집합일 것으로 추정된다. 특히, 빅히트 엔터테인먼트의 자회사 비엔엑스beNX 소유인 '위버스'의 경우 향후 지속될 언택트 시대에 비대면 팬덤의 영향력이 확장될 것이므로 최초의 '팬덤 전문 플랫폼'으로의 입지를 더욱 강화해갈 것으로 보인다.

이러한 디지털 네트워크로 결집된 아미들은 K-팝의 평균 팬클럽과는 다르게 남성층이 두터우며 그간 아이돌 문화에 소외되어 있던 40대도 상당수로 분석된다. 팬덤층의 다양성 역시 앞서 언급한 "자신의 이야기를 하고 내 목소리에 집중하자"는 보편적인 메세지와 지극히 개인적인 이야기를 디지털로 소통하는 능력에 의한 것으로 해석된다. 실제로 한 여성 아미 A 38세, 유치원 교사는 아이를 출산하고 자존감이 떨어져 있을 때 2018년 발매곡인 'Answer : Love Myself'를 들으며 스스로를 아껴야 한다는 의지를 다졌으며, 남성 아미 B 23세, 유튜버는 중소 기획사에서 그 흔한 해외파 한 명 없이 지방 출신들만으로 성공한 스토리가 '개미 유튜버'인 자신에게도 동질감을 줬다고 했다. 43세의 늦깎이로 아미의 유료 멤버십에 가입한 필자 역시, RM의 유엔 연설을 열댓 번 곱씹었으며 세상을 대하는 이들의 한결같은 모습을 보면서 대한민국 청춘들이 맞이할 미래가 어둡지 않을 거라는 훈훈한 마음을 갖게 되었다.

유럽과 미국 시장의 많은 매체들이 BTS를 비틀즈에 비유하는 이유 중의 하나도 바로 이 지점이다. 가장 먼저는 유럽과 미국이 자극적인 팝 문화에 지배되어 있던 1960년대에 비교적 밋밋하게 느껴질 수 있는 자신의 이야기를 하던 '미운 오리새끼' 비틀즈에게 슈퍼 팬덤이 생겼다는 부분이다. 비틀즈의 공연 중 기절하기까지 하는 등 엄청난 팬심을 보여주었던 1960~70년대의 팬 문화 역시 지금 BTS에 중독된 소셜미디어 팬덤들과 겹쳐 보인다. 이에 더해 비틀즈와 BTS 모두 미국을 삼킨 이방인이라는 동질성 그리고 정량적인 지표로는 빌보드200 차트에 일년이 채 안 되는 시점에 3개의 앨범(2018년 〈Love Yourself 轉 'Tear'〉과 〈Love Yourself 結 'Answer'〉, 2019년 〈Map of the Soul : Persona〉)을 1위로 올리며 BTS가 비틀즈 기록을 따라가고 있다는 점도 비슷하다.

이러한 BTS와 비틀즈의 평행 패러다임 안에서 미국 CBS 방송국의 〈레이트쇼 위드 스티븐 콜베어〉는 한국의 BTS를 초청하여 1964년 비틀즈의 데뷔 무대를 〈Map of the Soul : Persona〉 앨범으로 대체하여 재연했다. 당시 비틀즈의 미국 데뷔 무대였던 〈에드 설리번 쇼〉는 흥미롭게도 BTS가 출연한 〈레이트쇼〉의 전신이다. 지금 이것이 팝의 본 고장인 미국과 유럽에서 한국의 작은 마을 출신인 BTS를 대하는 방식이자 트렌드이며, 이는 곧 BTS의 문화력이다.

이렇게 2013년, 더 이상 꿈을 꾸지 않았던 노모어드림 보이들은 2020년 어느새 유튜브 시대의 비틀즈로 성장했다.

K와 POP 사이의 절묘한 줄다리기 그리고 이후…

"기사 봤어? BTS가 빌보드 1위야 1위. 깜놀했어!"

"어, 봤어 봤어. 어제 밤 9시 뉴스에도 보도됐잖아"

"근데 다이너마이트란 곡이 영어 노래던데? 팝송이더라구. 가요가 아니야"

대중들의 K-팝 빌보드 수다에서 단골처럼 언급되는 이슈다. 사실 이 곡은 한국에서 광고 음악으로도 널리 알려진 브루노 마스Bruno Mars나 2020년을 대표하는 싱어송라이터로 언급되는 해리 스타일스Harry Styles가 부르는 곡들과 별반 다르지 않다. BTS의 빌보드 1위가 놀랍지만 한편으론 "어, 이거 팝송 아닌가?"라는 절반의 의아심도 존재하는 이유다. '다이너마이트'는 100% 영어 가사로 만들어진 영어 노래가 맞다.

그렇다면, K-팝은 무엇인가? 더 엄밀히 말해 우리는 무엇을 K-팝이라고 하는가? 앞서 K-팝이 브리티시-팝이나 라틴-팝처럼 팝 음악의 가지치기로 시작하여 지금은 로큰롤과 R&B, 블루스나 힙합처럼 독립적인 음악 장르가 되었다는 언급이 있었다. K-팝을 규정하는 구성 요인의 개수나 방식은 전문가들마다 조금씩 다르지만 대체로 공통적으로 꼽는 것은 중독적인 리듬과 군무 댄스가 돋보이는 뮤직비디오, 한국 기획사들의 연습생 시스템으로 육성된 멤버 구성 그리고 강한 팬덤의 조직력이다. 이런 관점에서 본다면, BTS가 기존 아이돌 그룹과는 성장 과정이 다르며 국내보다 해외에서 더 높은 인기를 누린다는 이유로 K-팝이 아니라고 주장하는 국수주의적 의견에 대해서는 동의하기 어렵다. 다만 여전히 왈가왈부하는 부분은 '다이너마이트'의 가사가 처음부터 영어로 쓰였으며 작사가와 작곡가David Stewart, Jessica Agombar 역시 모두 영국인이라는 점이다. 그러나 노래의 주체성을 산업적인 범주에서 본다면 언어가 아닌 자본과 기획 시스템이 기준이 되어야 한다. BTS의 '다이너마이트'는 온전히 빅히트 엔터테인먼트라는 한국 기획사에서 기획되어 투자된 K-팝 콘텐츠다. 비슷한 맥락으로는 넷플릭스의 2017년 오리지널 영화인 봉준호 감독 〈옥자〉의 국적을 들 수 있겠다. 〈옥자〉는 강원도 산골 소녀 '미자'와 슈퍼돼지 '옥자'의 이야기에 대사의 대부분이 한국어지만 넷플릭스는 이를 온전한 한국 오리지널 영화라고 말하지 않는다. 〈옥자〉의 연출자가 한국의 스타 감독일 뿐이다(넷플릭스는 〈킹덤〉과 〈범인은 바로 너〉, 〈좋아하면 울리는〉의 제작 국가는 한국으로, 〈옥자〉는 미국과 한국이라고 밝힌다). 실제로도 〈옥자〉는 2001년 브래드 피트와 제니퍼 애니스톤이 LA 비버리힐스에 설립한 플랜B 엔터테인먼트와 한국의 루이스픽쳐스의 공동 제작물이다. 즉, (적어도 필자는) 콘텐츠의 태생을 규정하기 위해서는 표현하는 방식(언어)이 아닌 자본과 기획이 포함된 산업적 시스템의 주체로 구분하는 것이 필요하다는 판단이다.

게다가 과거 방시혁 대표가 "미국 프로듀서에게 받은 노래를 영어로 부른다면 그것은 이미 K-팝이 아니다"라는 소신 발언을 했기에 더더욱 '다이너마이트'의 K-팝 진위론이 도마 위에 올랐다. 그러나 BTS가 미국 시장에 서서히 스며들며 빌보드 차트에 진입하기 시작한 것은 2015년부터이며 이후 이들은 해외 시장에서 지극히 한국적인 앨범으로 진검승부를 해왔다. 즉, 이러한 학습 효과로 전 세계는 BTS가 그 어떤 노래를 불러도 이를 K-팝과 K-팝 아이돌로 받아들인다. 그렇기에 이번 '다이너마이트'는 지난 4~5년간 BTS를 떠나지 않은 글로벌 팬덤을 위한 친절한 서비스로(물론, 미국 시장을 겨냥한 기획사의 전략은 기본이다) 해석하는 것이 무방해 보인다. 또 한편으론 '다이너마이트'를 작곡한 데이빗 스튜어트가 한 인터뷰에서 "이들이 꽤 오랫동안 영어로 된 곡을 부르고 싶어했어요"라고 말하는 것으로 보아 어찌 보면 영어 노래냐 한국 노래냐, K-팝이냐 그냥 팝송이냐, 글로벌 팬이냐 로컬 팬이냐, 한국성을 잃은 거냐 버린 거냐의 진실공방 자체가 기성세대만의 갑론을박일 수 있겠다. 멤버의 대부분이 1990년대 중반생인 BTS와 그의 충실한 팬덤에게는 노래의 국적이나 팬덤의 지역성 따위는 중요하지 않기 때문이다.

그러나 K-팝이 글로벌 현상으로 올라온 이상, 앞으로도 전문가들의 다양한 해석과 논쟁 아래 'K'(한국이라는 지역성)와 '팝'(대중음악) 사이에서 줄다리기 충돌이 예상된다. 물론 동시대의 사회 현상이나 구성원 간 통용되는 암묵적 합의에 의해 사회적 정의는 진화하기 마련이다. 이런 측면에서 K-팝의 범주를 속단하기는 어렵지만 적어도 지금은 중독적인 리듬과 군무 댄스, 한국의 연습생 시스템을 기반으로 한 완성도와 팬덤의 조직력이 기반이 되어 생산된 음악 콘텐츠로 규정하는 것에 무리가 없어 보인다. 즉, 아시아 계열(부모 중 한 명이 아시아권)은 되지만 서구권 계열은 안 되는, 한국인이 한국어로 부르는 노래여야 한다는 일차원적인 전제를 우선시할 경우 빌보드 상위권 진입으로 인한 제2의 창출 효과(2020년의 BTS와 블랙핑크처럼 해외 시장에서 'K-팝 아이돌'이라는 정체성으로 서로 시너지 효과를 창출)는 물론이고 K-팝이 글로벌 대중음악 산업으로 온전히 뿌리내리는 데 제약이 있을 것이다.

'다이너마이트'에서 시작된 이 같은 K-팝 갑론을박은 정확히 만 90일 뒤인 11월 30일, 후렴 몇 구절을 제외하고는 온전한 한국어 노래인 BTS의 '라이프 고즈 온Life Goes On'(새 미니앨범 〈BE〉의 타이틀곡)이 또 다시 빌보드 핫100 차트 1위에 등극하며 무색해졌다. 이는 빌보드 싱글 차트 역사상, 최초의 한국어 노래임은 물론이고, 비영어권까지로 확장하더라도 공개되자마자 1위로 올라선 최초의 곡으로 기록될 것이다.

이제 다음 세대의 K-팝 아이돌의 모습을 그려보자. 2020년의 일본의 음악 시장 역시 K-팝 아이돌이 지배했다. JYP엔터테인먼트의 박진영 대표가 기획한 9인조 일본 걸그룹인 니쥬NiziU가 (박진영 대표 본인 스스로의 표현을 빌리자면) 일본 음악 시장의 새로운 역사를 쓰고 있는 것이다. 신인 그룹이 디지털 앨범, 디지털 싱글, 스트리밍 부문까지 최초 3관왕에 오른 것도 모자라, 프리 데뷔곡인 '메이크 유 해피'는 각종 음악 플랫폼의 64개 차트에서 1위를 차지하는 기염을 토하며 여성 아티스트 사상 최초의 1억 스트리밍을 돌파했다. 이후 정식 데뷔곡인 '스텝 앤 어 스텝'까지 오리콘 싱글 차트 1위에 올랐으니 니쥬의 장기 흥행은 의심할 여지가 없다.

이미 우리는 10여 년 전부터 해외 국적의 멤버들이 한두 명 속해 있는 K-팝 아이돌 그룹에 대해 익숙하며 반감도 없다. 그런데 2020년 6월 일본에서 데뷔한 니쥬는 멤버 전원이 일본인이라는 점에서 낯설다. 그렇다면 이들은 K-팝 걸그룹인가? 니쥬는 일본 소니뮤직과의 합작으로 진행된 JYP 글로벌 오디션 '니지 프로젝트Nizi Project'에서 일본 시장을 최우선 타깃으로 결성된 걸그룹이다.

일본 시장을 점령한 니쥬에 대해 MBC 〈라디오스타〉에 출연한 박진영 대표는 니쥬가 '외국인' 가수들이라는 점은 맞지만 외국 가수는 아니다, 멤버 전원이 JYP와 계약된 한국 JYP 소속의 K-팝 아이돌 그룹이라는 점을 강조했다. JYP는 멤버를 선발하고 연습생 시스템으로 훈련시키고 작사·작곡을 포함한 프로듀싱까지 아이돌 탄생을 위한 전 과정을 주도했다. 100% 외국인 그룹의 정체성과 K-팝 기술을 유출시킨다는 공격에 대해 박진영 대표는 한국의 기획사들이 세계적인 회사로 성장하기 위해서는 한국인 또는 한국인이 50% 이상인 그룹으로는

박진영 대표가 기획한 일본의 9인조 걸그룹 '니쥬'

<K팝 아이돌 그룹의 구성 변화>

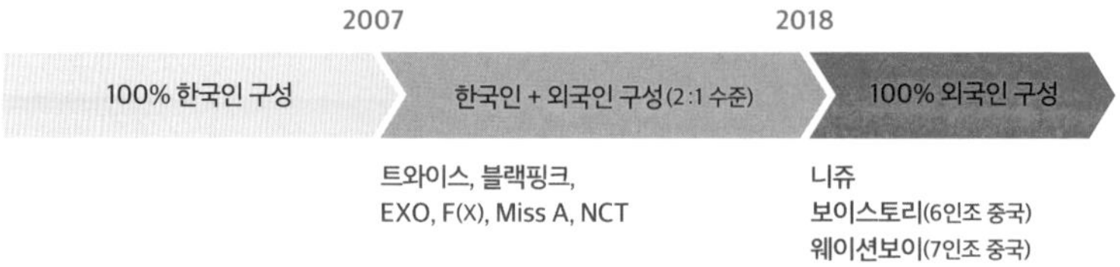

성장의 한계가 있다고 설명했다. 이는 멤버 전원이 한국인으로 구성된 BTS의 성공을 다른 아이돌에게 일반화시킬 수는 없다는 뜻이기도 하다. 즉, 앞서도 설명되었듯이 K-팝의 존재와 정체성은 100% 영어 가사나 100% 해외 국적의 멤버가 아닌 자본과 기획 시스템의 주체로 판단하는 것이 옳다. 그리고 현재의 K-팝 현상의 기운을 몰아 이를 자동차와 반도체 산업에 뒤이을 수출 산업으로 육성하기 위해서는 일본 시장의 '니쥬' 성공을 시작으로 헝가리안 K-팝 아이돌이나 멕시칸 K-팝 아이돌 등이 결성되며 짱짱하게 뻗어가야 한다. 뉴욕의 브로드웨이나 런던 도심의 한복판에 한국의 메이저 기획사들의 사옥이 올라갈 날이 머지않은 것인지도 모른다.

CHAPTER 7

IP? 비틀즈와 엘사 그리고 스타워즈의 모든 것

- IP, IP 하는데 그게 뭔가요?
- 장학퀴즈와 짝짓기, 창작의 자유성과 보호 사이
- '악'소리 나는 글로벌 슈퍼 IP들
- 인플루언서 • 부캐 등 '인간 IP'가 확장된 신흥 시장

IP, IP 하는데 그게 뭔가요?

IP 강국에 한 발짝 다가선 코리아

판 커지는 IP 전쟁,

IP 직접 투자로 지식재산 강국을 실현해야……

게임 IP, 웹툰 IP 등……

IP Intellectual Property(지식재산권)가 키워드로 포함된 뉴스 헤드라인들이다. 이렇게 무수한 관심이 쏟아지고 그 영향력이 가시화됨에 따라 IP에 대한 해석과 범주 역시 달라져야 할 것이기에 본 챕터에서는 작금의 시대에 IP를 가장 적절하게 정의하고 이해할 방법을 설명하려 한다. IP에 관한 국제조약을 제정하는 '세계지식재산권기구(WIPO) World Intellectual Property Organization는 IP를 '문학·예술 및 과학 작품과 연출, 예술가의 공연·음반 및 발명, 과학적 발견, 공업의장·등록상표·상호 등에 대한 보호 권리와 공업·과학·문학 또는 예술 분야의 지적 활동에서 발생하는 기타 모든 권리'를 포함한다고 정의하고 있다. 한국은 이 기구에 1979년 가입했으며 1996년에는 '인터넷 저작권'이라는 개정안으로 디지털 통신망을 이용하여 송신되는 저작물에 대한 저작권 보호를 강화했다.

IP란 말 그대로 인간의 지적 능력으로 만들어낸 창작물에 대해 법이 부여한 권리로, 저작권과 산업재산권으로 구분된다. 통상적으로 음악·미술·영화·드라마·소설·시·게임·소프트웨어 등 문화예술 분야의 창작물에 부여되는 것을 '저작권'으로, 경제 분야에 해당되는 상표·디자인·특허권·상표권 등은 '산업재산권'으로 분류된다.

저작권과 산업재산권을 구분하는 쉬운 예를 들어보자면, 2018년 한국은 물론 전 세계를 '퀸' 열풍으로 몰아넣은 영화 〈보헤미안 랩소디〉의 실제 주인공인 프레디 머큐리는 평생의 뮤즈였던 메리 오스틴에게 저작권 수입 일체를 상속했는데, 머큐리의 사망 30여 년이 지난 현재까지도 그녀는 영국 최고의 여성 부호 리스트에 이름이 올라가 있다. '저작권'은 작가가 사망한 후에도 70년까지(구 저작권법에서는 50년이었으나 세계 추세를 반영하여 20년 연장됨) 보호받기 때문이다. 또한 특허청의 심사를 받아야 보호가 시작되는 '산업재산권'과는 다르게 저작권은 콘텐츠의 생성과 동시에 보호가 시작된다. 그렇기에 글로 표현되는 문학 작품의 경우, '(컴퓨터) 키보드를 두드리는 순간 저작권이 자동 발생된다'는 우스갯소리를 하기도 한다.

본 책에서는 '콘텐츠온리의 시대'라는 트렌드에서 디지털 콘텐츠의 범람으로 법적 분쟁이 빈번해지고 있는 문화예술 분야의 창작물, 즉 콘텐츠에 부여되는 '저작권' 중심의 IP에 집중하려 한다. 또한, 최근

미디어 기업들에서 발생하는 법률 쟁점의 핵심 또한 콘텐츠 저작권이 상당수이므로 이러한 IP 분쟁 사례를 들어 이해를 도울 것이다.

흔히 저작권 분쟁에 대한 정보를 찾거나 논할 때, 우리는 인터넷상에서 취할 수 있는 정보의 대부분이 디지털 음원 분쟁이나 가수들의 저작권 매출과 관련되어 있음을 알 수 있다. 이는 디지털 음원의 경우 다운로드 등 기술적으로도 2차 활용이 용이한 반면, 드라마나 영화 등의 영상 콘텐츠는 재편집에 대한 노동이 요구되고 편집된 작업물 역시 '재창작물'로 해석되는 경우가 있어 상대적으로 분쟁이 희소했음을 의미한다. 이렇듯, 원저작물을 변형·각색하여 창작된 2차 저작물이라도 전달하고자 하는 메시지가 분명하거나 재배열(재편집)된 콘텐츠가 독립적인 창작의 가치가 있을 경우 독자적 저작물로 인정될 수 있다. 또는 꾸준히 생산되는 패러디 동영상의 경우에도 '패러디 미학'이나 '풍자'로 일컬어지며 저작권 침해에서 벗어나 있다.

원작자 사후 70년까지 보호

그렇다면 음원 저작권을 우선 훑어보자. 2020년 2월, BTS의 히트곡들을 만든 프로듀서 '피독Pdogg'은 별다른 이변 없이 2년 연속 한국음악저작권 대상을 받았다. 국내 음원 시장에서 그간 꾸준히 JYP 엔터테인먼트의 박진영 대표가 연 평균 13억 원, 빅뱅의 지드래곤이 8억 원 이상의 저작권료를 수령하며 선두를 치고 갔었으나 2018년과 2019년의 1위는 빅히트 엔터테인먼트의 수석 프로듀서인 '피독'이었다. BTS 제8의 멤버라는 애칭을 갖고 있는 '피독'은 2020년 11월 KBS 〈불후의 명곡〉에 출연하여 얼마를 버는지 궁금하다는 MC 신동엽의 짓궂은 질문에 "많이들 물어보시는데 금액을 이야기하지는 않는다"고 대답해 웃음을 주기도 했다. 이 밖에도 최근 아이돌, 특히 보이그룹의 일부 멤버들

<전 세계 음악 저작권 수입 순위>

	음원	저작권자	누적 수익 (예상)	기타
1위	Happy Birthday	Warner Chapell (1893년)	6,000만 달러	원곡자 힐 시스터즈가 음원 회사인 Warner Chapell에 저작권 판매 (1990년)
2위	White Christmas	Irving Berlin (1940년)	3,600만 달러	역대 크리스마스 곡 중 가장 히트
3위	You've Lost that Lovin' Feeling	Barry Mann & Phil Spectar (1973년)	3,200만 달러	1986년, 영화 <탑건>으로 히트
4위	Yesterday	John Lennon & Paul McCartney (1965년)	3,000만 달러	라디오에서 가장 많이 재생된 곡 2위
5위	Unchained Melody	Alex North & Hy Zaret (1955년)	2,800만 달러	1990년, 영화 <사랑과 영혼>으로 히트
6위	Stand by Me	Ben E. King (1961년)	2,700만 달러	400여 개의 리메이크 버전이 존재
7위	Santa Claus is Coming to Town	Haven Gillespie & Fred Coots (1954년)	2,700만 달러	머라이어 캐리와 브루스 스프링스틴 버전이 히트
8위	Every Breath You Take	Sting (1983년)	2,400만 달러	1997년 퍼프대디의 리메이크로 재흥행
9위	Oh Pretty Women	Roy Orbison & Bill Dees (1964년)	200만 달러	1990년, 영화 <귀여운 여인>으로 히트
10위	The Christmas Song	Mel Torme (1944년)	200만 달러	1946년 넷킹콜 버전으로 히트

출처 : 매체별 관련 기사 및 인터뷰로 집계

이 작사·작곡을 직접하며 빅스의 라비RAVI, BTS의 RM, 블락비의 지코ZICO 등이 저작권료 신흥 부자의 맥을 이어가고 있다.

위 도표는 전 세계의 음원 저작권 수입 순위다. 대부분 고전 곡들로 50년 이상 누적된 수입이라 해당 순위는 십수년간 큰 변화없이 유지되고 있다. 저작권료 수입 4위에 오르고 라디오에서 가장 많이 재생된 곡 중 하나인 'Yesterday'의 경우, 라디오에서 한번 나올 때마다 평균 9.1센트(110원)의 저작권료가 작곡가에게 간다. 그렇다면 이 같은 저작권료는 어떤 의미와 경제적 가치로 저작권자가 사망한 이후까지 돈을 만들어내는가?

공공성에 지나치게 치우친 논리라는 입장도 있겠으나, 콘텐츠를 만드는 사람들 중, 본인의 창작물이 오롯이 100% 나 자신의 결과물이라고 단언할 수 있는 이가 몇이나 될까 싶다. 엄밀하게 말하면 개인의 창작력이란 결국 선인이나 당대의 문화적 유산에서 영향을 받거나 학습된 결과임을 부인하기 어렵기 때문이다. 또한, 콘텐츠의 특성상 창작과 동시에 현재뿐 아니라 후세에서도 사용되며 2차, 3차로 파생된 저작 콘텐츠를 무수히 낳기도 한다. 이러한 관점에서 모든 콘텐츠는 인류 공통의 문화유산이라고 할 수 있기에 이 재산적 권리를 저작자 본인 또는 권리 승계인이 시간적 제한 없이 행사하는 것은 타당하지 않다. 따라서 합의된 존속 기간을 두고, 그 기간이 경과하면 콘텐츠는 '공공물'이 되어 누구라도 자유롭게 사용할 수 있게 된다. 익히 알려졌듯이 바흐나 헨델의 곡들은 작곡자가 사망한 지 70년이 넘었기에 곡 자체에 대한 저작권 보호 기간은 이미 끝났다. 물론 해당 곡을 연주하고 지휘한 실연자(연주자, 오케스트라, 합창단 등)나 음반 제작자의 권리인

'저작인접권'은 살아 있으나, 이 역시 음반의 발매일을 기준으로 저작권 보호 기간이 넘었다면 이를 샘플링해서 콘텐츠를 제작하거나 유튜브 등에서 상업적으로 활용해도 무방하다.

저작권 '공정 이용'의 한계

한편, 유튜브에서 개인 채널들이 급증하면서 2019년 12월, 한국저작권위원회는 '1인 미디어 창작자를 위한 저작권 안내서'를 배포하는 등, 유튜브의 저작권 문제에 집중하고 있다. 본 저작권자의 허락을 받지 않은 사진, 노래, 짤은 물론이고 심지어 글자의 '폰트'까지도 저작권자가 설정해 둔 사용 한계를 벗어날 경우, 임의 사용이 불가하다. 최근 '보는 게임'의 트렌드로 급증하는 유튜브 게임 방송 역시, (저작권자의 허락이 없다면) 저작권과 전송권을 동시에 침해하는 행위다. 이로 인해 메이저 제작사들은 별도의 게임 방송 콘텐츠 제작 가이드를 공식화하고 있지만 대부분 유튜브 홍보 효과를 감안하여 적극적인 제재는 안 하는 실정이다. 그럼에도 공정 이용Fair Use의 필요성은 합리적인 모양새를 갖춰가는 중인데 실례로 2020년 스타 농구 선수들의 문신 저작권을 보유한 회사Solid Oak Sketches가 'NBA 2K'라는 농구 게임의 제작사를 상대로 저작권 침해 소송을 제기한 적이 있다. 당시 판사는 게임에서 등장하는 문신의 크기가 극도로 작고 선수들이 초상권에 대한 이용 허락을 했을 때는 문신 역시 허락한 것으로 간주된다는 논리로 이를 기각했다. 즉, 비디오 게임에서의 문신은 공정 이용의 범위에 해당된다는 해석이다.

'리뷰 콘텐츠' 역시 유튜브의 한 장르로 인정될 만큼 인기가 높아지며 저작권 문제가 주목받고 있다. 이 중 가장 대중적인 영화 리뷰의 저작권 침해를 짚어보자. '거의없다', '라이너' 등 20만 명 이상의 채널 구독자를 보유한 스타급 영화 리뷰 채널부터 취미형 채널까지 다양한 리뷰 채널이 존재하지만, 영화 배급사의 사전 동의를 받고 리뷰를 진행하는 경우는 극히 드물다. 리뷰 콘텐츠가 수십만의 조회수를 기록할 경우, 간접적인 홍보 효과를 무시할 수 없기에 업계에서는 스타급의 영화 리뷰어와 배급사와의 관계를 '악어와 악어새'로 묘사하곤 한다. 그러던 중 2020년 9월, 배급사가 누적 조회수 6천만 이상인 인기 유튜버를 저작권 침해로 신고하며 해당 유튜버가 한국 영화 리뷰 콘텐츠를 모두 삭제한 사례가 있었다. 그들만의 공생 관계 리그가 깨진 순간이다. 물론 영화 예고편처럼 '공표된 저작물'을 이용하거나 '공정 이용'으로 간주될 경우에는 배급사의 허락없이 사용할 수 있지만 '공정 이용'에 대한 판단 역시 법원의 몫이기에 그 전까지의 회색 지대가 존재할 수밖에 없는 것이다. 현재 유튜브가 저작권 침해 콘텐츠를 걸러내는 방식은 저작권자가 유튜브에 콘텐츠를 식별할 수 있는 파일을 우선 제공하고 유튜브가 이를 단 1개의 '지문 파일'로 만들어 돌아다니는 콘텐츠를 탐색한다.

IP 저작권에 대해 가장 엄격한 곳은 예상 가능한대로 디즈니다. 자신의 팔에 토이 스토리의 보안관 캐릭터, 우디Woody를 문신하기 위해 월트 디즈니 본사가 있는 미국 버뱅크까지 가서 허락을 받았다는 우스갯소리가 있을 정도이니 'IP 최우선주의'라는 디즈니의 철학이 얼마나 투철한지 알 수 있다. 한 유튜버가 디즈니 애니메이션이 삽입된 영어 교육 콘텐츠를 제작하기 위해 디즈니의 법적 허가 및 이미지 사용 허가 Legal Permissions and Image Licensing 담당자에게 이메일을 보냈으나 6개월간 감감

무소식이었다는 이야기를 할 만큼, 사실상 디즈니는 1인 미디어 채널들이 범람하는 작금의 시대에 전 세계에서 발생 중인 IP 이슈들을 시의적절하게 응대하는 것에 어려움이 있을 것이다.

이렇듯, 유독 콘텐츠 산업에서 IP가 주목받는 이유는 비록 IP 비지니스가 타 산업 대비 투자 비용과 수익의 상관관계가 낮아 흥행에 의존하는 산업이라고 불리지만, 본질 자체는 별다른 한계비용 없이 IP 하나로 사업 확장(1개의 IP로 OSMU One Source Multi Use 활용이 가능함)이 용이하고 유튜브 등 디지털 플랫폼으로 콘텐츠 재생산이 폭발적으로 이루어질 수 있기 때문이다. 이러한 산업적 잠재성을 볼 때, 지금 '콘텐츠 산업에서의 IP'(이하 'IP'로 통칭한다)는 무한한 경제적 미래 가치이며, 아래

〈해리 포터 IP의 고전적 확장〉

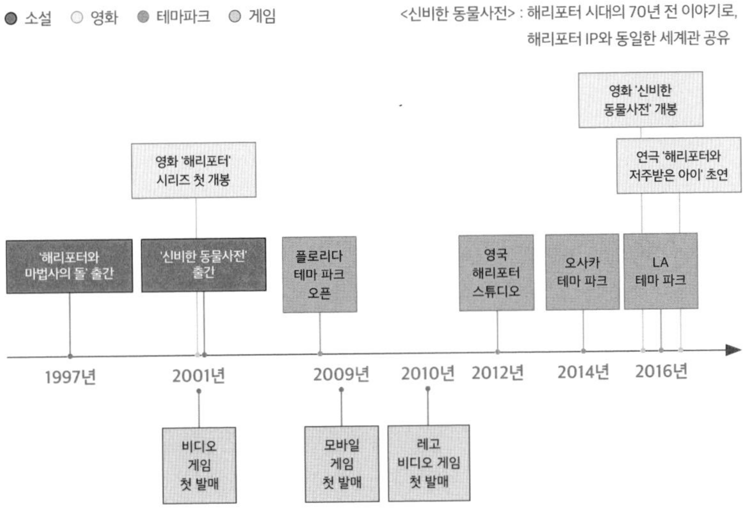

출처 : 한국콘텐츠진흥원 KOCCA FOCUS 자료 활용 제작

처럼 우리에게 친숙한 IP의 고전적 확장 사례 외에도 최근 디지털 IP의 새로운 사례들을 통해 증명되고 있다. 디지털 IP의 새로운 확장 사례는 본 챕터의 후반부에서 자세히 다뤘다.

장학퀴즈와 짝짓기, 창작의 자유성과 보호 사이

고등학생 대상의 순수 교양 퀴즈 프로그램인 〈장학퀴즈〉라는 방송 콘텐츠가 있다. 1973년 MBC에서 시작되었고 지금은 EBS에서 방송되고 있는데, 올해로 48년째이니 대한민국의 최장수 프로그램으로 알려진 〈전국노래자랑〉보다 사실상 더 긴 역사를 가진 셈이다. 한국 방송사와 궤를 같이 하는 〈장학퀴즈〉는 명성에 걸맞게 KBS의 〈중학생 퀴즈〉, 〈퀴즈 대한민국〉, 〈도전 골든벨〉 등 비슷한 형식의 프로그램들로 이어졌다. 또한, 청춘남녀들의 맞선 예능으로 2010년대 초중반을 휩쓸었던 SBS의 〈짝〉 역시, 과거 MBC 〈사랑의 스튜디오〉는 물론이고 비교적 최근인 채널A의 〈하트시그널〉, Mnet의 〈내 사람친구의 연애〉 등과 꽤 유사한 포맷을 지닌 형제 관계로 비춰진다.

그렇다면, 〈퀴즈 대한민국〉은 〈장학퀴즈〉의 콘텐츠 IP를 도용한 것인가? SBS의 〈짝〉은 〈사랑의 스튜디오〉의 방송사인 MBC에 콘텐츠 IP

에 관한 저작권료를 지불해야 할까? 어디까지가 '아이디어'이고 어디부터가 '표현의 자유'일까? '창작의 자유성과 보호 그 사이', 바로 이것이 지금부터 들여다볼 법적 분쟁 사례들의 핵심이다.

2017년, SBS 〈짝〉이 tvN 〈SNL 코리아〉에 제기한 저작권 침해 소송에서 대법원은 최종적으로 피고인 tvN의 손을 들어줬다. 2012년 SBS가 〈SNL 코리아〉 재소자 특집(다양한 죄목의 재소자들이 '짝'이 되면 출소한다는 컨셉의 특집 편)이 자사 프로그램인 〈짝〉을 무단 모방했다고 손해 배상을 청구한 지 만 5년 만에 나온 결과였다. 소송 당시 SBS의 주장은 〈SNL 코리아〉에서 출연자들이 번호로 호명되거나 자기 소개 시간과 도시락 선택 시간, 데이트 획득 게임을 가지는 것 등이 〈짝〉을 무단 모방한 것이며 이에 더해 저작권 이슈와는 별개로, 〈SNL 코리아〉 프로그램의 수위 높은 선정성 또한 〈짝〉의 시청자 인식에 악영향을 줬다는 내용도 포함되어 있다. 그러나 대법원은 대중에게 익숙하거나 자주 차용되는 방송 포맷은 저작권법에 의해 보호받을 수 없고, 문제가 됐던 〈SNL 코리아〉의 특정 장면들 역시 일종의 패러디로 '공정 이용'이 허용된다고 판단했다. 이는 대한민국 방송 산업에서 프로그램 포맷을 '콘텐츠 IP' 그 자체로 간주해서 소송을 제기한 최초의 사례이다. 그러나 대법원의 판결은 공익성을 보유한 방송 콘텐츠의 경우 누가 먼저 기획한 아이디어인가보다는 자유롭게 표현할 수 있는 권리를 우선시한 결과로 해석된다. 또한 최종 승소를 하긴 했지만, tvN을 소유한 CJ ENM의 경우, 국내에서 가장 우수한 방송 포맷을 다량 보유한 대형 스튜디오이므로, 향후 타 방송사들이 자신들의 포맷을 차용·활용했을 시 저작권 문제에서 자유롭지 않을 것임을 의미하기도 한다.

한편, CG(컴퓨터 그래픽) 등의 디지털 콘텐츠 기술도 콘텐츠 IP로 보호받을 수 있다는 판례도 있었다. 2016년 KBS에서 방영된 〈임진왜란 1592〉는 당시 10%에 가까운 시청률로 사회적 담론을 만들어냈고, 이듬해에는 천편일률적인 다큐멘터리 형식을 벗어난 시도와 파급력을 높이 평가받아 한국방송대상에서 대상을 수상했다. 당시 13억 원이라는 독립영화 수준의 제작비로 시청자에게 완성도 높은 CG를 보여준 것 또한 업계의 큰 주목을 받았다. 그러나 이후 2017년이 되자, 1,700만 명의 관객으로 국내 흥행 1위를 차지했던 영화 〈명량〉의 제작사는 〈임진왜란 1592〉의 CG업체가 특수효과가 가미된 영화 〈명량〉의 CG콘텐츠를 무단으로 사용했다며 저작권 침해 소송을 제기해 1, 2심 모두 승소했다. 이 승소의 핵심은 콘텐츠 IP의 요건인 '창작성'이 인정되기 위해서는 예술적으로 높은 평가를 받는 것보다, 저작자의 개성이 창작 행위에 드러나야 한다는 점이다. 따라서 CG 역시 인간의 사상과 감정을 표현한 개성이 담긴 창작물이므로 상업용으로 만들어졌거나 영화에 부수하는 아주 일부분일지라도 저작물로 인정될 수 있다는 판결이 내려졌다. 앞서 말한 〈짝〉의 소송에서는 아이디어의 원천성보다

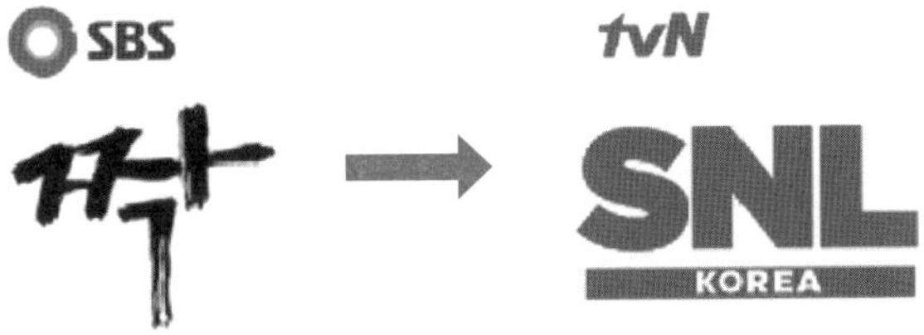

tvN 〈SNL 코리아〉 재소자 특집 편의 SBS 〈짝〉 무단 모방 소송 건에 대해 대법원은 익숙한 방송 포맷은 저작권법의 보호 대상이 아니라는 판결을 내렸다.

는 표현의 자유를 우선시한 반면, 〈명량〉의 소송에서는 원천 콘텐츠에서의 CG 기술력을 콘텐츠 IP 그 자체, 즉 독창성의 본질이라고 판단한 것이다.

그렇다면, 〈짝〉의 소송에서 보듯이 저작권을 침해한 행위가 아니라면 전 세계 모든 콘텐츠가 누구든 어디서든 자유롭게 활용할 수 있는 공공재가 되는 것일까? 또는 콘텐츠 IP가 아이디어의 기획, 표현의 창작성Originality에서 콘텐츠를 완성하는 특화된 기술력으로까지 확장된다면 이보다 더 진화해간 사례는 없을까? 이를 위해 최근에 있었던 따끈따끈한 대법원 판례를 예로 들어 설명하려 한다. 2020년 3월, BTS의 기획사인 빅히트 엔터테인먼트는 BTS의 파파라치 사진을 '심층취재 포토카드'라는 특별 부록으로 판매한 잡지사를 대상으로 가처분 신청을 제기했다. 대법원은 이러한 잡지를 판매하는 것은 '부정경쟁행위'라며 가처분 신청을 받아들였다.

가) 빅히트 엔터테인먼트는 BTS라는 이름의 그룹을 결성하기로 하고, 구성원을 선발하여 전속계약을 체결한 후, 훈련을 통해 구성원들의 능력을 향상시켰다.

나) 빅히트 엔터테인먼트는 이 전속계약에 따라 BTS의 음악, 공연, 방송, 출연 등을 기획하고, 음원, 영상 등의 콘텐츠를 제작·유통시키는 등 상당한 투자와 노력을 하였다. 그로 인해 BTS와 관련하여 쌓인 명성·신용·고객 흡인력이 상당한 수준에 이르렀다.

다) 이는 '상당한 투자나 노력으로 만들어진 성과 등'으로 평가할 수 있고, 누구나 자유롭게 이용할 수 있는 공공 영역에 속한다고 볼

수 없으므로, 타인이 무단으로 위의 표지를 사용하면 빅히트 엔터테인먼트의 경제적 이익을 침해하게 된다.

이를 쉽게 요약하자면, 해당 잡지사가 파파라치 사진들을 찍기 위해 잠복한 노력이나 기획력보다 지금의 BTS가 있기까지 빅히트 엔터테인먼트가 들인 (멤버들의 연습생 기간이 포함된) 10여 년간의 시간과 투자를 더 높이 산 것이다.

법조계에서는 이번 BTS의 '짝퉁 화보집' 판례를 2018년 법 개정을 통해 이론상 도입만 되었던 '성과물 도용 부정경쟁행위'(부정경쟁방지법 제2조 제1호 카목)를 처음으로 밝힌 대법원 판결이라는 데 의미를 둔다. 하지만 필자의 경우 콘텐츠 IP의 새로운 범주 확장, 다시 말해 사회적으로 합의된 가치를 보유한 콘텐츠(이를 성과물로 간주)가 되기까지의 시간적 노력과 투자 역시 저작권에 포함시킨 '콘텐츠 IP의 진화된 해석'으로 본다. 이로써 그간 미국과 같은 IP 선진국들과 달리 유명인의 초상이 갖는 재산적 가치를 '퍼블리시티권Right of Publicity'이라는 별도의 권리로 인정하지 않았던 한국도 '짝퉁 화보집'을 규제할 명확한 법적 근거와 판례가 생긴 셈이다.

무형의 콘텐츠가 영글 때까지의 지난한 과정들과 노력에 대한 보호 장치가 시작되다니, 콘텐츠 IP의 개념은 지금도 확장되며 진화하고 있다.

'악' 소리 나는 글로벌 슈퍼 IP들

1964년 빌보드 톱100 차트의 1위에서 5위까지를 싹쓸이한 기록을 가진 '비틀즈', 2013년 개봉 후 지금까지도 지구의 모든 소녀들을 엘사 드레스 열풍에 빠지게 한 〈겨울왕국〉, 2억 장이 넘는 클래식 음반을 팔아 치운 베를린 필의 지휘자 '카라얀', 한국 땅으로만 좁혀 보더라도 방방곡곡 없는 데가 없는 핑크색 '헬로키티', 그리고 '해리포터'까지……. 이렇게 콘텐츠 IP 하나가 특정 시점에 단절되지 않고 수십 년 간 매출이 지속적으로 상승하거나 문어발처럼 뻗어 나간 사업 모델로, 원천 IP가 무엇이었는지 기억하는 것조차 무의미해질 경우 이를 '슈퍼 IP'라고 한다.

물론, 최근 콘텐츠의 수익모델이 다양해짐에 따라 초기 콘텐츠 기획 단계부터 이의 활용과 확장성을 염두에 둔 프로젝트만을 '슈퍼 IP'로 규정하자는 견해도 등장하고 있다. 예를 들어, 1924년 〈곰돌이 푸〉

의 경우, 영국의 아동문학가 알렉산더 밀른Alan Alexander Milne이 아들이 놀던 곰인형을 의인화해 동화책을 쓸 당시 오늘날의 이토록 거대한 IP 확장 모델을 염두에 두진 않았을 테니 엄밀히 말해 슈퍼 IP는 아닌 셈이다. 즉, 단일 콘텐츠의 흥행으로 시장 영향력이 커짐에 따라 사업 모델을 단계적으로 확장하면 원소스멀티유즈OSMU, 기획 단계부터 수평·수직적 사업모델 확장을 고려하여 전략적으로 생산된 것은 슈퍼 IP로 구분한다는 논리다.

다만, 본 챕터의 목적은 콘텐츠 IP 산업의 규모와 레전드급의 단일 콘텐츠가 창출해내는 시장 영향력을 훑어보며 산업의 방향성을 보기 위함이므로, OSMU와 슈퍼 IP를 구분하지 않고 누적 매출 100억 달러11조 8천억 원 이상의 콘텐츠를 '슈퍼 IP'로 명명하고자 한다. 앞서 설명된 음원 저작권 수입에서의 슈퍼 IP 순위와는 별개로 아래는 IP의 시작 또는 이후의 사업에 동영상(영화, 게임 등)이 포함된 미디어 계열의 슈퍼 IP 순위다. IP의 탄생 시점부터 합산된 누적 매출이다 보니 누구나 1~2위로 쉽게 예상할 수 있는 해리포터나 스타워즈, 마블시리즈 등이 다소 후순위임을 알 수 있다.

글로벌 슈퍼 IP의 절반을 차지한 일본

옆 도표를 보면, 한눈에 두 가지를 확인할 수 있는데 할리우드 기반의 IP가 주를 이룰 것이라는 예상과 달리 절반 가량이 일본 IP라는 점과 만화책으로 출발한 IP 또한 절반이라는 점이다. 누적 1천억 달러118조 7천억 원로 매출 1위에 등극한 〈포켓몬〉의 경우, 전 세계를 뒤흔들었던 증강현실 신드롬 외에도 일본 시장에서는 성인 영상물Adult Video이나 섹스토

〈슈퍼IP미디어계열 누적 매출 순위〉

	IP명	원천 IP의 시작	누적 확장 매출	IP소유자
1위	포켓몬 Pokemon	1996년 비디오게임 모바일	1천억 달러 118조 7천억 원 (MD상품 66% / 비디오게임 19%, 카드 게임, 극장, *만화잡지 등)	닌텐도/ 포켓몬컴퍼니
2위	헬로키티 Hello Kitty	1974년 만화캐릭터	860억 달러 102조 820억 원 (MD상품 99% / 만화잡지 / CD 등)	산리오 Sanrio
3위	곰돌이 푸우 Winne the Pooh	1924년 동화책	760억 달러 90조 2천억 원 (MD상품 99% / DVD, 극장 등)	월트디즈니컴퍼니
4위	미키마우스와 친구들 Mickey Mouse & Friends	1928년 애니메이션	740억 달러 87조 8400억 원 (MD상품 98% / DVD, 극장 등)	월트디즈니컴퍼니
5위	스타워즈 Star Wars	1977년 영화	700억 달러 83조900억 원 (MD상품 62% / 극장 16% 등)	루카스필름
6위	날아라 호빵맨 Anpanman	1973년 동화책	560억 달러 66조5천억 원 (MD상품 99% / 극장, 전시)	프뢰벨관 Froebel-kan
7위	디즈니 공주	2000년 TV애니메이션	460억 달러 54조6천억 원 (MD상품 99% / DVD 등)	월트디즈니컴퍼니
8위	점프 코믹스	1968년 만화책	400억 달러47조4800억 원 (만화잡지 69% / *만화책 12% / 비디오게임)	슈에이샤 Shueisha, 반다이남코 Bandai Namco
9위	마리오	1981년 비디오게임	380억 달러 45조1060억 원 (비디오게임 85% / MD상품 40% / 만화잡지)	닌텐도
10위	마블 시리즈	2008년 영화	350억 달러 41조5450억 원 (극장 64% / MD상품 20% / DVD 등)	월트디즈니스튜디오/ 소니 스파이더맨 영화 / 유니버셜
11위	해리포터 시리즈	1997년 소설	320억달러 38조 원 (극장 28% / MD상품 25% / 책 22% / TV / 비디오게임)	J.K.롤링/ 워너브라더스(AT&T)
12위	트랜스포머 시리즈	1984년 애니메이션	300억 달러 35조6100억 원 (MD상품 40% / 극장 16% 등)	타카라토미 TakaraTomy 하스브로 Hasbro
13위	스파이더맨	1962년 만화책	290억 달러 34조4230억 원 (MD상품 54% / 극장 25% / DVD / 비디오게 임 / TV / 파칭코 게임장 / 만화책 / 뮤지컬 등)	마블엔터테인먼트 / 소니

14위	배트맨	1939년 만화책	280억 달러33조2400억원 (MD75% / 극장21% / DVD 등)	DC엔터테인먼트 (AT&T)
15위	드래곤볼	1984년 만화책	270억 달러32조 (MD상품28% / 만화잡지26% / 만화책/ 비디오게임 / *트레이딩카드 / 뮤지컬)	아키라 토리야마Akira Toriyama / 슈에이샤Shueisha / 토에이애니메이션/ 반다이남코
16위	건담	1979년 애니메이션	269억 달러31조9300억원 (MD97% / 파칭코 게임장 / 극장)	선라이즈(반다이남코 홀딩스)
17위	바비	1987년 애니메이션	247억 달러29조3200억원 (MD92% / DVD8% 등)	마테Mattel
18위	북두의 권 Fist of the North Star	1983년 만화책	225억 달러26조7천억원 (파칭코&아케이드81% / 만화잡지11% / MD27% / 만화책 / 콘솔게임 / DVD / 극장)	브론손Buronson / 슈에이샤/ 테슈오하라Tetsuo Hara / 토에이 애니메이션/ 세가새미 홀딩스Sega Sammy Holdings
19위	토이스토리	1995년 애니메이션	218억 달러25조9천억원 (MD80% / 극장14% / TV 등)	월트디즈니컴퍼니
20위	카Car	2006년 애니메이션	218억 달러25조9천억원 (MD86% / 극장9% / DVD 등)	월트디즈니컴퍼니
21위	원피스OnePiece	1997년 만화책	209억 달러24조8천억원 (만화잡지42% / MD27% / 만화책13% / 비디오게임 / 애니메이션)	이치로오다슈에이샤Eiichiro Oda Shueisha / 토에이애니메이션Toei Animation / 반다이남코

*만화잡지 : 만화를 전문적으로 연재하는 잡지. 일본을 시작으로 한국과 대만에 도입됨

*만화책 : 수십권의 시리즈로 구성된 장편 종이 만화책

*트레이딩 카드 : 각각의 카드에 가치를 부여하여 거래하는 오락형 카드수집 게임의 재료

출처 : 20년 10월 Wikipedia 및 자체 조사

이 영역에서도 수익을 창출하는 등, '포켓코노미Pokeconomy'라는 신조어의 등장이 무색하지 않을 만큼 경제적 효과를 거두고 있다(수치상으로도 포켓몬의 누적 매출은 2019년 삼성전자 매출230조 4천억 원의 51%에 달한다). 이 밖에, 상위권에 오른 마블시리즈나 해리포터, 스타워즈 같은 할리우드 스튜디오의 IP 확장 사례들은 익히 알려져 있기에 이번엔 태생이 일본

'포켓코노미'라는 용어를 탄생시킨 포켓몬의 누적매출은 1천억 달러에 달한다.

출처 : 위키피디아

일본 최장수 애니메이션의 하나인 호빵맨. 매출의 99%가 상표권 계약을 통한 캐릭터 상품에서 나온다.

만화이자, 2009년 가장 많은 캐릭터의 숫자로 기네스북에 오른 〈날아라 호빵맨〉(이하, '호빵맨')을 소개하려 한다.

1973년 일본 작가 야나세 다카시의 그림 동화책이 원작인 〈호빵맨〉은 얼굴이 단팥빵인 슈퍼히어로가 주인공이다. 1988년 일본에서 TV 애니메이션으로 방영한 후 폭발적인 사랑을 받았으며, 한국에서는 KBS를 통해 소개된 후 2000년대에는 어린이 전문 채널인 투니버스에서 방영되었고 특히 '세균맨'의 팬덤층이 많았다. 이렇듯 최장수 애니메이션임에도 전체 수익66조 5천억 원의 99%가 상표권 계약을 통해 캐릭터 상품을 판매하는 라이센싱 매출에서 나올 정도로 슈퍼 IP 집단 중에서도 굿즈Goods 상품의 영향력이 가장 크다.

이렇듯, 〈호빵맨〉은 물론이고, 만화책과 캐릭터 선진국인 일본에서 탄생한 〈헬로키티〉, 〈마리오〉 등이 전 세계적인 사랑을 받으며 콘텐츠 IP 매출을 견인해왔으나 2010년도 이후 이러한 고전 IP들의 인기가 시들해지고 있다. 이는 시대 변화에 따른 콘텐츠 소비층이 이동한 탓으로 1995년 이후의 출생자인 Z세대들의 모바일 기반 소비와 디지털 커뮤니케이션에 최적화된 준비가 부족했기 때문으로 보인다. 이 같은 고전 IP들의 캐릭터 사업과는 다른 방향성으로 성공한 사례로 'BT21'을 들 수 있다.

캐릭터와 스토리의 만남, BT21

'BT21'은 인기 캐릭터 '브라운 앤 프렌즈Brown & Friends'를 만들어낸 라인프렌즈가 방탄소년단 멤버 전원을 캐릭터 개발의 전 단계에 합류시키며 탄생했다. 코야KOYA, 알제이RJ, 슈키SHOOKY, 망MANG, 치미CHIMMY, 타타TATA, 쿠키COOKY, 7명의 멤버와 이들의 수호로봇인 반Van까지 총 여덟 캐릭터로 구성된 'BT21'은 BTS 멤버들과 연계되며 각 캐릭터의 스토리를 만들고 있다. 실례로 캐릭터 '알제이'는 평상시 먹을 때 우물거리는 멤버 '진'을, '코야'는 코알라를 좋아하는 리더 'RM'을 형상화했다. 또한 이름뿐만 아니라 '하트뒷태 반전근육(쿠키),' '다정보스 미식가(알제이),' '48차원 호기심왕자(타타),' '미스터리 댄싱머신(망)' 등의 별칭으로 각 캐릭터의 개성을 소개함으로써 차별화와 재미 요소를 첨가했다.

2019년 3월에는 BTS 멤버들이 직접 캐릭터의 세계관을 설명하는 콘텐츠('BT21' Universe)를 노출했으며 이후 이를 애니메이션 시리즈로 제작하여 캐릭터들의 과거와 주변 인물들과의 감춰진 이야기를 한 편씩 보여주며 캐릭터에 숨을 불어넣어 주었다. 예를 들어, 추운 겨울날 치미가 상자 속에 하모니카와 함께 버려진 후 홀로 버스킹을 하다 타타를 만나는 포근한 관계 형성의 스토리가 그것이다. 이처럼 콘텐츠의 스토리에 집중하는 소통은 판매에 집중하던 기존의 아이돌 IP 사업과는 다른 방향성으로 전 세계의 Z세대를 끌어들이고 있다.

이는 영화나 애니메이션이라는 스토리 없이 아이돌이라는 '인간 IP'에서 시작한 경우, 캐릭터에 스토리텔링을 입히는 즉, 콘텐츠 작업을 더하는 과정이다. 이러한 콘텐츠는 Z세대와 상호 피드백을 주고받는 디지털 커뮤니티로 작용한다. BT21의 단편 애니메이션에 삽입된 곡의 제목을 짓는 '네이밍 챌린지'나 '댄스 챌린지' 그리고 가사를 해석하는 수만 개의 댓글 등이 좋은 예다. 이렇듯, 슈퍼 IP의 확장은 흥행 영화나 애니메이션의 인기 캐릭터를 굿즈 상품이나 장난감으로 재생산하던 과거 방식을 넘어 인간 IP에 디지털 캐릭터를 대입하고 거기에 스토리를 입혀 대중과 소통하는 방식으로 진화하고 있다. 원천 IP의 시작이 '인간'이 될 수도 있다는 점과 디지털 소통으로 스토리를 진화시키는 콘텐츠 작업이 핵심이다.

카카오의 꿈, 글로벌 IP 유니버스

또한, 플랫폼 사업자들이 '콘텐츠온리의 시대'라는 패러다임 안에서 콘텐츠 사업에 간접적으로 발을 담그던 시대를 넘어 아예 콘텐츠 IP 확보에 집중하는 전략도 본격화되고 있다. 이러한 움직임의 최전방에 유료 웹툰 서비스의 대표 주자인 카카오페이지가 있다. 2020년 5월 이진수 카카오페이지 대표는 오리지널 슈퍼 IP를 선정하여 제공하는 '슈퍼 웹툰 프로젝트'를 발표했다. 여기서 말하는 슈퍼 IP란 플랫폼의 태생적 정체성인 웹툰에서 시작하고 해당 콘텐츠들이 분절이 아닌 동일한 세계관을 관통한다는 점에서 마블 스튜디오의 그것과 유사하다. 실례로 이진수 대표는 〈이태원 클라쓰〉, 〈스틸레인〉 시리즈, 〈달빛조각사〉, 〈승리호〉 등을 슈퍼 IP로 언급하였으며 이들이 이어가는 이야기를 '슈퍼

〈카카오페이지의 슈퍼 IP〉

IP 유니버스(세계관)'라고 명확히 표현했다. 카카오페이지는 현재 확보한 7천여 개의 오리지널 콘텐츠 IP를 향후 7만여 개로 구축한다는 목표를 밝혔는데(이미 IP확보를 위해 1조 원이 투자된 것으로 알려져 있다), 연간 3천억 원(카카오재팬의 '피코마' 웹툰 플랫폼 매출 포함)의 매출과 2020년 5천억 원의 거래액 달성이 예상되는 1위 웹툰 플랫폼의 수장이 회사의 지향점을 'IP 컴퍼니'로 선언했음은 다시금 '콘텐츠가 전부'인 세상이 더욱 치열해질 것임을 예고한다.

이쯤 되면, 이제 집단화된 콘텐츠 IP로 수천억 원에서 수조 원의 재무적 가치를 만들어내고 하나의 슈퍼 IP로 기업을 만들어 상장시키는 전략을 더 이상 신기루라며 이견을 달 사람은 없어 보인다. 다만, 콘텐츠 IP별로 유니버스(세계관)를 공유하며(대주제나 소재 또는 주·부캐릭터들의 공유) 사업 효율성을 높이고 고객의 파편화된 취향을 만족시키며 멀티 장르로 확장하는 것이 콘텐츠가 전부인 지금 이 시대, 슈퍼 IP들의 덕목이 될 것이다.

인플루언서·부캐 등, '인간 IP'가 확장된 신흥 시장

앞서 '악 소리나는 글로벌 슈퍼 IP들'에서 소개되었듯이, 슈퍼 IP들은 만화책이나 애니메이션의 성공 후, 실사 영화나 굿즈 상품으로 사업이 확장되는 것이 흔한 형태였다. 그러던 것이 최근 들어서는 BTS를 투영한 BT21 캐릭터 등, '인간 IP'의 대중성과 그(또는 그녀)의 스토리가 발판이 되어 콘텐츠 IP 사업으로 움직이는 경우들이 나오고 있다. 사회나 구매 활동에 영향력이 큰 사람을 의미하는 인플루언서 마케팅의 경우에도 태생은 소셜미디어의 역사와 함께 시작되었으나, 이 역시 인간 IP를 활용한 산업 효과로 볼 수 있다.

그런데, 최근 이러한 인간 IP들이 제2의 캐릭터로 확장되거나 변종되며 구획 정리와 산업화의 필요성이 제기되고 있다. 대표적으로는 2020년 대한민국 예능판을 뒤흔든 MBC 〈놀면 뭐하니?〉의 다양한 '부캐'들이다. '부캐릭터'의 줄임말인 부캐는 게임에서 사용되던 용어로 본래 사용하던 계정이나 캐릭터, 즉 본캐(본캐릭터)가 아닌 새롭게 창조된 캐릭터를 뜻한다. 그런데 이렇듯 게임에서 유래된 '부캐'가 방송 시장에 처음으로 흡수된 건 〈놀면 뭐하니?〉가 아닌 2018년 〈쇼미더머니777〉에서였다. 당시 화제의 출연진이었던 래퍼 마미손은 진한 분홍색 복면을 눌러써 얼굴을 알 수 없었으나 대중들은 마미손을 래퍼 '매드클라운Mad Clown'이라 지목했고 실제 매드클라운이 MBC 〈라디오스타〉에 출연해 "마미손이 아니다"라는 해명까지 하는 해프닝도 있었다. (물론, 진실에 대해서는 여전히 설왕설래다.) 이후 부캐의 최정점은 앞서 언급된 2020년 〈놀면 뭐하니?〉에서 제대로 터졌다.

기존 IP의 파생 vs. 새로운 IP의 탄생

유산슬, 유고스타, 닭터유 등으로 홀로 부캐 에피소드를 이어가던 MC 유재석은 혼성그룹 '싹쓰리'에서는 멤버인 린다G이효리, 비룡비과 함께 유드래곤으로, '환불원정대'에서는 만옥엄정화, 천옥이효리, 실비화사, 은비제시와 함께 지미유라는 캐릭터로 대한민국 부캐 트렌드의 최정점을 찍었다. 심지어, 싹쓰리 멤버 3인의 시그니처 표정들과 유행어는 이모티콘으로 출시되어 젊은 세대는 물론이고 30~40대에서도 큰 인기를 끌었다. 이러한 부캐 문화는 연예인에게는 고착화된 본인의 이미지를 벗어나 활동하는 자유를, 시청자들에게는 가장·주부·취업 준비생이라는 사회적 틀을 잠시나마 내려놓는 카타르시스를 선사한다. 관련하여 김난도 서울대 교수는 저서 《트렌드 코리아 2020》에서 이제 나 자신을 뜻하는 Myself를 Myselves로 바꿔야 할지도 모른다며 '멀티 페르소나Multi Persona'의 개념을 중요한 화두로 던지기도 했다.

그렇다면 부캐는 연예인이라는 기존 IP의 파생인가 아니면 또 다른 IP의 탄생인가? 이들이 부캐로서 출연료는 물론이고 광고 매출을 일으키는 등, 신흥 시장이 열리면서 현재 변형된 인간 IP에 대한 구획 정리가 필요한 상황이다. 트렌드가 열리면 시장은 꿈틀거리는 법인지라 2020년 10월, CJ ENM 엠넷 채널은 국내 최초의 부캐릭터 세계관 기반의 기획사를 설립했다. '㈜페르소나유니버스'라는 이 회사는 연예 기획사인 '갤럭시 코퍼레이션'과의 합작법인으로 싹쓰리의 뒤를 이을 글로벌 부캐릭터를 발굴하고 방송, 음악, 팬미팅과 웹드라마를 제작하는 등(엠넷 채널에서 편성된 〈본캐 파괴쇼 부캐릭터 선발대회〉도 시즌제로 이어갈 계획이다), 부캐릭터를 지원하는 것이 주 목표다. 최영호 대표는 마블 스튜디오의 사업 방식을 인용하며 '부캐릭터 어벤져스' 육성 등, 글로벌 시장을 향한 야심을 언급했지만 일정 부분 시장에서 룰 세팅이 될 때까지 성장통은 예상된다. 즉, 부캐의 정체성이 기존 IP의 가치에 기

출처 : MBC

이른바 '부캐 전성시대'를 연 MBC <놀면 뭐하니?>의 '싹쓰리' 혼성그룹. 부캐의 정체성이 기존 인간 IP의 가치에 기반한 것이라면 이를 둘러싼 저작권 권리배분의 문제가 발생할 여지가 있다.

대어 있는지(즉, '환불원정대'의 천옥은 십수년간 쌓아온 이효리의 시장 가치와 무관하다고 볼 수 있는지 등), 부캐릭터 전문 기획사에서 창조된 신생 컨셉인지 또는 특정 콘텐츠를 통해 시청자와 스토리로 육성된 캐릭터인지에 따라 기존 기획사나 제작사와의 권리 배분 문제가 발생할 것이다.

개인의 스토리를 업은 인간 IP의 힘

인간 IP가 영화나 드라마, 웹툰, 음악 IP들과 다른 점은, "지금 내게 실제로 보이는 것이 전부가 아니다"라는 점이다. 다시 말해 영화나 드라마는 콘텐츠의 러닝타임 동안 보여지는 것이 전부인 반면, BT21이나 부캐 같은 인간 IP들은 그(녀)들의 과거와 현재 그리고 미래 가치가 복합적으로 엮어져 하나의 정체성으로 다가온다. 실례로, 2020년 9월, 생을 마감한 미국의 연방대법관인 루스 베이더 긴즈버그Ruth Bader Ginsburg를 들 수 있다. 1993년 빌 클린턴 전 대통령에 의해 대법관으로 임명된 그녀는 27년간 미국을 미국답게 만드는 데 큰 공로를 세웠다. 전 세계가 그녀를 진보의 아이콘으로 부른 건, 1996년 남자만 입학을 허용했던 공립학교인 '버지니아 종합군사학교'에 여학생이 입학하게 된 세기의 판결 등 양성 평등과 소수자를 위한 판결들 때문일 것이다. 하지만, 글로벌 팬덤까지로 이어진 건 젊은이들을 흔든 그녀의 소신 있는 '저항'과 '패션' 애티튜드였다.

그녀는 대법원이 보수적인 결정을 내리던 매 순간 "나는 반대한다(I Dissent)"라고 외쳤고 이 말은 미국 젊은이들 사이에서 유행어가 됐다. 또한, 남성 대법관들에게 맞춰 디자인된 딱딱한 법복 역시 거부하며 한평생 화려한 레이스 장식이 달린 그녀 고유만의 법복을 입은 것으로도

긴즈버그 대법관 캐릭터를 이용한 각종 굿즈. 인간 IP의 힘을 잘 보여주는 예지만, 정작 본인은 저작권을 고수하지 않았다.

유명하다. 특히 여성뿐 아니라 소수자를 대변하는 판결을 연이어 이끌어 내자 젊은이들은 래퍼 '노터리어스 B.I.G.'에 빗대어 그녀를 '노터리어스 RBG Notorious RBG'(악명높은 긴즈버그)로 부르며 열광했다. 생전의 인기뿐 아니라 세상을 떠난 지 20년이 훌쩍 지나도 영국 국민들이 애정하는 다이애나 왕세자비에 버금가는 팬덤이다.

#진보꼰대, #잔소리꾼, #따분한먹물 같은 부정적인 해시태그들은 SNS에서 오히려 반어적으로 해석되며 확산됐고 긴즈버그 노터리어스 RBG의 강한 이미지는 할로윈 코스튬 의상으로, 수십 개의 굿즈(머그잔, 배지, 티셔츠 등) 상품으로 심지어 타투 Tattoo로까지 새겨졌다. 그야말로 '노터리어스 RBG'가 대중문화의 아이콘이자 그 자체로 밈 Meme이 된 것이다. 물론 '노터리어스 RBG'라는 IP는 긴즈버그 본인의 것이지만, 현재 RBG 굿즈를 판매 중인 사업가가 전한 에피소드에 따르면 그녀는 이를 전혀 개의치 않았던 것으로 보인다. 어느 날 긴즈버그 대법관의 보좌관이 가게로 연락을 취했길래, 판매 중인 상품에 대한 그녀의 불쾌함을 전달할 것이라 생각하고 잔뜩 겁을 먹었지만, 오히려 친구와 가족에게 선물할 다량의 RBG카드를 대

신 구매해갔다고 하니 말이다(여담이지만, 그 사업가는 긴즈버그의 사망 이후, 굿즈 상품 수익의 50%를 1972년 긴즈버그가 설립한 여성인권프로젝트Woman's Rights Project라는 공익단체에 기부하고 있다). 이렇듯 긴즈버그 상품의 경우, 출발 자체의 목적이 재미와 돈이 아니므로 BT21이나 부캐 같은 엔터테인먼트 사업과는 다른 결이다. 그러나 이 모두는 살아 숨쉬는 개인의 정체성이 곧 콘텐츠이므로 팬덤 효과에 기인하며 이러한 팬덤에는 눈에 보이지 않는 과거와 미래까지 투영된다. 이것이 곧 개인의 스토리와 동일한 인간 IP의 힘이다.

가상인간과 AI에게도 저작권이 있는가

그렇다면 인간 IP는 꼭 실체가 있는 진짜 사람이어야 할까? 그간 가상의 디지털 캐릭터들로 구성된 아이돌 그룹을 육성하려는 연예 기획사들의 시도가 있었지만 대중들은 실체없는 멤버들에 대해 데면데면했던 것이 사실이다. 즉, 시작과 끝이 팬덤인 아이돌 사업에 있어서 '예쁘고 멋있고 노래를 잘하나, 투영할 누군가가 없다'는 것은 시장 영향력으로 이어지기에 허전했다. 이는 SNS 계정에서 수억의 마케팅비를 투자하는 기업들의 공식 계정보다 개인의 실체, 즉 투영할 누군가가 있는 파워 인플루언서의 계정들이 수배 이상의 마케팅 효과가 있는 것과 동일한 맥락이다. 여전히 몇몇 온라인 게임 안에서는 지금 이 순간에도 가상 아이돌이 육성되고 있는데 그 중에서도 리그오브레전드(이하, LoL)의 개발사인 라이엇게임즈RiotGames가 2018년 만들어낸 가상의 걸그룹이 유튜브와 SNS 해시태그를 통해 꾸준한 반향을 일으키고 있다. 라이엇게임즈는 글로벌 시장의 K-팝 트렌드를 최대한 활용하기 위해 K-팝 걸그룹의 특징들을 고루 흡수하여 이 걸그룹을 기획했다. K/DA라는 이 그룹은 LoL 챔피언인 아리Ahri, 카이사Kai'sa, 이블린Evelynn, 아칼리Akali, 세라핀Seraphine으로 구성된 게임 속 인물들이지만 데뷔 초기, 미국가수 2명과 한국가수 2명(걸그룹 '여자아이들'의 소연, 미연)이 뮤직비디오와 AR콘서트에 등장하며 가상의 캐릭터에 숨을 불어넣었다. 그룹명은 LoL에서 상대 선수를 쓰러트린 경우 Kill, 적에게 쓰러질 경우에는 Death, 아군이 상대선수를 쓰러트리는 데 도움을 준 경우 Assist이므로 이를 합한 스탯Stats을 KDA(킬뎃어시)라고 하는 데에서 유래했다.

2018년 데뷔곡인 '팝/스타Pop/Star'의 뮤직비디오는 유튜브 4억 뷰(공개 시점이 달라 절대 비교는 불가하나, 빌보드 1위곡인 BTS의 '다이너마이트'가 2020년 12월 기준 7억 뷰다), 미국 아이튠즈의 K-팝 1위라는 큰 반향을 일으키며 게임 캐릭터에서 창조된 아이돌도 보편성을 확보할 수 있다는 것 그리고 e스포츠 리그와 음악과의 궁합을 증명했다. K/DA는 2020년 8월 이후 '더배디스트The Baddest'라는 신곡으로 활동 중이며, 추가 영입 멤버나 이와 연계할 실존 인물을 예측하는 데 끊임없이 설왕설래가 있는 것으로 보아 MZ세대와의 쌍방향 소통은 성공한 것으로 보인다.

이렇듯, 인간 IP가 실체가 없는 디지털 캐릭터일 경우, 현실과 연결되는 팬덤 효과를 위해 실존 인물의 투영이나 공감이 가능한 스토리가 필요하다. 예를 들어, K/DA의 콘서트를 위해 미국에서 소연과 미연의 안무를 모션 캡처하는 메이킹 영상이 유튜브에서 회자되거나, 멤버 중 가장 늦게 합류한 세라핀의 SNS에 스토리 피드가 빈번히 업로드되며 그룹의 공식 계정보다 훨씬 많은 팔로우가 발생하는 식이다.

즉, 지금의 디지털 인간 IP들은 AI와 모션 그래픽의 고도화와 (뮤지션 영역일 경우) K-팝의 글로벌 대중화로 다양한 사업 모델로 확장될 것이나 가상과 실존 인물이 공유하는 스토리텔링이 강한 세계관이 필요하다는 뜻이다. 스토리에 공감해야 할 사용자와 시청자가 '인간'이라는 점은 변하지 않을 것이기 때문이다.

지금까지는 하나의 콘텐츠 IP가 TV · 잡지 · 만화 · 음악O.S.T 등으로 확장되고 관련 굿즈와 캐릭터 산업의 발전으로 이어졌다면, 이제 고객은 디지털 소통과 함께 보다 자극적인 새로운 스토리를 원한다. 즉, 시대는 변했고 영상이나 코믹북 기반의 슈퍼 IP는 BT21BTS캐릭터 · 부캐 · 노터리어스 RBG루스 베이더 긴즈버그, K/DA의 인기 등, '인간 IP' 라는 새로운 장을 열었으며 이러한 스토리 기반의 인간 IP는 향후 AI 기술이 접목된 가상인간Virtual Human IP로 진화할 것이다. 그러나 인간 IP가 창출해갈 신흥 시장은 기존의 콘텐츠 IP들이 수십년간 쌓아 올린 질서의 부재로 당분간의 성장통이 예상된다. 현재의 법 질서나 시스템은 기존의 콘텐츠 IP마저도 어문, 영상, 음악 등의 전통적인 분류만으로 그 가치를 해석해왔고, 이제서야 무형의 '성과물'에 대한 평가가 시작되었을 뿐이다. 즉, 기존의 콘텐츠 IP로 해석되는 법 질서를 인간 IP에 확장하여 해석하고 적용했을 때 그 무한한 영역을 포섭할 수 있을 때까지는 상당한 시간이 소요될 것이다. 또한, 콘텐츠가 곧 개인이라는 점과 가상인간 IP의 경우, 예측 불가능한 윤리적 이슈들로(AI의 깊숙한 수용 외에도 투영하는 실존 인물의 사회적 스캔들이나 인물 간의 갈등의 적용 문제 등) 현행 IP에 대한 법적, 제도적 시스템을 넘어 인간 IP로 인하여 파생되는 콘텐츠의 수용 범위 등, 사용자 차원에서의 사회적 합의도 요구된다.

마지막은 기술적 혁신이 저작권 침해의 유형과 범위, 속도를 결정하는 것을 넘어, 저작권법의 개정 논의로도 이어져야 할 필요성에 대한 것이다. 익히 알려졌듯이, 저작권법에서 정의하는 저작물이란 다음 2가지 요건, 즉 인간의 사상과 감정의 표현이라는 점과 창작성이 함께 요구되므로 AI가 집필한 시나리오 대본이나 AI가 작곡한 음악 등은 저작물로 인정되지 않는다. 즉, 법의 보호 또한 받을 수 없다. 실례로 2020년 '소녀시대' 태연의 동생으로도 알려진 가수 '하연'이 AI 아티스트 '이봄Evom' (지스트 AI대학원 안창욱 교수팀 개발)이 작곡한 '아이즈 온유Eyes On You'로 데뷔했고 지니뮤직은 아이즘AISM이라 불리는 AI시스템을 통해 작곡한 곡을 늘려가는 등, 유사한 사례가 지속적으로 발생하고 있다(물론, 지니뮤직은 현재 AI곡들을 상업화하지 않고 1인 유튜버들을 위한 배경음악으로 무료 제공하고 있다).

그러나 AI 알고리즘을 프로그래밍하는 것은 결국 인간이라는 점을 전제로 했을 때, AI가 생산하는 콘텐츠가 독립적이고 그 창작성이 인정된다면 저작물의 재정의와 함께 저작권 부여의 대상을 재규정하는 것도 필요하다. 실제로 프랑스의 음악저작권협회SACEM가 영국의 AI 작곡가 에이바AIVA를 저작권자로 인정하는 등, AI의 창작성을 법으로 보호하는 움직임이 일어나고 있다.

CHAPTER 8

일상과의 컬래버레이션: "미디어 + X"

미디어 + X의 시대

X_1 공교육 – 에듀 크리에이터의 탄생

X_2 라이프스타일 – 미디어와 홈라이프의 콜라보

X_3 라이브 커머스 – #살아있다(L.I.V.E)

X_4 모빌리티 – 인카 In-Car 미디어의 태동

미디어 + X의 시대

지금까지 각각의 미디어 산업에서 콘텐츠의 작용 효과를 면밀히 들여다봤다면 이번에는 미디어와 다양한 이종 산업들과의 결합 움직임을 보려 한다. 우리 일상에 동영상이 스며들기 시작한 것은 꽤 오래 됐다. 가전회사들의 화상 ARS나 동영상 패션 화보, 양방향의 디지털 광고와 의료 서비스 또는 동영상과 쇼핑을 연결시킨 SNS 등, 지금 우리의 일상은 동영상 미디어와 함께 흐르고 있다. 즉, 각자의 바쁜 하루를 마무리하고 귀가하여 IPTV로 또는 내 손안의 OTT를 통해 '직접' 콘텐츠를 소비하는 시간 외에도 우리의 '워크앤라이프Work & Life' 대부분이 미디어와 은연중에 컬래버레이션되고 있는 것이다.

이를 이 책에서는 '미디어+X'로 명명하고자 한다. 다음 그림처럼 가상의 하루 일과를 상상해 보자. 우리는 보통 아침에 일어나 등교하거나 출근해서 대부분의 낮 시간을 학교 혹은 회사에서 보낸다. 그리고 저녁에는 친구들과 남양주에 생겼다는 실내 서핑장을 갔다가 돌아오는 길에 도로가 막혀 차안에서 넷플릭스의 신작 오리지널인 〈퀸스겜빗Queen's Gambit〉 1,2회를 정주행한다. 귀가 후 잠들기 전까지는 본격적으로 모바일과 노는 시간이다. 침대에 누워 유튜브를 보고, 오늘 하루 열댓번은 접속한 인스타그램을 또 훑어보며 인플루언서가 두르고 있는 캐시미어 머플러와 식물성 오메가3를 기어이 구입, 결제하고 나서야 잠이 든다. 이렇듯, 공부나 일을 할 때 또는 취미활동이나 온라인 쇼핑을 하는 우리의 워크앤라이프에서 미디어가 결합되며 순작용을 일으키는 현상이 바로 '미디어+X'인 것이다.

아래 그림에서 표현된 '미디어+X' 타임라인은 2020년 언택트 기조가 정점을 찍으며 가속화되었으며 여기에 더해 세상에 없던 서비스들이 새로 선보이기도 했다. 이에 본 챕터에서는 코로나19로 인해 질풍노도의 시기를 겪은, 아니 지금도 겪고 있는 공교육 시스템과 집콕·방콕 문화가 낳은 라이프스타일의 변화 그리고 최대 수혜를 입으며 성

〈가상의 하루에서 도출한 '미디어+X' 영역〉

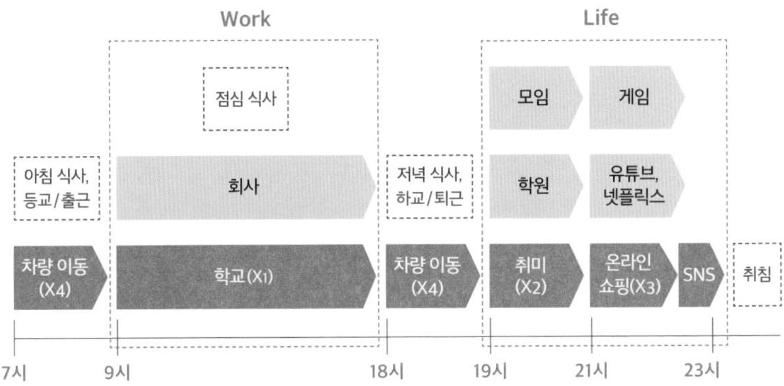

장한 온라인 쇼핑과 지금 바로 코앞에 퀀텀 점프Quantum Jump를 앞두고 있는 모빌리티(이동과 관련된 서비스와 수단) 산업을 "미디어 + X_1, X_2, X_3, X_4"로 규정하고 이들과의 결합 작용을 알아보고자 한다.

X_1 공교육 - 에듀 크리에이터의 탄생

우선 공교육을 보자. 대부분의 학생들은 학교에서 가장 많은 시간을 보낸다. 그리고 이들의 90% 이상은 학교 가기를 싫어한다. 그런데 2020년과 2021년, 가기 싫어도 가야 하는 그곳에 가지 않아도 되는 '블랙코미디' 같은 일이 벌어졌다. 그간 학교는 산업의 특성에 따라 운영 방식이 타 산업분야의 기업들과 달랐고, 형평성이 중요한 공공의 영역이라는 점에서 동일한 시스템을 적용받아왔다. 달리 말해, 융통성이 떨어지고 변화에는 늦을 수밖에 없다는 뜻이다. 오죽하면 유현준 교수는 자신의 책 《어디서 살 것인가》에서 "학교의 모습은 예나 지금이나 똑같다. 아버지가 다닌 학교와 내가 다닌 학교와 자녀가 다니는 학교가 똑같다" 라는 말까지 했겠는가. 무려 3세대에 걸쳐 꿈쩍하지 않고 변화를 거부했던 그 학교가 그런데, 코로나19에는 무릎을 꿇고 말았다.

2020년 3월, 기껏해야 일주일 정도 연기되겠지 하던 개학은 매주 연장되었고 급기야 교육부는 4월 9일을 시작으로 고등학교, 중학교, 초등학교 순으로 단계적인 온라인 개학을 결정했다. 전국의 학교들은 커리큘럼의 변경부터 (비대면 교육의 방법을 공유하는)비대면 사전 교육, 온라인 콘텐츠 제작까지 무수한 의사결정과 시행착오를 거듭했다. 2020년 공교육 수업의 70% 이상이 온라인으로 진행되리라는 것은 실로 누구도 예측하지 못한 일이었다.

온라인 수업은 크게 ①실시간 스트리밍 수업 ②EBS 시청 그리고 ③교사가 콘텐츠를 직접 제작해 제공하는 형태로 구분된다. 물론 학교와 학년에 따라 수업의 난이도와 재정 여건이 다르므로 이의 비중은 다르지만, 이 중 핵심은 '어떤 실시간 플랫폼을 선택하느냐'였다. 줌ZOOM, 시스코의 웹엑스WEBEX, 구글의 행아웃HANGOUTS, 마이크로소프트의 팀즈TIMS 등 다양한 선택지가 있긴 하지만 대부분의 공교육 기관은 접근성과 편의성, 경제성 측면(교육부 산하의 교사로 인증시 무료 이용)에서 줌을

〈공교육 기관의 온라인 수업 구성〉

구분	플랫폼	내용
실시간 스트리밍	줌, 웹엑스 등의 실시간 화상회의 플랫폼	선생님의 수업과 학생들의 피드백이 실시간으로 전달되고 4~5명씩 분단 활동이 가능한 소회의실 운영 등의 서비스 보유
EBS 시청	TV, OTT (EBS 채널) / EBS 전용 앱	TV와 OTT를 통해 실시간으로 시청하고 EBS 전용 앱을 통해 'VOD 다시보기'
콘텐츠를 직접 제작하여 제공	에드위드Edwith 등, 온라인 교육 플랫폼	초중고 교육과 분야별 대학강의, 소프트웨어 교육 인프라를 무상으로 제공하며, 출결 및 숙제관리 / 학습 진도 체크

선택했다. 참고로, 줌은 2011년 에릭유안Eric Yuan이라는 중국인이 세운 화상회의 플랫폼으로 하루 사용자 3억 명, 기업가치 460억 달러50조 원에 달하는 실리콘밸리 기업이다.

호랑이·갓선비·손산슬 선생님의 탄생

이처럼 온라인 수업의 본격화는 그간 학생들과 1미터도 안되는 교탁에서 소통하던 선생님들에게 '온스크린On-Screen'이라는 벽을 마주하게 했다. 이로 인해 차별화된 수업을 원하는 학교는 콘텐츠를 직접 제작해 제공하는 비중을 늘려갔고, 자연스레 선생님들은 집중력과 몰입감 향상을 위해 콘텐츠의 재미와 포멧에 몰두하게 된다. 이는 공교육 선생님들이 점차 크리에이터가 되어가는 흐름이자, 이들에게 크리에이터의 기질이 요구되는 순간이기도 하다. 말그대로, 에듀 크리에이터의 시대가 도래한 것이다. 물론 새로운 시대, 새로운 환경, 새로운 도전은 과거의 체제에 익숙했던 다수를 좌절시키고 당황시키기 마련이지만, 이런 가운데 새로운 스타가 탄생하는 것을 우리는 수도 없이 목도해왔다. 교육 현장도 예외는 아니다.

먼저, 아이돌 못지 않은 유명세를 떨치는 EBS의 호랑이 선생님(이선희 교사)이 화제를 모았다. 실제로 이선희 교사는 서울 소재의 한 초등학교 교사다. 콘텐츠의 인기 비결은 호랑이 캐릭터와 아이들의 코드에 맞춰진 자잘한 코미디. 엄마들 사이에서는 "수업이 너무 재미있어서 자꾸 아이가 선행학습을 하려고 해요"라는 행복한 비명이 쏟아지고, 이선희 교사가 예능 프로그램에 출연할 때마다 "야, 우리 호랑이 선생님이다!"라며 아이들은 TV앞을 떠나지 않는다. 실제로 이선희 교사는 콘텐츠를 제작할 때 '내가 재연배우인 것처럼, 내가 뮤지컬 배우가 된 것처럼'이라는 마음가짐으로 임한다고 했다. 물론 EBS 콘텐츠의 경우, 코로나로 본격화된 온라인 수업과 무관하게 지난 30여 년 간 전문화된 시스템으로 제작돼 왔다는 점에서 실제 학교에서 제작되고 있는 콘텐츠들보다 완성도가 높은 것은 사실이다.

한편, 서울의 S사립초등학교에서도 조선시대의 선비복을 입고 갓을 쓴 채, 전래 동화를 들려주는 교장 선생님이 대단한 인기몰이를 했다. 실제 〈밤길〉이라는 동화로 대교 문학상을 수상한 적도 있는 동화작가 출신의 교장 선생님은 매주 한국 전래동화를 그 시대에 살아 숨쉬는 등장인물이 되어 이목을 집중시키고 맛깔스럽게 들려주신다. 이쯤 되면 아이들이 갓선비 캐릭터의 전래동화 시간만을 목 빼고 기다리는 것은 당연해 보인다.

유튜브에서 폭발적인 조회로 디지털 팬덤이 생긴 선생님들도 있다. 서울 D고등학교의 한 선생님(일명 손산슬 선생님)은 선글라스를 끼고 교실과 복도를 누비며 익숙한 멜로디와 적절한 개사로 '비대면 원격 수업'을 설명했다. 제목은 〈수업의 재개발〉이며 눈치 챘겠지만 유산슬(유재석의 부캐)의 뮤직비디오 '사랑의 재개발'을 패러디한 콘텐츠로 지금의 트로트 열풍을 잘 활용한 것으로 평가된다.

마지막은 50만 조회수로 이미 유튜브 스타가 된 부산 D 사립초의 교장 선생님이다. 학교는 2020년 4월 온라인 개학식에 활용할 콘텐츠를 제작하기로 하고 디즈니의 〈겨울왕국〉을 패러디하기로 결정했다. 교장선생님은 '엘사' 의상을 입고 교감선생님은 당근을 물고 '올라프'를 연기한다. 개사 또한 위트가 넘친다. 엘사로 분한 교장선생님이 운동장

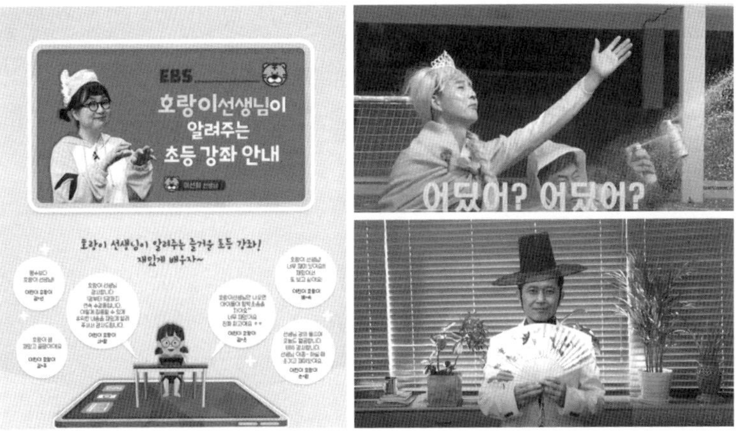

자료협조 : EBS, 각 초등학교

코로나 시대의 비대면 수업은 에듀 크리에이터의 등장을 알렸다. 초등생의 스타로 등극한 '호랑이 선생님'과 〈겨울왕국〉 패러디로 56만 조회수를 기록한 부산 동성초의 온라인 개학식, 갓선비로 분장한 선생님 등의 동영상이 화제를 모으고 있다.

과 복도를 누비며 원래 노래의 "렛잇고 렛잇고" 가사 대신 "(학생들아) 어딨어 어딨어~"를 울부짖는다. 이 장면은 텅빈 학교의 교실과 운동장을 바라보며 아이들을 그리워하는 교사의 마음이 오롯이 전달되며 웃음과 슬픔을 동시에 자아냈다. 콘텐츠를 기획한 학교는 선생님 중 한 분이 학생들에게 쓴 편지에서 "너희가 없는 교실은 아직 겨울이야. 너희가 있어야 학교에도 봄이 온다는 걸 알았어. 그래도 우리 마음은 연결되어 있다는 것을 잊지 마"라는 부분이 〈겨울왕국〉의 스토리와 딱 맞아 떨어져 촬영을 시작했다고 한다.

마이크로소프트 CEO, 사티아 나델라Satya Nadella의 인터뷰처럼 코로나 팬데믹은 전방위적인 산업에 걸쳐 거의 2년에 걸쳐 이루어질 디지털 전환을 단 두 달만에 이뤄냈다. 정부가 앞장서 국내 교육 시장의 디지털화를 가속화하려는 모양새도 이와 유사한 맥락이다. 앞서 언급했듯이 공교육 기관마저도 시청자(학생)의 눈높이에 맞춰 콘텐츠의 제작 방향을 기획하고, 자막을 입히고 배경음악BGM을 선별한다. 또는 패러디 영상이나 타인의 저작물을 인용하여 재제작이 필요한 경우에는 저작권 이슈를 해결하며 직접 출연하기도 하고 보조 출연자들을 섭외하기도 한다. 즉, 콘텐츠의 경쟁력과 브랜딩 그리고 효과적인 전달을 위해 때론 교사들이 캐릭터 분장을 하기도, 재연 배우의 역할도 마다하지 않으며 '에듀 크리에이터'의 길을 걷고 있다는 뜻이다.

이제 머지않아 선생님이라는 직업이 교육자가 아니라 '에듀 크리에이터' 혹은 '교육 개발자'로 확장되어 불릴 날도 멀지 않았다. 물론 온전한 온라인 교육의 정상화를 위해서는 전용 디바이스의 확장, 2023년을 목표로 한 교육부의 'K-에듀 통합 플랫폼' 출범 등 우선해야 할 과제들이 남아 있다. 그러나 OECD가 2020년 다보스포럼에서 발표한 교육열 세계 1위를 차지한 한국인의 저력에 IT 최강의 인프라가 더해진다면 K-팝, K-드라마에 이어 K-에듀의 글로벌 유통 또한 기대해볼 만하다.

X_2 라이프스타일 – 미디어와 홈라이프의 콜라보

라이프스타일마저 콘텐츠다?! 지금까지 이 책에서 우리는 동영상·음악·웹툰·게임 등 비교적 명확한 미디어 콘텐츠에 대해 알아봤다. 그런데 이제 라이프스타일까지 콘텐츠라고 하니, 약간은 모호하다. 이 챕터에서는 이 모호함을 해소하기 위해 라이프스타일이라는 방대한 스펙트럼을 조금은 좁혀서 설명하고자 한다. 바로 '홈라이프'다. 코로나19로 인해 외부 일상이 잠시 멈추면서, 집 안에서의 라이프스타일이 풍성해지고 있다. 퇴근 후 자기계발을 하던 사람들, 나만 아는 골목 어귀에 있는 맛집에서 저녁을 먹던 사람들, 저녁도 먹지 않고 곧장 헬스장으로 향하던 사람들이 이제는 모두 집안에서 각자의 방식대로 라이프스타일을 영위하고 있다. 이처럼 홈라이프라는 새로운 영역이 개척되면서 '홈공족', '홈쿡족', '홈트족'과 같은 신조어까지 등장하고 있다. 그리고 이러한 홈족들의 홈라이프를 지원사격해주는 것이 바로 미디어다.

언제 어디서나 명사들의 족집게 과외를 받을 수 있는 곳

자기계발 취미학습 등 여러분이 집에서 공부하는 홈공족이라면 '클래스101'이라는 서비스를 한번쯤은 들어 봤을 것이다. 온라인으로 취미를 배우는 플랫폼 클래스101에는 미술·공예·사진·음악·어학·비즈니스·재테크·창업 등 1,500여 개의 유료 강좌가 등록되어 있다. 클래스101의 정확한 가입자 수나 매출은 공개되지 않았지만, 한 자료에 따르면 2020년 1월 대비 8월 거래액이 160% 상승했고, 이 기간 누적 회원수는 무려 2배 가까이 성장했다고 한다. 유튜브에 들어가면 지금도 무료로 제공되는 자기계발, 취미와 관련된 영상이 넘쳐나는데 유료서비스인 클래스101이 인기를 끄는 비결은 무엇일까? 바로 고객의 불편함 해소와 양질의 콘텐츠 때문이다. 클래스101은 전면에 "준비물까지 챙겨주는"이라는 슬로건을 내세웠다. 누군가가 캔버스화 그리기 수업을 신청하면 강의를 듣는 데 필요한 물감, 팔레트 등 준비물 키트도 함께 받아볼 수 있다. 만약 유튜브에서 이와 유사한 강의를 듣는다면, 준비물은 각자 알아서 챙겨야 하는 불편함이 있는데, 클래스 101은 이 번거로움을 해소해준 것이다.

또한, 유튜브처럼 클래스101은 누구나 크리에이터가 될 수 있지만, 유튜브와 달리 아무나 될 수는 없다. 이는 클래스101만의 강좌 개설 방식 때문이다. 클래스101의 크리에이터들은 강의를 정식 오픈하기 전 '응원하기'라는 기능으로 고객들에게 사전 수요조사를 받아야 한다. 고객들의 응원을 통해 예상 수요치의 일정 기준을 넘어야만 크리에이터는 정식으로 강좌를 개설할 수 있다. 이러한 시스템 덕에 고객이 지갑을 열어 돈을 내고 볼만한 양질의 콘텐츠가 제작되는 것이다. 심지어 '시그니처'라는 카테고리에는 프로파일러 표창원, 사진작가 오중석, 힙합 프로듀서 코드 쿤스트 등 각 분야 최정상 전문가들의 강좌를 개설해 일반인들이 평소 유튜브나 오프라인에서도 접하기 어려운 프리미엄 강의를 들을 수 있도록 했다. 프리미엄 강의의 인기를 기반으로 최근에는 배우 하정우, 힙합가수 기리보이, 영화감독 박찬욱, 작사가 김이나 등 문화·예술분야 아티스트들의 강의만 제공하는 '원더월', '바이블ViBLE'과 같은 온라인 자기계발 플랫폼들이 연이어 생겨나고 있다. 이제 PC만 있으면 누구나 내 방으로 명사들을 초대해 족집게 과외를 받을 수 있는 시대가 온 것이다.

홈쿡족을 저격한 '아내의 식탁'

2020년, 코로나19로 전세계가 장기화된 집콕 생활로 무료함과 우울함을 호소하던 때, 한국의 홈쿡 문화가 세계인들에게 즐거움을 주는 놀이문화가 된 적이 있다. 바로 '달고나 커피' 덕분이다. 400번을 저어야 마실 수 있는 이 커피는 인스타그램에서도 화제가 되어 #dalgonacoffee가 태그된 포스팅만 약 60만 건에 달하며, 영국의 공영방송 BBC에서는 달고나 커피를 '한국의 커피 간식'이라고 소개하기도 했다. 달고나 커피는 하나의 예시일 뿐, 코로나19가 촉발한 홈쿡·홈카페 문화가 최근 트렌드로 자리잡고 있다. 이는 식당이나 카페가 최악의 시기를 보내고 있는 반면, 집에서 간단히 요리할 수 있는 간편식·밀키트 시장은 여느 때보다 호황인 점에서도 엿볼 수 있는 대목이다.

이처럼 집에서 요리하는 홈쿡 라이프가 일상화되자, 주목받고 있는 서비스가 있다. 대표적인 예로 레시피를 콘텐츠화하여 커머스로 연결하는 '아내의 식탁'이 그것이다. 앞서 소개된 'FOOD52'와 달리, 아내의 식탁은 커뮤니티 기능보다는 검증된 하나의 레시피를 소비자에게 양질의 콘텐츠로 전달하는 것이 목적이다. 아내의 식탁은 웹페이지와 모바일 앱 서비스가 메인이지만, 구독자 97만 명에 달하는 유튜브 채널도 가지고 있다. 유튜브에는 300개가 넘는 레시피 영상들이 있는데, 이 영상들을 보면 재료의 색감, 조리 과정의 구도와 소리 등 하나하나의 콘텐츠를 마치 음식 다큐멘터리처럼 공들여 제작했다는 것을 알 수 있다. 그리고 아내의 식탁은 정성스레 제작한 이 영상을 아주 영리하게 활용하고 있다. 예를 들어, 누군가 아내의 식탁 유튜브 채널에서 쭈꾸미 볶음 레시피를 시청하면 영상의 우측 상단에 아내의 식탁 웹페이지로 연결되는 링크를 확인할 수 있을 것이다. 이를 클릭해 연결된 웹페이지에는 방금 본 쭈꾸미 볶음의 재료와 상세 레시피가 노출되고, 스크롤을 따라 내려가다 보면 아내의 식탁에서 판매하는 쭈꾸미 상품이 등장한다(단, 아내의 식탁 유튜브의 모든 레시피 영상이 웹페이지와 연결되

〈'아내의 식탁' 유튜브 채널〉 〈'아내의 식탁' 웹페이지〉

레시피 콘텐츠로 유튜브와 유기적으로 연결된 '아내의 식탁' 홈페이지

지는 않는다).

2020년 상반기 아내의 식탁은 홈쿡족의 증가에 힘입어 처음으로 흑자 전환에 성공했다. 그리고 그 가치를 인정받아 2020년 7월에는 이랜드 등으로부터 35억 원의 투자를 유치하는 성과를 거두었다. 최근에는 쿠킹 스튜디오를 확장해 음식 콘텐츠 제작에 더욱 박차를 가하고 있다. 요리라는 홈라이프 콘텐츠에 투자하는 아내의 식탁이 홈쿡족에게 더 큰 사랑을 받을 수 있을지, 콘텐츠와 커머스 간의 비즈니스 연결고리를 어떻게 더 강화할지, 앞으로의 행보가 기대된다.

운동도 이젠 '콘텐츠가 전부'

한편, 집콕 열풍은 홈트레이닝 시장에도 불을 지폈다. 코로나19로 인해 헬스장이 셧다운되면서 '홈트족'이 증가한 것이다. 집에서 혼자 운동하는 '홈트족'의 가장 큰 적은 바로 지루함이다. 그런데 이 지루함을 해소해주기 위해 콘텐츠와 결합된 홈트레이닝 서비스들이 나오고 있다. 닌텐도 스위치의 '링피트 어드벤처(이하 링피트)'도 그 중 하나다. 닌텐도 하면 앞서 게임 챕터에서 소개한 '동물의숲'이 먼저 떠오르겠지만 링피트라는 홈트레이닝용 게임 역시 그에 못지않은 돌풍을 일으켰다. 2019년 10월에 출시한 이 게임은 사실 출시 당시에는 크게 주목받지 못했다. 그러다 2020년 코로나19가 발생하고, 헬스 유튜버 김계란과 심으뜸이 링피트로 합동 방송을 하기도 하고, 개그우먼 박미선도 자신의 유튜브 채널에서 링피트 후기 영상을 올리는 등 유튜버들 사이에서 입소문이 나면서 한 때 품귀 현상을 겪기도 했다.

게임을 하는 법은 간단하다. 운전대 모양의 원형 컨트롤러와 길쭉

한 스트랩에 닌텐도 조이스틱을 결합해, 스트랩은 허벅지에 차고, 원형 컨트롤러를 양손에 들고 게임에서 지시하는 동작을 따라하는 것이다. 조작법은 간단하지만 운동효과는 의외로 뛰어나다. 게임에서 움직이려면 게이머도 달려야 하고, 화면에서 지시하는 대로 올바른 운동자세를 취하지 않으면 적에게 제대로 된 대미지를 입힐 수 없기 때문에, 게임이 끝나고 나면 이마가 땀에 젖을 정도로 운동량이 많다.

홈트레이닝 열풍은 사실 세계적이다. 피트니스 산업이 우리보다 훨씬 앞서 있는 미국 역시 그러한데, 미국에는 홈트레이닝계의 넷플릭스라고 불리는 기업이 있다. 바로 2019년 9월 나스닥에 상장한 펠로톤 Pelonton이다. 미국에서는 "집에서 운동한다"라는 말을 "펠로톤 한다"라고 말할 정도로 펠로톤은 이미 홈트레이닝의 대명사가 됐다. 펠로톤은 디스플레이가 탑재된 자전거 머신을 판매하고, 여기에 운동 콘텐츠를 월 정액 월 39달러 으로 제공하는 구독 모델 비즈니스를 취하고 있다. 구독료와 별도로 자전거 머신 가격만 약 2,500 달러 280만 원 라는 점에서 가격 장벽이

출처 : 각사 홈페이지

집에서 즐기는 홈트레이닝이 인기를 끌면서 각종 게임과 스트리밍 트레이닝을 결합한 상품들이 선보였다. 각각 링피트(왼쪽) 펠로톤(오른쪽)을 이용해 집에서 운동하는 모습.

〈펠로톤 주가 추이(좌) 및 연도별 이용자 수(우)〉

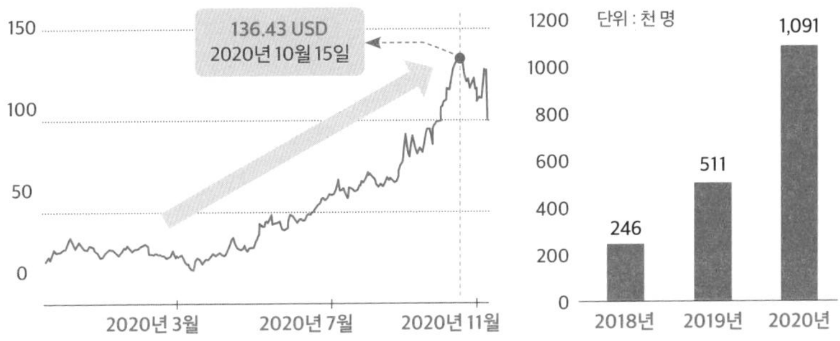

출처 : 구글 파이낸스(좌), 삼성증권 글로벌 리서치(우)

있음에도 불구하고, 펠로톤은 거침없는 성장세를 보이고 있다. 2020년 초만 해도 20~30달러를 횡보하던 주가는 2020년 10월, 136달러를 기록하기도 했다. 이는 코로나 19로 인해 홈트레이닝 인구가 늘어나면서 펠로톤의 유료 구독자 수가 2019년 대비 두 배로 증가했기 때문이다.

펠로톤이 홈트레이닝계의 넷플릭스로 불리는 이유는 CEO 존 폴리John Foley가 "우리는 운동 기구를 파는 회사가 아니라 넷플릭스 같은 콘텐츠 기업이 되어야 한다"고 한 말에서 찾을 수 있다. 실제로 펠로톤이 다른 홈트레이닝 기업들과 차별화되는 가장 큰 요소도 콘텐츠에 있다. 매일 20개의 운동 강의를 실시간 스트리밍으로 제공하는 펠로톤은 양질의 콘텐츠를 만들기 위해 부단한 노력을 하고 있다. 일단, 소속 트레이너들이 모두 엄격한 오디션을 거쳐 선발되었거나 대형 피트니스 센터에서 스카우트된 사람들이다. 심지어 트레이너 중에는 나이키 트레이너이자 NFL 치어리더인 레베카 케네디Rebecca Kennedy와 인스타그램 팔로워 수만 64만 명에 달하는 마라토너 로빈 아르존Robin Arzon 등 피트니스계의 별들도 포함되어 있을 정도다. 또한 뉴욕과 런던에 최고급의 카메라와 조명, 음향장비를 갖춘 영화 스튜디오 못지않은 제작환경에서 트레이너들의 강의를 촬영하고, 이를 4K로 실시간 스트리밍한다. 사용자들이 보는 디스플레이에는 달린 거리와 속도 등이 표시되며 이 수치들은 트레이너에게 전달된다. 트레이너는 사용자의 이름을 수시로 부르며 응원하기도, 이들이 힘겨워하면 운동 강도를 조절해 주기도 하며 1:1 PT 선생님과 같은 역할을 한다. 같이 수업을 듣는 사람들의 운동 정보와 기록도 화면에 노출되기 때문에 운동하는 사람들 간 경쟁의식을 갖게 될 수 있고, 동시에 서로 간의 유대감이 형성되기도 한다. 양질의 콘텐츠와 인터랙티브한 환경 덕에 펠로톤 사용자들은 지루할 틈이 없다.

2020년 코로나19로 인해 홈공족, 홈쿡족, 홈트족 인구가 급증한 것은 의심의 여지가 없다. 하지만 코로나19가 종식되더라도 홈라이프는 우리 삶의 큰 문화로 자리 잡을 가능성이 크다. 이 챕터에서 봤듯이, 이미 홈라이프 각 영역들은 미디어와 긴밀히 결합되어 새롭게 진화하고 있다. 그리고 여기서 미디어의 핵심은 단연 콘텐츠다. 사업자들은 양질의 취미교육 콘텐츠를 제공하기 위해 유명인들의 강좌를 개설하고, 홈쿡족들을 위해 다큐멘터리 못지않은 레시피 영상을 촬영하고, 홈트레이닝 콘텐츠를 찍기 위해 최고급 장비가 갖춰진 스튜디오까지 만들고 있다. 결국 홈라이프도 콘텐츠가 전부다.

X₃ 라이브 커머스 - #살아있다(L.I.V.E)

2020년 4월 7일, 롯데 아울렛 파주점의 아디다스 매장은 단 하루 만에 2억 4천만 원의 매출을 달성했다. 롯데 아울렛 단일 브랜드로서는 최대 실적이다. 코로나19가 한창이던 시기에 어떻게 된 일일까? 이날 롯데 아울렛 파주점은 네이버와 함께 '아디다스 창고 털기'라는 라이브 쇼핑 방송을 진행했다. 인플루언서가 직접 아디다스 매장을 반문해 매장 구석구석을 돌아다니며 보물찾기 하듯이 옷과 신발을 찾아내 입어보고 신어보는 구성이 마치 생방송 쇼를 보는 듯해, 다소 밋밋한 홈쇼핑과는 다른 재미를 선사했는데 이 방송을 무려 4만 6천 명이 시청하면서 최대 매출로까지 이어진 것이다.

이 사례에서 보듯이, 2020년 비대면 문화 확산과 함께, '라이브 커머스'가 새로운 소비 채널로 급부상하는 중이다. 라이브 커머스는 말 그대로, 라이브 스트리밍과 이커머스의 합성어다. 라이브 방송을 보면서 물건을 구입한다는 점에서 TV홈쇼핑과 유사하지만, 실시간 채팅을 통해 판매자와 소비자간 양방향 소통이 가능하다는 점에서 보다 더 인터랙티브하다. 소비자들은 라이브 커머스를 통해 "언니 운동화 신고 점프해주세요. 쿠션은 어때요?" "파란색 트레이닝 복 M사이즈 입었을 때 느낌 좀 알려 주세요" 등 쇼핑할 때 궁금한 것들을 질문하며 온라인 쇼핑의 실패도 줄이고 재미까지 느낄 수 있다.

이베스트 투자증권에 따르면, 2020년 국내 라이브 커머스 시장 규모는 3조 원으로 추산되며, 2023년까지 8조 원 규모로 성장할 것으로 전망된다. 새로운 기회의 땅으로 인식되는 이 시장에 각 영역의 수많은 사업자들이 뛰어들고 있다. 롯데백화점, CJ오쇼핑, 11번가 등 기존의 커머스 사업자부터 네이버, 카카오 같은 대형 포털 사업자까지 오히려 라이브 커머스를 하지 않는 곳을 찾기 어려울 정도다. 이번 챕터에서는 라이브 커머스가 도대체 왜 이렇게 핫한지 4가지 키워드로 설명하고자 한다. 그 키워드는 Local, Influencer, Various,

〈라이브 커머스에 진출하는 사업자들과 이 시장이 뜨는 4가지 이유〉

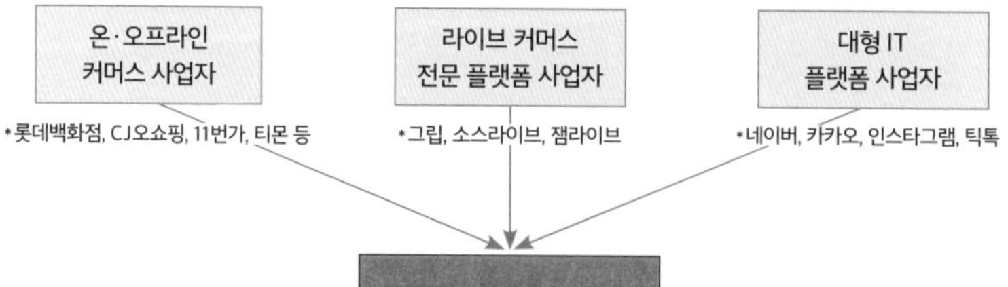

Entertainment의 앞글자를 딴 L.I.V.E이다.

Local

그 첫번째는 'Local(현장감)'이다. 이는 현장에서 오는 현장감을 뜻한다. 라이브 커머스는 홈쇼핑처럼 별도의 스튜디오에서 진행하는 경우도 있지만, 생산 혹은 유통 현장에서 직접 라이브로 진행되는 경우도 많다. 대표적으로 서두에 얘기한 '아디다스 창고 털기'가 그러하다. 현지에서 라이브 쇼를 진행할 수 있다는 이점은 대형 브랜드뿐만 아니라, 지역사회 입장에서도 새로운 기회이다. 2020년 9월, 롯데백화점 창원점은 자사의 라이브 커머스 플랫폼 '100Live'를 통해 '창원시 농특산물 라이브 커머스' 행사를 개최했다. 이날 허성무 창원 시장은 라이브 방송에 출연해 직접 창원 단감을 홍보하며 현장에 열기를 더했다. 최근,

〈스튜디오가 아닌 현장에서 직접 촬영하는 라이브 커머스 사례〉

경기 이천의 한 농가는 디지털 농업서비스 팜모닝, 그리고 네이버와 함께 라이브 커머스로 복숭아를 판매했는데 판매장소는 다름아닌 복숭아 과수원이었다. 과수원을 운영하는 사장님이 직접 출연해 시청자들의 질문에 실시간으로 대답을 해주며 방송 1시간 만에 준비한 복숭아를 전량 판매 완료했다.

이처럼 라이브 커머스 덕에 영세한 지역 소상공인과 농가들은 새로운 유통 판로를 개척할 수 있게 됐다. 만약 이들이 홈쇼핑을 통해 판매하려고 했다고 가정해보자. 홈쇼핑은 보통 제작비만 1억 원 정도가 들고, 판매 수수료도 30~50%나 된다. 그러다 보니, 한번에 1만 개~10만 개 정도의 박리다매를 할 여력이 되는 판매자들만이 홈쇼핑에 진출할 수 있다. 반면, 라이브 커머스는 판매자가 스마트폰만 있으면 누구나 방송을 할 수 있기 때문에 따로 제작비가 필요 없다. 또한 판매 수수료도 3%~10% 수준으로 홈쇼핑 대비 훨씬 저렴하다. 조그만 가게를 운영하는 사장님이든 농장을 운영하는 농업인이든 고객들에게 현장의 생생함을 전달할 마음가짐만 있으면 된다. 이 현장감은 곧 고객과의 신뢰로 이어진다. 화면을 통해 산지를 직접 둘러보고 채팅을 통해 궁금한 점을 실시간으로 문의하면서 구매 단계에 생길 수 있는 의구심을 해소할 수 있기 때문이다. 라이브 커머스가 가진 'Local'이라는 특징 덕에 소비자들은 더욱 진정성을 느낄 수 있게 된다.

Influencer

라이브 커머스가 뜨는 두 번째 이유는 'Influencer(인플루언서)'다. 이미 2016년부터 중국에서는 라이브 커머스가 급성장해 2020년 황금기를 맞이했다. 그리고 이 성장의 주축에는 중국의 인플루언서를 뜻하는 '왕홍網紅'이 있다. 2020년 7월 한 달 간, 중국 톱50 왕홍이 올린 매출만 약 1조 3,600억 원이다. 중국 내 대부분의 왕홍들은 이들의 소속사인 MCN에 속해 있는데, 코트라Kotra가 발표한 자료에 따르면 2020년 중국의 MCN 수는 무려 2만 8천 개나 되며, 이들이 창출한 중국 라이브 커머스 시장 규모는 약 163조 원에 달한다. 대표적인 왕홍으로는 SNS 팔로워 수가 8천만 명이 넘는 '리자치李佳琦'가 있다. 일명 '립스틱 오빠'로 알려진 그는 30초에 립스틱을 가장 많이 바른 남자라는 특이한 기네스북 기록의 소유자이자 한 해 벌어들이는 수입만 247억 원으로 색조 화장품 분야 라이브 커머스의 독보적인 1인자다. 2020년 10월 20일, 리자치는 중국의 연중 최대 쇼핑 축제인 광군제(11월 11일) 행사를 앞두고 진행한 라이브 방송에서 8시간 동안 126종의 화장품을 소개하고 7천억 원의 매출을 기록하기도 했다.

라이브 커머스에서 왕홍의 힘은 구매전환율에서 두드러진다. 중국 마케팅 전문기업 TWOAB에 따르면, 최상위 왕홍이 진행하는 라이브 커머스의 구매전환율은 20%에 달한다. 통상 이커머스의 구매전환율이 1% 미만인 점을 감안하면 실로 대단한 효과가 아닐 수 없다. 아직 국내 라이브 커머스 시장은 태동기인 만큼 국내 시장의 구체적인 구매전환율 수치는 찾아보기 어렵지만 중국의 시장 트렌드와 별반 다르지 않을 것이다. 중국 사람들이 왕홍에 열광하는 이유는 그들을 KOC Key of Customer로 인식하기 때문인데, 우리나라 사람들이 인플루언서를 대하는 방식도 이와 비슷하다. 게다가 라이브 커머스에서는 실시간 소통이 가능하다. 라이브 커머스를 시청하는 사람들은 인플루언서와 대화를 주고받으며 마치 원래 알고 있던 사람처럼 느끼게 되는 심리적 관계형성을 하게 된다. 가장 믿을 수 있는 상품이 '지인이 추천해준 상품'인 것처럼, 사람들은 라이브 커머스 방송에서 인플루언서가 추천하는 상품에 신뢰를 갖게 된다.

Various

세번째 이유는, 'Various(취향을 만족시키는 다양성)'다. 먼저 TV로 홈쇼핑을 시청할 때를 떠올려 보자. 홈쇼핑 프로그램은 여타 방송과 마찬가지로 편성표라는 것이 존재한다. 정해진 시간대에 정해진 상품이 방송된다. 현재 우리나라에서 볼 수 있는 홈쇼핑 채널은 17개로 같은 시간대에 모두 다른 상품을 방송한다고 했을 때, 동시간에 17개의 상품만 노출되는 것이다. 홈쇼핑 회사들은 이 같은 물리적인 제약에서 최대한 매출을 올리기 위해 인기가 많은 상품 위주로 방송을 할 수밖에 없고 당연히 모든 소비자들의 취향을 만족시키기는 어렵다. 시청자들도 자신의 취향에 따라 홈쇼핑을 시청하지는 않는다. 채널을 이리저리 돌리다가 특정 홈쇼핑 채널에 관심 가는 상품이 보이면 잠깐 멈춰 시청하고 물건이 마음에 들면 구매하게 되는 것이다.

반면, 라이브 커머스는 플랫폼마다 정책이 상이하긴 하지만 동시간대에 여러 방송을 노출하는 것이 가능하다. 대표적으로 네이버의 '쇼핑라이브'나 라이브 커머스 플랫폼 '그립'이 그러하다. 네이버 쇼핑라이브는 2020년 3월 스마트스토어 셀러들을 위한 라이브 커머스 툴을 도입해 '셀렉티브'라는 서비스를 론칭하고, 이를 2020년 7월 '쇼핑라이브'로 개편했다. 쇼핑라이브에서는 대형 브랜드, 소호, 개인 누구나 라이브 커머스 방송을 진행할 수 있다. 그립은 2019년 2월 론칭한 라이브 커머스 전문 플랫폼이다. 아직 신생기업이라 구체적인 매출액은 공개되지 않았지만, 2019년 7월 35억 원, 2020년 8월에는 80억 원을 투자 받을 만큼 시장에서 가치를 인정받고 있다. 그립은 초보 입점사를 위해 인플루언서 매칭, 방송 대행 서비스도 제공하고 있다.

그립에서 하루 평균 방송되는 라이브 커머스는 약 200회 정도다. 홈쇼핑 채널 1개에서 하루에 약 20회의 방송을 송출하는 것을 감안하면 이는 홈쇼핑 채널 10개의 방송 분량과 맞먹는 수준이다. 그립에서는 동시간대에 수많은 라이브 커머스 방송을 진행할 수 있기에 이것이 가능하다. 그 결과, 라이브 커머스 상품 라인업은 홈쇼핑에 비해 다채로울 수밖에 없고 사람들은 자신의 입맛대로 마음에 드는 방송을 골라서 시청하며 취사선택을 할 수 있다.

〈그립에서 동시간대에 시청 가능한 수많은 라이브 커머스 방송들〉

Entertainment

라이브 커머스가 뜨는 마지막 이유는 바로 'Entertainment(즐거움)'다. 기본적으로 라이브 커머스는 실시간 채팅이라는 재미 요소를 가지고 있지만, 라이브 콘텐츠 자체를 엔터테인먼트로 풀어내기도 한다. 2017년, 티비온TVON을 런칭하며 국내에서 가장 먼저 라이브 커머스를 시작한 티몬은 최근 예능을 접목한 라이브 방송 〈쇼트리트 파이터〉를 진행하고 있다. 광희와 이지혜가 MC를 보며 매회 새로운 연예인들이 출연해 3개 팀으로 나뉘어 판매 배틀을 벌인다. 〈쇼트리트 파이터〉에 나오는 연예인들도 판매 상품과 관련 있는 라인업으로 구성되어 시청자들은 방송에 더 몰입하게 된다. 예를 들어, "소는 누가 키우나~"라는 유행어로 유명한 개그맨 박영진이 출연해 한우 꽃등심 선물세트를 판매하는가 하면, 가수 나르샤가 출연해 노이즈 캔슬링 무선 이어폰을 판매하며 MC들과 '고요 속의 외침' 게임을 선보이는 방식이다.

한편 2018년 2월, 서비스를 시작한 '잼라이브'도 '퀴즈'라는 엔터테인먼트 요소가 가미된 라이브 커머스다. 초창기 잼라이브는 10단계의 퀴즈 서바이벌에서 살아남으면 현금을 지급하는 서비스로 시작했다. 전국민이 잼라이브 퀴즈쇼 열풍에 빠질 정도로 인기를 얻었지만 마땅한 수익모델이 없던 잼라이브는 2018년 12월 배스킨라빈스와 제휴해 한 시간만에 2천 개, 두 번째 방송에서 1만 개 상품을 완판시키며 라이브 커머스 플랫폼으로 진화했다. 그 후 2년이 지난 2020년 8월, 네이버는 잼라이브 인수를 발표한다. 네이버의 라이브 커머스 서비스 '쇼핑라이브'와 결합해 시너지를 내겠다는 계획이다. 실제로 잼라이브에서 진행하는 라이브 커머스 방송은 네이버 쇼핑 라이브에서도 동시 진행된다. 예를 들어, 쿠쿠 밥솥을 판매하는 날이면 18시 30분에 잼라이브에서 라이브 퀴즈쇼를 먼저 진행하고, 상품을 판매하는 본 방송은 잼라이브와 네이버 쇼핑 라이브에서 동시에 노출되는 식이다.

라이브 커머스는 지금 #살아있다, 아니 앞으로 더 살아날 것이다. 기존 커머스 사업자에서부터 포털, SNS 사업자까지 모두 라이브 커머스에 뛰어들고 있다. 국내는 이제 막 시장이 형성되기 시작했기 때문에 아직 누가 이 판을 지배하게 될지 알 수는 없다. 하지만 이것만은 분명하다. 이 책에서 말한 키워드 'L.I.V.E'(Local, Influencer, Various, Entertainment)를 가장 잘 이용하는 사업자가 결국 고객의 선택을 받게 될 것이다.

X4 모빌리티 – 인카In-Car 미디어의 태동

올해 가장 '핫' 한 키워드를 꼽으라면 역시 국내 주식을 사 모으는 개인 투자자를 일컫는 '동학 개미'와 미국을 필두로 해외 주식에 투자하는 '서학 개미'를 빼 놓을 수 없을 것이다. '서학 개미'들의 2020년 행보는 심상치 않다. 해외주식 거래규모9월 기준는 1,300억 달러150조 원에 이를 정도인데, 이는 지난 해의 연간 거래규모인 410억 달러의 3배를 넘어선 기록이다. '서학 개미'들이 가장 사랑한 기업은 현실판 아이언맨으로 유명한 일론 머스크Elon Musk가 CEO로 있는 전기차 회사 '테슬라TESLA'다. 한국예탁결제원에 따르면 '서학 개미'들의 테슬라 주식 보유 잔액은 약 53억 달러11월 기준로 전체 지분의 1% 이상을 보유하고 있는데, 이는 9대 주주인 골드만삭스보다 많은 수준이니 이들의 테슬라 사랑은 말 그대로 '찐' 이라고 할 수 있겠다. 다행히 테슬라에 대한 일편단심 '찐' 사랑은 2020년 12월 테슬라가 S&P500 지수에 편입될 것으로 확정되며

〈테슬라 주가 추이〉

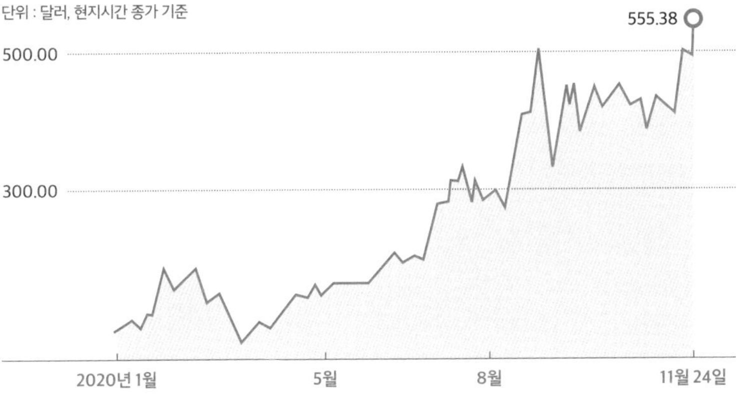

출처 : https://www.etoday.co.kr/news/view/1966678

주가가 최고가를 갱신하면서 보답 받았다.

테슬라 주가가 고공행진하는 이유에는 생산량 안정화에 따른 판매량 확대, 친환경 전기차 보조금 확대, 코로나19로 인한 유례없는 유동성 증가 등 다양한 요인을 들 수 있겠지만, 240만 대 이상의 차량을 만들어내고 있는 전 세계 생산량 1위에 빛나는 도요타Toyota의 5%밖에 안 되는 생산 역량을 갖춘 테슬라의 '떡상'은 이것만으로는 도저히 설명이 되지 않는다. 역대급 활황기를 맞고 있는 주식 시장에서는 기존의 방식으로는 설명이 불가한 이 현상에 대해 'Price to Dream RatioPDR' 라는 새로운 관점을 제시하고 있다. PDR은 말 그대로 '꿈, 희망에 비교한 주가 비율'이다. 테슬라 시가총액은 지난 11월 24일(이하 현지시간) 사상 처음으로 5천억 달러를 돌파했는데, 이를 두고 일론 머스크마저 "너무 높다"고 우려를 표할 만큼 비이성적인 상승세를 보이고 있다. 흔히 말하기를, 주가는 기업의 미래 가치를 반영한다고 한다. 그렇다면 투자자들은 테슬라가 만들어낼 미래와 그 꿈에 투자했다고 볼 수 있다. 단순한 전기차 제조업체로서의 테슬라가 아니라 자율주행을 기반으로 한 새로운 모빌리티가 이끌어낼 새로운 세상의 주역, 테슬라에 베팅한 것이다. 친환경 에너지로 구동되는 자율 주행 차량들이 도로를 누비고, 이동 시간에는 테슬라 차량 안에서 다양한 콘텐츠를 즐기는 그런 새로운 세상 말이다.

콘텐츠 플랫폼으로 거듭나는 미래 자동차

자율주행은 자동차가 단순한 이동수단을 넘어 미디어 콘텐츠 플랫폼이 될 수 있다는 꿈을 꾸게 해준 핵심적인 개념이다. 자율주행은 말 그대로 운전자 또는 승객의 조작 없이 스스로 운행이 가능한 자동차를 말한다. 2019년 기준으로 우리나라에는 약 1,800만 대의 승용차가 보급되어 있으며, 일별 평균 주행 시간은 40분으로 알려져 있는데 이 차량들이 모두 자율주행으로 운행된다면 감히 제2의 스마트폰 혁명을 얘기할 수 있을 정도로 대단한 미래를 상상하는 것이 가능하다. 우리가 10년 전만 해도 출퇴근 시간 지하철에 앉아 있는 사람들이 모두 스마트폰의 스크린을 보면서 이동 시간을 보내는 일상을 예상하지 못했듯, 자율주행도 이와 똑 같은 '예상하지 못한 변화'를 만들어낼 수 있다는 얘기다. 사람들은 자율주행 차량 안에서 웹툰 · 영화 · 드라마, 심지어 게임까지 즐길 수 있게 될 것이다. 더욱 가슴 떨리는 것은, 테슬라뿐만 아니라 다른 많은 기업들도 이처럼 차량 안에서 미디어 콘텐츠를 소비하는 '인카 미디어In-car Media' 시대를 이미 준비하고 있다는 것이다.

테슬라의 인카 미디어 전략은 2019년 9월 '테슬라 씨어터Tesla Theatre' 기능이 공개되면서 본격화되기 시작했다. 테슬라 차량 안에서 넷플릭스·유튜·훌루Hulu는 물론이고 디즈니 플러스와 트위치에 이르기까지 다양한 미디어 서비스를 이용할 수 있도록 한 것이다(유튜브가 서비스되지 않는 중국 시장에서는 아이치이iQiyi와 텐센트 비디오Tencent Video가 제공되는 등 국가별로 조금씩 차이가 있다). 물론, 자율주행이 완전하게 정착되지 않은 현재는 안전상의 이유로 차량이 주차되었을 때만 이용할 수 있다. '커넥티드카' 라는 명칭에 알맞게, 테슬라의 차량에는 LTE 무선 통신이 가능한 유심 칩이 탑재되어 있다. '프리미엄 커넥티비티'라는 이름으로 국내에서 2020년 8월부터 제공되는 이 서비스는 7,900원의 월 구독료로 이용이 가능한데, 이를 통해 별도의 외부 인터넷 연결이 없이도 넷플릭스와 디즈니 플러스와 같은 OTT를 시청할 수 있으며

테슬라 씨어터를 이용하면 차량 이동중에도 외부 인터넷 연결 없이 넷플릭스와 같은 OTT 서비스를 이용할 수 있다.

이는 자동차가 '움직이는 스마트폰'의 역할을 하게 됨을 의미한다. 일론 머스크는 테슬라 차량 내에서 다양한 서비스를 제공하여 차별적인 고객 가치를 실현하겠다는 의지를 여러 차례 피력한 바 있다. '어떤 콘텐츠를 테슬라 차량 안에서 경험할 수 있는지'와 같은 포인트가 차량이 제공할 수 있는 '특별된 서비스'의 범주 안에 들어가게 되는 기상천외한 일이 실제로 벌어지고 있는 것이다.

'인카 미디어'의 선두주자라고 할 수 있는 테슬라는 최근 OTT를 넘어 게임 영역으로의 확장을 검토하고 있어 다시 한 번 주목을 받았다. 2019년 열린 세계 최대의 게임 쇼 'E3'에는 예상치 못한 거물이 등장했는데, 다름아닌 일론 머스크였다. 그는 무대 위 의자에 앉아 테슬라 자동차의 커다란 터치 디스플레이를 게임용으로 사용하는 방법과 앞으로의 계획을 설명했다. 무대 위 커다란 화면으로 자사의 전기차 모델3에서 엑스박스 컨트롤러를 연결해 컵헤드Cuphead를 플레이하고, 스티어링휠과 페달로 레이싱 게임인 비치 버기Beach Buggy 레이싱을 즐기는 모습을 동영상으로 보여줬다(안전을 위해 주차장이나 테슬라의 충전 스테이션에서만 게임을 할 수 있다). 자동차의 디스플레이들이 빠른 속도로 태블릿으로 대치되고, 애플 카플레이나 안드로이드 오토가 활성화된 요즘, 테슬라의 이러한 게임 제공이 차별화되는 이유는 '차량'이라는 특징을 최대한 살려 이전과는 다른 경험을 주고 있기 때문이다. 레이싱 게임인 비치버기를 플레이할 때 태블릿이나 디스플레이를 손으로 터치해 게임을 하는 대신, 실제 테슬라 차량의 스티어링휠과 브레이크 페달을 사용할 수 있도록 한 것이다. 차량의 본질적인 기능인 '주행', 그리고 그 기능을 수행하기 위한 가장 중요한 매개인 스티어링휠과 브레이크 페달을 '차량 안에서의 재미'를 위해 내어주었다는 것은 상징적인 의미를 지닌다. 이동 수단은 기본이요, 그 이상의 콘텐츠를 제공할 수 있어야만 자율 주행 시대에는 생존할 수 있는 것일지도 모르겠다.

2020년 하반기, 테슬라는 자사 홈페이지에 "테슬라는 자동차를 가장 재밌게 만들기 위해 노력하고 있으며, 비디오게임 경험을 자동차에 이식하고자 한다"며 비디오 게임 개발자를 채용한다는 공고를 올렸다. 현지 언론은 이번에 채용할 비디오게임 개발자들이 차량의 인포테인먼트 소프트웨어 개발 작업은 물론, 차량 내 비디오게임 플랫폼을 발전시키는 업무를 맡을 것으로 예상했다. 테슬라 차량을 완전히 충전하기 위해서는 보통 30분에서 1시간 이상의 시간이 소요되는데, 전기차가 충전소에 머무는 시간 동안 더욱 다양하고 재미있는 게임을 즐길 수 있도록 만들겠다는 것이다. 이처럼, 인카 미디어 시장의 확대는 기존의 산업 지형을 완전히 바꿔놓을 것이라는 기대를 한 몸에 받고 있다.

차량 선택의 기준, '콘텐츠'가 될 수도

인카 미디어 시장에 눈독 들이는 것은 테슬라뿐만이 아니다. 2020년 10월 20일, 워너미디어는 모기업 통신회사 AT&T의 커넥티드카 요금제 가입자를 대상으로 차량 내 OTT서비스인 '워너미디어 라이드 WarnerMedia RIDE' 를 론칭했다. 해당 요금제를 사용하는 AT&T 가입자들은 워너미디어 라이드를 통해 CNN, TBS, TNT 등을 비롯한 뉴스와 스포츠·엔터테인먼트 콘텐츠들을 무료로 시청할 수 있게 되고, 향후 워너미디어의 자체 OTT 서비스인 'HBO Max'에 제공되는 콘텐츠들도 모두 이용할 수 있게 된다. 워너미디어 측은 테슬라의 '인카 미디어' 서비

거대 미디어기업인 워너미디어와 거대 통신회사 AT&T의 합작으로 이루어진 '워너미디어 라이드.' 테슬라와 달리 BMW, 도요타, 아우디, 포드 등 27개 자동차 제조사에 콘텐츠를 제공한다.

스를 이용하기 위해서는 커넥티드 요금제와 OTT 서비스를 모두 별도로 가입해야 하지만, 워너미디어 라이드의 경우 AT&T의 요금제를 이용할 경우 무료로 이용할 수 있다는 점에서 우위에 있다고 밝혔다. 어디선가 본 것과 같은 익숙한 경쟁의 구도다. OTT 시장의 콘텐츠 전쟁이 그대로 차 안으로, 즉 인카 미디어 시장으로 옮겨온 듯한 모습이기 때문이다. 디즈니가 디즈니 플러스를 런칭하며 넷플릭스로부터 강력한 '슈퍼IP' 콘텐츠들을 회수하는 초강수를 두었듯, 인카 미디어 플랫폼 내에서 콘텐츠 전쟁이 벌어질 수도 있음이 허황된 예측은 아닐 것이다. 테슬라가 자사 차량에만 '인카 미디어' 서비스를 제공함으로써 상대적으로 한정된 영역만을 커버하는 데 비해, 워너미디어는 이미 BMW, 도요타, 아우디, 포드 등 27개가량의 차량 제조사에 커넥티드 서비스를 제공하는 모회사 AT&T를 통해 점유율을 확대할 수 있는 장점을 가졌다. 그 실체가 명확하지는 않지만, 테슬라 vs. 반 테슬라 진영의 경쟁구도가 흐릿하게나마 그 모습을 드러낸 것이 우연은 아닐 것이다. 본격적인 자율주행 시대가 막이 오르려면 꽤 오랜 시간이 걸릴 것으로 보이지만, '인카 미디어' 시장의 주도권 싸움은 이미 시작된 것이다.

자동차, 더 넓게는 모빌리티와 미디어가 결합되어 만들어질 '인카 미디어' 시장의 잠재력은 명확하다. 앞서 언급했듯, 차량이 또 다른 스마트폰의 역할을 하게 되는 커넥티드카를 넘어서, 미디어 콘텐츠를 재생할 수 있는 또 다른 스크린의 역할을 하게 될 것이다. 단기적으로는 승차 공유·택시·가족 단위의 장거리 운전 등의 상황에서 다양한 서비스들이 제공될 것으로 보인다. 장기적으로는 자율주행이 완벽하게 자리잡으며 위치를 기반으로 한 광고 및 커머스 콘텐츠들이 등장하거나 이동 목적지 정보가 OTT가 추천하는 콘텐츠의 주요 변수로 작용할 수도 있다. 자율주행 차량의 목적지가 부산이라면, 영화 〈부산행〉 또는 〈국제시장〉과 같은 영화가 추천되는 식이다. 목적지와 관련된 명소나 맛집 등 커머스로 이어질 수 있는 부분도 간과할 수 없다.

잠재력이 있는 시장에는 경쟁이 있기 마련이다. 테슬라와 이에 맞선 워너미디어와 AT&T 연합군의 전초전에서 볼 수 있듯이 새로운 플레이어들이 등장하고 연합하고 갈등하는 합종연횡의 구도가 생겨날 수도 있다. 테슬라가 자동차 제조사에 그치지 않고 비디오 게임 개발자들을 채용했듯, 향후에는 콘텐츠 개발 스튜디오를 인수하거나 제작 관련 인원을 채용하는 날이 올지도 모른다. 자율주행 시대, "그 차에는 어떤 인카 미디어 서비스가 제공되는지"가 차량의 구매를 결정짓는 핵심적인 차별화 요소가 될 수도 있기 때문이다. 이제 막 태동하는 '인카 미디어' 시장은 2021년 더욱 본격화될 전망이다. 진화하는 모빌리티 기술 속에 우리의 삶은 얼마나 큰 변화를 겪게 될지 두근두근해진다.

마치며

저자들의 전작인 《콘텐츠가 전부다》(2020년 1월 발간)에서는 지금 미디어 판에서 벌어지는 콘텐츠와 플랫폼 간의 헤게모니를 각 산업별로 면밀히 뜯어보며 콘텐츠로 무게 중심이 이동해 감을 짚어냈다. 그리고 이를 '콘텐츠온리의 시대'로 정의하고, 다양한 사업자들과 독자들에게 이에 대한 준비를 제언했다. 넷플릭스에게 콘텐츠 밑장빼기를 선언하며 OTT 출사표를 던진 디즈니플러스에 주목했고, 세상의 모든 것을 보고 읽고 검색하던 WWW의 시대를 지나 CCW Content Creating Web의 시대를 창조한 유튜브의 콘텐츠 확장성을 크리에이터와 사용자 간의 복합적인 상호 작용으로 설명했다.

물론 코로나19라는 천재지변 격의 외적 변수 때문이었겠으나 사업자별 움직임이나 미래 제언들이 일부 다른 방향으로 전개된 경우도 있었다. 포트나이트 월드컵을 포함한 각종 e스포츠 리그들이 취소 혹은 연기되며 꽃길만 걸을 줄 알았던 e스포츠 산업이 타격을 입었고, 팔로워 수만 4천만 명에 달하는 스트리머, 닌자를 영입하며 "트위치에 맞서겠노라"고 야심차게 출발했던 마이크로소프트의 믹서Mixer는 저자들의 예측과 달리 서비스를 중단하고 페이스북과 손을 잡았다.

《콘텐츠가 전부다 2》 역시, 독자들에게 최신의 데이터 공유와 이에 근거한 합리적인 추정을 전달함이 목적이지만, 저자들 간 치열한 합의에 이른 경우에는 때론 과감한 예측이더라도 소신 있게 담았다. 그럼에도, 미래적 제언이 필요한 트렌드서의 특성상, 어떤 내용은 해당 영역의 전문가나 일부 독자들과 의견이 다를 수 있을 것이다. 즉, 반대의 논리나 제언이 있다면 자유롭게 저자들과 소통해주기를 청하는 바이다.

전 세계가 팬데믹에 고통받았던 지난 1년간, 넷플릭스는 거짓말처럼 2억 명이라는 숫자를 실현시켰고, 출시 전부터 넷플릭스와 비교되며 세계인의 이목을 받던 디즈니플러스 역시 8,700만 명의 가입자로 5년치의 목표를 앞당겨 달성했다. 이같은 OTT 대세론과 더불어, 영화나 (드라마)시리즈는 물론이고 게임, 웹툰, K-팝, 소셜미디어 콘텐츠들이 '나홀로 미디어', '비대면 서비스', '집콕' 트렌드를 타고 훨훨 날고 있다.

코로나19로 인해, '콘텐츠가 전부다'라는 책 제목을 넘어선 '콘텐츠가 더욱 전부'인 세상이 오고 있지만, 2021년 하루라도 더 빨리 '당연한 일상'이 회복되기를 간절히 바라며 긴 원고를 마감한다.

마지막으로 저자들은 Super Ego, Jin, 김수동님, 최서은님, 재윤&영숙, JOP, LUU, ARMY, 허영미님, 듀자매님, 임상혁 변호사님, 최하나 변호사님, 남건우님, 전수경님, 최승훈님, 김동호님, 김선중님, 김민영님, 노지윤님, 김우현님 그리고 김성옥 주간님께 가장 큰 고마움을 전한다.

노가영, 김정현, 이정훈

콘텐츠가 전부다 2

날개 단 K-콘텐츠와
크리에이터 전성시대,
완전히 새로운 콘텐츠의 세상으로!

초판 1쇄 발행 2021년 1월 19일

지은이 노가영, 김정현, 이정훈
펴낸이 성의현
펴낸곳 ㈜미래의창

출판 신고 2019년 10월 28일 제2019-000291호
주소 서울시 마포구 잔다리로 62-1 미래의창빌딩(서교동 376-15, 5층)
전화 070-8693-1719 **팩스** 0507-1301-1585
ISBN 979-11-972934-1-2 03320

※ 책값은 뒤표지에 있습니다. 잘못된 책은 바꿔 드립니다.